V 1548.

L'ART
DE JETTER
LES BOMBES.

*PAR MONSIEUR BLONDEL MARECHAL
de Camp aux Armées du Roy, & cy-devant Maître
de Mathematique de Monseigneur le Dauphin.*

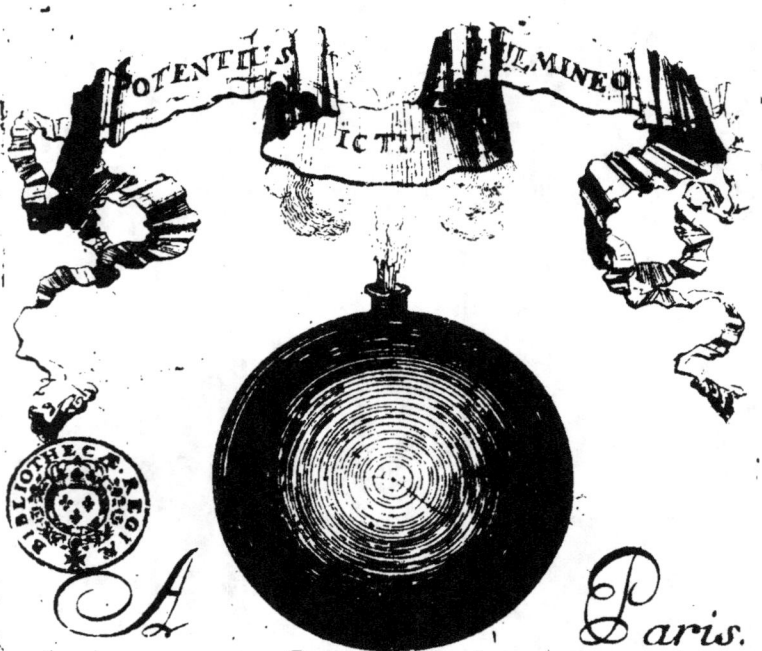

A Paris.

Chez { l'AUTHEUR au Faux-bourg S. Germain ruë Jacob, au coin de celle de S. Benoist.
Et NICOLAS LANGLOIS ruë S. Jaques à la Victoire.

M. DC. LXXXIII.
AVEC PRIVILEGE DV ROY.

AU ROY

IRE,

Peut-être que je viens un peu hors de
saison, offrir à VOSTRE MAIESTÉ

á ij

ce Traité de l'Art de jetter les Bombes, dans un temps où Elle vient de donner la paix à l'Europe, & où il semble que la science de l'Artillerie ne doive plus estre employée qu'à faire des feux de joye. J'espere neanmoins que mon ouvrage ne lui sera pas tout à fait desagreable, & qu'Elle y verra avec quelque plaisir les regles d'un Art dont Elle s'est si utilement servie dans ses Conquestes, & qui n'a pas esté un des moindres instrumens de ses Victoires. J'ose me flater qu'Elle approuvera le dessein que j'ai d'empècher un Art si noble de perir, en le reduisant aux Regles certaines de la Mathematique, & donnant moyen aux Eleves de s'y perfectioner. D'ailleurs, SIRE, c'est dans le temps de la Paix, à bien parler, que l'on doit étudier le metier de la Guerre, & il ne faut pas attendre à en acquerir la conoissance, qu'on soit obligé de le mettre en pratique. C'est dequoy V. M. a donné Elle-même d'illustres preuves, lors que dans le sein de la Paix, au milieu du calme & du repos, Elle aguerissoit, pour ainsi dire, ses Soldats par les frequentes reveuës qu'Elle leur faisoit faire, & par les continuels exercices où Elle les occupoit. Ainsi quand V. M. s'est mise en Campagne, Elle a trouvé des troupes toutes dressées, & a esté d'abord en état d'executer toutes ces grandes choses qui sont à peine croyables à ceux qui les ont veuës, & dont tout l'avenir parlera avec étonnement. C'est donc, SIRE, pour seconder, en ce que je puis, de si glorieux desseins, que je mets ce Traité au jour. Heureux! s'il peut être en effet utile à V. M. & si Elle à la bonté de le recevoir comme un temoignage de la reconoissance que je lui dois pour les graces dont Elle m'a comblé. Ie suis.

SIRE

DE VÔTRE MAJESTE'

Le tres-humble, tres-obeissant,
& tres-fidele sujet & serviteur.
BLONDEL.

Au mois de Janvier 1676.

L'IMPRIMEUR AU LECTEUR.

CE fut en l'année 1675. que l'Auteur de ce Livre en presenta le manuscrit au Roy qui le receut d'une maniere la plus obligeante du monde. Et comme sa Majesté avoit alors à soustenir la Guerre contre les Nations les plus puissantes de l'Europe qui s'étoient liguées contre la France; Elle ne jugea pas à propos que la doctrine qui est expliquée dans cet Ouvrage, devint publique dans un temps où ses Ennemis auroient pû s'en prevaloir contre Elle. Ce Livre eut alors le même sort que celui de la Nouvelle maniere de Fortifier les Places, que l'Auteur avoit presenté deux ans auparavant à S. M. Et c'est seulement aprés avoir donné la paix à ses Ennemis, qu'elle a voulu que l'Auteur fit imprimer ces deux Ouvrages avec ceux de Mathematique qu'il avoit enseignés à Monseigneur le Dauphin, voulant par ce moïen que le public pût profiter de ce qui s'est fait pour l'instruction de ce Prince.

Au reste il y a quatre parties dans ce Livre: La premiere est une espece de relation historique de ce qui s'est fait & écrit sur le sujet des Bombes & des portées du Canon jusqu'à nous: La seconde enseigne diverses pratiques sur le même sujet & particulierement pour le jet des Bombes en toutes sortes de position du mortier tant par les Sinus que par les Instrumens, par les Tables, par le Compas de proportion &c. La troisiéme est de pure Theorie qui demontre à fond tout ce qui s'est dit sur cette doctrine & ce qui s'est proposé dans les pratiques: La quatriéme refout les objections que l'on peut faire tant contre la Theorie que contre les pratiques, dont elle confirme la doctrine par les experiences.

AVIS AU RELIEUR.

DANS la page 112. Il faut se souvenir d'y appliquer une figure de taille douce sur celle en bois qui y a été imprimée par mégarde.

L'ART
DE JETTER
LES BOMBES,
ET DE CONNOITRE L'ETENDUE DES COUPS
de volé d'un Canon en toutes sortes d'Elevations.

PREMIERE PARTIE.
Opinions fausses du Jet des Bombes avant Galilée.

LIVRE PREMIER.
De l'Origine & de l'Usage des Bombes.

CHAPITRE PREMIER.
Origine des Bombes.

L'USAGE des Bombes & des Grenades n'est pas fort ancien : Et quoi que l'on ait quelque exemple dans l'Histoire de certains

A

vazes de feu que l'on lançoit avec des machines dans les Villes de Ennemis ; il est constant que que c'étoit toute autre chose que nos Bombes que l'on charge de Poudre à Canon, dont on n'avoit alors aucune conoissance.

Les premieres que l'on a veuës ont été jettées dans la Ville de Wacthendonch en Gueldres que le Comte de Mansfeld assiegeoit sous le Prince de Parme en l'année 1588 : où ces Bombes ayant en peu de temps ruiné tous les logemens, elles étonnerent tellement ceux de la Place qu'ils furent contraints de se rendre.

L'on dit qu'un Habitant de Venlo dans la même Province les avoit inventées quelque temps auparavant, pour s'en servir seulement aux feux d'artifice de plaisir : Et que pour divertir le Duc de Cleves, qui se trouvoit alors à Venlo, il en avoit jetté plusieurs en sa presence, dont l'une par malheur tombant dans une des maisons, elle y avoit allumé un embrazement si horrible, que la meilleure partie de cette pauvre Ville en avoit été consumée, sans que l'on pût y apporter aucun remede.

Il y a des Historiens Hollandois qui rapportent, que peu de mois avant ce malheur, un Ingenieur Italien avoit fait quelques experiences semblables à Bergopson, pretendant rendre l'usage de ses bombes facile & utile pour la Guerre ; mais qu'ils s'étoit miserablement brûlé lui-même, mettant le feu par hazard à la composition qu'il faisoit pour ce sujet.

Quoy qu'il en soit, il est tres-veritable que l'on n'avoit rien veu de pareil en ce temps-là: Bien que l'usage des mortiers soit peut-être autant ancien que celui des Canons mêmes, puisque nous en voyons de fer & de fonte d'une fort ancienne structure, & que nous sçavons que l'on s'en est fort servi dans les Guerres d'Italie au commencement du siecle passé, à jetter des pierres & des balles de Canon ardantes pour mettre le feu dans les Villes.

Il y a même le dessein d'un mortier qui lance un boulet enflammé parmi diverses autres pieces d'artillerie, qui sont figurées dans le frontispice du Livre de *Nicolò Tartaglia* Mathematicien de Bresce en Italie, imprimé en l'année 1538.

CHAPITRE II.
Premier usage des Bombes en France par Maltus.

LEs Espagnols & les Hollandois se sont servi de Bombes & de Grenades dans les longues Guerres qu'ils ont eües ensemble: Mais c'est seulément en l'année 1634. au premier siege de la Motte, que nous en avons veu dans nos armées. Il n'est pas vray que l'on en ait jetté pendant le siege de la Rochelle comme *Casimir*

Siemienouski Polonois l'a dit dans son Livre du grand Art de l'Artillerie. Le feu Roy avoit fait venir d'Hollande le sieur Maltus Ingenieur Anglois pour cet effet; Et nous l'avons veu en plusieurs sieges servir principalement aux batteries des Bombes avec beaucoup de succés. A Colioure en l'année 1642, Il en jetta une qui creva la Cisterne & obligea les assiegez à se rendre plûtôt qu'ils n'auroient fait sans cet accident.

Il n'avoit point dans les commencemens toute l'experience qu'il a acquise dans la suite. Au premier siege de Landreci en l'année 1637, sa batterie étoit dans une redoute à l'attaque de Monsieur le Cardinal de la Valette; Et l'on venoit se plaindre à tous momens que les Bombes qu'il pensoit jetter dans la Place, passoient par dessus & alloient tuer du monde dans la tranchée aux attaques de Monsieur de Candale & de Monsieur de la Meilleraye qui étoient aux autres côtés de la Ville.

Il lui arriva même un assés grand malheur pendant ce siege. La curiosité ayant amené dans sa batterie plusieurs Officiers Generaux de l'armée, il tira quelque Bombes en leur presence; mais enfin ayant mis le feu à la fusée d'une Bombe chargée, comme il voulut le mettre à l'amorce de la lumiere du mortier, sa meche se trouva éteinte; il en prit l'épouvante &

PREMIERE PARTIE.

criant, sauve qui peut, il sauta le premier par-dessus le parapet de la redoute: chacun en voulut faire de même, mais la foule & le desordre furent si grands, que la Bombe crevant dans le mortier & le mettant en mille morceaux, elle tua ou estropia beaucoup de gens.

Liv. I. Chap. II. Premier usage des Bombes en France par Maltus.

Cet Ingenieur fut tué au dernier siege de Gravelines par un malheur tout a fait extraordinaire. Il avoit remarqué un poste prés de la Contr'escarpe des Ennemis où il avoit dessein de pousser son travail à l'entrée de la nuit, & voulant le faire voir à l'Officier General, il fit un saut dans la trenchée pour en reconoître la situation; l'Officier en fit un aprés lui & n'ayant pas assés bien reconu l'endroit, il pria Maltus de sauter encore une fois pour le lui faire mieux remarquer: Maltus le fit & receut en l'air un coup de mousquet dans la tête. Ce qui fit dire par un espece de raillerie, qu'il avoit été tiré en volant.

Toute sa science étoit purement d'Experience. Il n'avoit aucune conoissance des Mathematiques, ny d'aucune autre science qui pût lui faire sçavoir la nature du mouvement des Bombes, & de la ligne courbe qu'elles décrivent dans l'air par leur passage, ou de la difference de leurs portées suivant les differences de leurs élevations. Il ne pointa jamais son mortier que par hazard & en tatonnant, ou pour mieux dire par l'estime qu'il faisoit de l'élognement

A iij

6 L'ART DE JETTER LES BOMBES.

Liv. I.
Chap. II.
Premier usage des Bombes en France par Maltus.

du lieu où il vouloit jetter la Bombe, suivant lequel il lui donnoit plus ou moins d'élevation ; prenant garde si les premiers coups étoient justes ou non, afin de baisser son mortier, si sa portée étoit courte ; ou le hausser, si elle alloit au dela de son but ; se servant à cet effet d'une esquerre dont il faisoit parade ; & dont je parleray amplement cy-aprés.

CHAPITRE III.
Il y a des regles certaines pour les Iet des Bombes inconuës aux Bombardiers.

Chap. III. Il y a des regles certaines pour les Iet des Bombes inconuës aux Bombardiers.

LA plus grande partie des Officiers, qui servent presentement aux batteries des Bombes, sont des Eleves de Maltus ; & je n'en ay encore veu aucun, qui eut autre conoissance de cet art que de l'experience de pratique. Ceux qui en ont écrit parmi nous & Maltus lui-même, n'en disent point d'avantage. Ils veulent que l'on sçache à peu prés, par la pratique, l'élevation que l'on doit donner au mortier pour le faire porter à la distance que l'on souhaite ; Et que l'on ait le soin d'augmenter ou de diminuer cete élevation à proportion que la Bombe se trouve plus ou moins élognée ou en deça ou en dela du but.

Mais comme il a des regles certaines & demonstratives, fondées sur la Geometrie & sur la conoissance que l'on a acquise de la nature du mouvement des corps jettez, & de la ligne courbe qu'ils décrivent par leur passage en l'air; par le moyen desquelles on peut raisoner autant juste que l'on le peut humainement sur la differente étenduë des portées, non seulement des Bombes mais du Canon même en toutes sortes d'Elevation: & comme on a sur ce fondement inventé des instrumens qui peuvent donner des facilités extraordinaires à l'art de jetter les Bombes.

LIV. I.
CHAP. III.
Il y a des regles certaines pour le jet des Bombes inconues aux Bombardiers.

J'ay crû que je ferois service au public si j'approfondissois cette matiere, recherchant avec soin ce qui en a été dit par les Auteurs, & faisant remarquer ce qu'il y a de faux dans le raisonnement des uns, & ce que l'on peut recevoir pour assuré dans les pratiques des autres.

Il y a peu de matiere physique sur laquelle on ait écrit plus de volumes que sur la nature du mouvement des corps & dont pourtant on ait eu moins de conoissance par le passé. Tous les Philosophes anciens ont fort bien sceu que les mouvemens des corps qui tombent, & qu'ils ont appellé le mouvement naturel, s'augmentent incessamment à mesure qu'ils s'élognent du commencement de leur cheute: mais personne n'a sçû dire par quelle proportion se fait cette augmentation de vitesse. Ils ont bien conu que

8 L'Art de Jetter les Bombes.

<small>Liv. I.
Chap. III.
Il y a des regles certaines pour le jet des Bombes inconues aux Bombardiers.</small>

les corps jettez en l'air, par un mouvement qu'ils ont appellé violent, y decrivent en passant une ligne courbe; mais il n'ont jamais dit de quelle nature est cette ligne, & quelles en sont les proprietés.

CHAPITRE IV.

Sentiment de Tartaglia sur le jet des Bombes.

<small>Chap. IV.
Sentiment de Tartaglia sur le jet des Bombes.</small>

NICOLO TARTAGLIA, Mathematicien de la Ville de Bresce dans l'Etat des Venitiens, duquel nous avons parlé cy-devant, & qui vivoit au commencement du siecle passé, est le premier qui a recherché l'un & l'autre, & qui en a voulu faire l'application au mouvement des boulets tirés par le Canon ou par le mortier.

Mais comme il a établi certains principes, de physique qui ne sont pas veritables; Il ne faut pas s'êtoner que ses conclusions soient élognées du veritable genie de la nature. Il a crû qu'il n'y pouvoit avoir de mouvement qui fut composé du naturel & du violent; ce qui lui a fait dire que la ligne courbe qu'un boulet, sortant d'un mortier ou d'une piece d'Artillerie, décrit en passant dans l'air, se faisoit en partie par le mouvement violent dont la force va toûjours en diminuant, & en partie par le mouvement naturel

PREMIERE PARTIE.

turel qui augmente inceſſament de viteſſe à meſure qu'il s'élogne de ſon principe. Ce qui eſt faux dans la ligne que décrivent les Corps jettés dans laquelle ils diminuent inceſſamment de viteſſe.

Liv. I. Chap. IV. Sentiment de Tartaglia ſur le jet des Bombes.

Il avoit beaucoup medité ſur ce ſujet; & dans le titre du livre que nous avons de lui intitulé *de la ſcience Nouvelle*, il promet de donner l'ordre & la proportion avec laquelle les portées des coups de Canon ou de mortier s'augmentent ou diminuent ſuivant la different́e élevation de la piece, & le moyen de calculer toutes les differentes étendues des même portées ſur la conoiſſance d'un ſeul coup tiré & meſuré. Il eſt vray que dans la ſuite de ſon diſcours il dit que, cette ſcience pouvant contribuer à la ruine & à la perte des hommes, il avoit reſolu de la ſupprimer, ſe reſervant neanmoins la faculté de l'enſeigner de vive voix à ceux qui s'en voudroient ſervir contre les Infideles.

Il a cependant produit pluſieurs choſes nouvelles pour la guerre; & nous pouvons dire en paſſant que c'eſt lui qui s'eſt aviſé le premier d'arondir les flancs de ſes Baſtions en dedans de leur demi gorge; dont je voy que l'on a renouvellé l'uſage depuis peu parmi nous: Quoi que les raiſons *de Tartaglia* ſoient bien differentes des noſtres.

Les Courtines étoient extremement longues
B

Liv. I.
Chap. IV.
Sentiment de
Tartaglia sur
le jet des
Bombes.

de son temps, & les Bastions tres-petits. L'attaque se faisoit alors le plus souvent au milieu de la courtine : ainsi il étoit bon de disposer le flanc de cette forme, afin que ces pieces pûssent non seulement les flanquer, mais tirer même dans le dos des breches que l'on y auroit faites : à quoy les flancs arondis en dedans font un merveilleux effet, contenant plus de pieces tournées vers la Courtine que les flancs en ligne droite.

Mais apresent que les attaques se font aux faces des Bastions, il me semble que le Canon des flancs doit être principalement tourné de leur côté, & que ceux qui ne voient que la courtine ne sont pas de grand usage : Auquel cas il est faux de dire qu'un flanc arondi contiene plus de Canons voyans la face opposée, qu'un flanc droit ; Et cet usage à mon sens, ne sert qu'à ôter du terrain dans la gorge du Bastion en la resserrant, à diminuer la défence en l'allongeant, & à augmenter inutilement la dépence.

PREMIERE PARTIE.

CHAPITRE V.
Equerre des Canoniers inventée par Tartaglia.

C'EST encore le même *Tartaglia* qui est l'Inventeur de l'Equerre des Canoniers dont voici la figure.

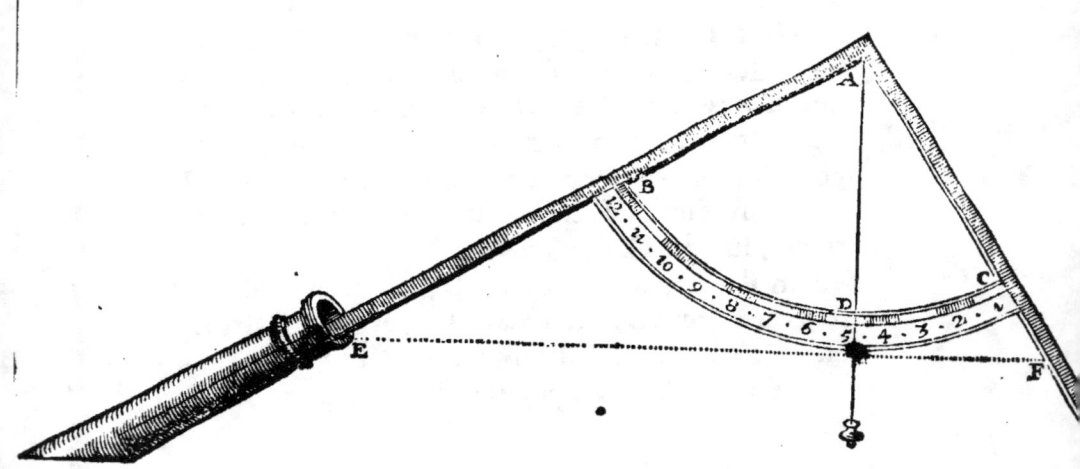

Elle a deux bras attachez à angles droits, dont l'un est plus long que l'autre, afin de pouvoir entrer dans l'ame de la piece que l'on veut pointer. Les bras sont enfermés d'un quart de Cercle, dont le centre est au point où ils sont joints, & où il a un filet attaché avec un plomb.

B ij

Liv. I.
Chap. V.
Equerre des
Canoniers
inventée par
Tartaglia.

Le quart de Cercle est divisé en 12 parties égales à commencer du côté du plus petit bras : ces parties s'appellent des *points*, & chaque point est encore divisé en 12 autres particules que l'on appelle des minutes : & par ce moyen le quart de Cercle entier est divisé en 144 parcelles.

L'usage de l'Equerre est de mesurer les differentes élevations d'une piece d'Artillerie ou d'un mortier : car mettant le bras le plus long A E dans l'ame du Canon, le plomb tombant perpendiculairement, marque par son filet le point de l'élevation sur le bord du Quart de Cercle. Comme si l'on suppose que la piece soit élevée suivant la ligne droite E A, & que la droite E F soit mené parallele à l'horizon ; il est aisé de demonter que l'angle de l'Evation F E A, est égal à l'angle C A D qui est marqué par le nombre des points compris entre le bras C de l'Equerre & le filet A D.

Il y a apparence que *Tartaglia* a crû que les differentes étendues des coups de Canon ou de mortier suivant leurs differentes élevations, croissoient ou decroissoient à proportion des points de son Equerre ; C'est à dire qu'un coup d'une piece pointée au quatriéme point alloit quatre fois plus loin, que lors qu'elle étoit pointée au premier point ; & deux fois plus loin que lors qu'elle étoit seulement élevée au deuxiéme. Car je ne voy pas que la division

Premiere Partie.

de cet inſtrument puiſſe être d'aucun autre uſage.

Mais il a été bien trompé s'il a été perſuadé que les portées d'une piece s'augmentoient ou diminuoient ſuivant cet ordre, puiſque nous ſçavons par la raiſon & par l'experience, qu'elles ſuivent une proportion infiniment élognée de celle-là.

CHAPITRE VI.
Autres découvertes de Tartaglia.

Il eſt neanmoins le premier qui ſe ſoit apperceu, qu'il étoit abſolument impoſſible qu'il y eut aucun endroit dans toute l'étendüe de la ligne, que le boulet ou la bombe décrit par ſon paſſage dans l'air, fut en ligne droite, & qu'il faloit neceſſairement que cette ligne fut courbe en toutes ſes parties.

C'eſt le même qui a dit le premier que les coups tirés à l'élevation du ſixiéme point de ſon Equerre qui repond à l'angle de 45 degrez, étoient ceux dont la portée étoit de plus grande étendüe, & qu'ils alloient plus loin non ſeulement que les coups tirés lors que la piece étoit moins élevée comme au quatrième ou au cinquiéme point, mais que ceux même qui partoient d'une élevation au deſſus comme au ſeptiéme ou huitiéme point & même plus haut.

Il dit que les Canoniers de son temps étoient persuadez que les coups tirés à deux points au dessous du sixiéme, étoient plus grands que ceux du sixiéme ; mais qu'ils en avoient été desabusés par sa doctrine & par l'experience, aprés une gageure faite à Verone en l'année 1532, où l'on tira deux coups d'une Coulevrine de vingt livres chargée également de poudre & de balle, l'un sur l'élevation du sixiéme point, & l'autre sur celle de deux points au dessous.

Il avouë qu'il n'étoit pas present à l'experience & que ce qu'il dit de l'étendüe de chaque coup, n'est que sur le raport des autres, qui lui firent entendre que le premier coup au sixiéme point avoit porté à la longueur de 1972 perches Veroneses qui sont à peu prés égales à nos toises, & l'autre coup au deuxiéme point au dessous du sixiéme, à la longueur de 1872.

Surquoy il fait cette reflexion qu'il faut dans la supputation de ces deux nombres, qu'il y soit arrivé de trois choses l'une ; ou que l'on n'ait pas mesuré exactement l'étendüe de ces deux coups ; ou que l'on ne la lui ait pas rapportée au juste ; ou que la piece au second coup ait été plus chargée ou de meilleure poudre qu'au premier : parce, dit-il, que la raison lui fait conoitre que la portée du second coup ne devoit pas être si grande à proportion du premier.

PREMIERE PARTIE.

S'il avoit marqué de combien elle devoit être moindre, nous pourrions tirer quelque conoissance de ses sentimens; Mais il ne dit rien de plus.

Ce qu'il dit neanmoins que le second coup ne devoit pas être si grand, est veritable; car l'angle droit de l'Equerre étant partagé en 12 parties égales, chaque point contient $7\frac{1}{2}$ deg., & partant l'élevation à deux points au dessous du sixiéme est à 15 deg. sous le demy droit, c'est à dire à 30 deg.; suivant laquelle la portée ne devoit être au vrai que de 1710 perches, si celle de 45 deg. avoit été de 1972.

Cette difference si notable me fait conjecturer qu'il y a faute au texte de l'Auteur, & qu'au lieu de deux points au dessous du sixiéme, il faut lire un point au dessous du sixiéme; Car la portée du second coup de 1872 perches, supposé que celle du premier coup à l'élevation de 45 degrés fut de 1972, demande l'élevation de prés de 36 deg., qui n'est pas élognée de celle du cinquiéme point de l'Equerre, qui est un point au dessous du sixiéme.

Supposant donc, ce qui est tres veritable, que les differentes étenduës des coups de volée ne suivent point du tout la proportion des points de l'Equerre de *Tartaglia*; il paroît que pour s'en servir avec quelque utilité, il faudroit que le Canonier éprouvât sa piece élevée à tous les

LIV. I.
CHAP. VI.
Autres decouvertes de Tartaglia.

points & même à toutes les minutes de son Equerre, & qu'ayant exactement mesuré toutes les portées, il se souvint precisément de chacune pour s'en servir quand il auroit besoin de la faire chasser à une distance égale. Deplus il faudroit qu'il se souvint de donner toûjours la même charge & la même poudre à sa piece ; autrement ses experiences seroient inutiles. Et ce qui est de plus incomode, c'est qu'elles ne lui pourroient servir en aucune maniere pour les coups tirés d'une autre piece ; sur laquelle il faudroit qu'il fit de nouvelles épreuves. Desorte que comme il est moralement impossible de faire un art sur la supposition de tant & de si differentes experiences, & dont il est même tres-difficile de se souvenir; Il paroît que cet instrument ne sert à proprement parler qu'à faire parade d'une fausse capacité.

L'utilité que les plus habiles d'entr'eux ont accoutumé d'en tirer, est de remarquer au juste l'élevation des premier coups, qu'ils tirent, comme j'ay dit, sur l'estime de la distance & sur la conoissance qu'ils ont à peu prés par la pratique de la portée de leur piece ou de leur mortier. Auquel cas l'Equerre ordinairement divisée par degrez est bien plus universelle & peut servir à beaucoup d'autres usages.

Elle est, comme celle de *Tartaglia* composée de deux bras inégaux à angles droits, dont le plus

PREMIERE PARTIE. 17

plus grand sert à mettre dans la piece, ou dans le Mortier. Le quart de Cercle est divisé en 90 degrez à commencer du bras le plus court, & le plomb est attaché par un filet au centre. Quelques uns font passer l'arc de cercle au dela du plus petit bras, afin de s'en servir pour les coups pointés au dessous du rés de chaussée.

LIV. I.
CHAP. VI.
Autres decouvertes de Tartaglia.

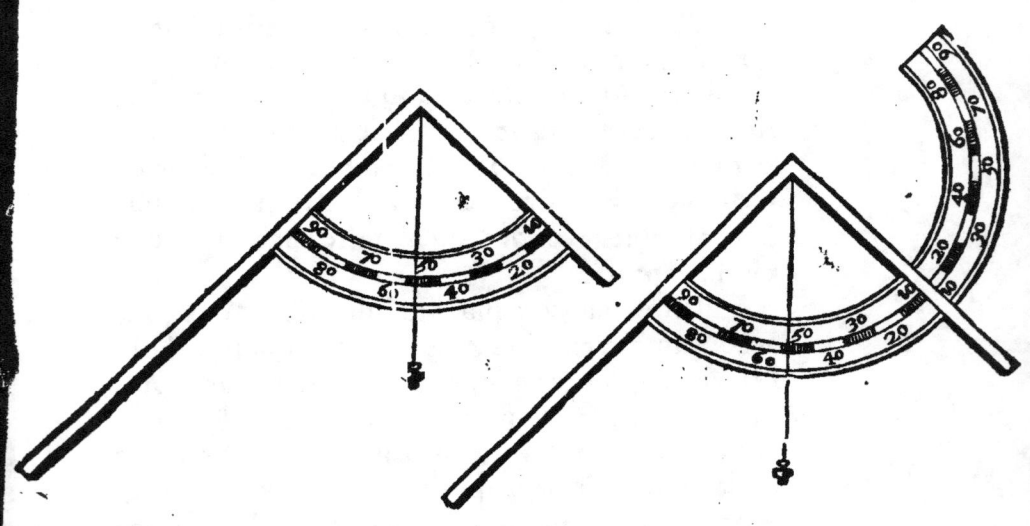

# LIVRE SECOND.

Sentimens des Auteurs modernes sur la nature du jet des Bombes.

CHAPITRE PREMIER.
Sentiment de Diego Ufano sur les coups de volée.

UN Capitaine Espagnol appellé *Diego Ufano* qui avoit long temps servi dans l'Artillerie aux guerres de Flandre, & particulierement au siege d'Ostende fit, en l'année 1611, imprimer un livre rempli de beaucoup de doctrine sur ce sujet, dans lequel entr'autres observations curieuses, il enseigne une maniere particuliere de calculer les portées des coups de volée : Laquelle est à la verité subtile & ingenieuse ; mais elle n'est point veritable, parce que cet officier n'a pas conû la nature de la ligne courbe que le boulet décrit en passant dans l'air.

Il y distingue trois mouvemens, dont le premier qu'il appelle violent est en ligne droite, le second qu'il appelle mixte est en ligne courbe, & le troisiéme qu'il appelle mouvement pur ou naturel est aussi en ligne droite. C'est à

PREMIERE PARTIE. 19

dire qu'il conçoit que la force de la poudre communique au boulet un mouvement qui le porte en ligne droite suivant la direction de la piece tant que cette force est assez grande ;

Liv. II.
CHAP. I.
Sentiment de
Diego Ufano
sur les coups
de volée.

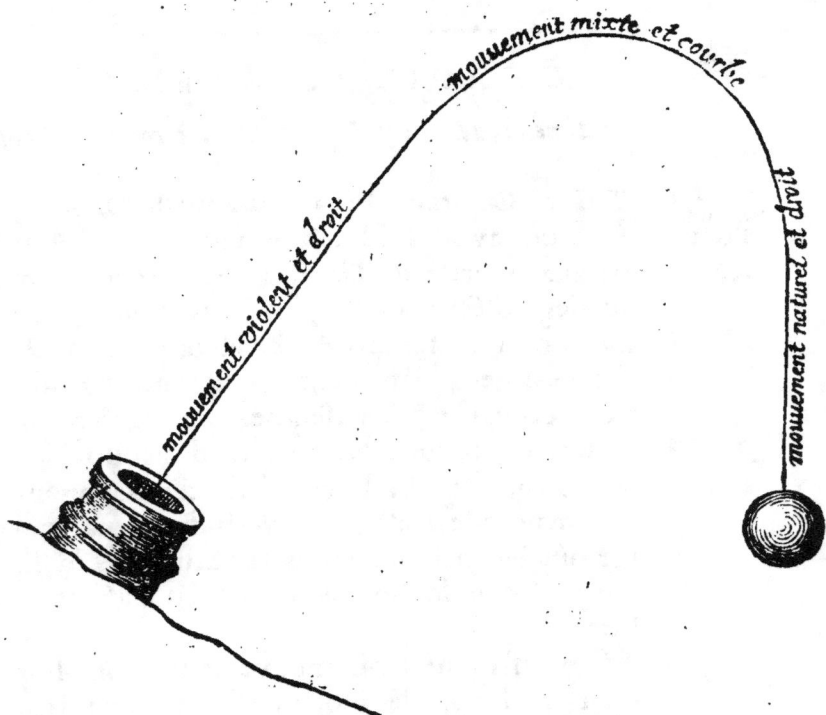

mais lors que se rallentissant elle vient à être égallée par la pesanteur du boulet, la direction de la ligne se change, & elle devient courbe

C ij

Liv. II.
Chap. I.
Sentiment de Diego Ufano sur les coups de volée.

par le mélange des deux impressions : Et cette courbe devient droite & perpendiculaire lors que la pesanteur, ayant entierement surmonté & même effacé la force imprimée par le feu, elle se trouve en liberté de porter le boulet en ligne droite vers le centre de la terre.

Ce sentiment lui est commun avec la plûpart des Ingenieurs & Canoniers Italiens & Allemans, qui n'ont pas compris que la gravité d'un corps n'est jamais oisive ; & que quelque violente que puisse être l'impression du feu du Canon qui porte le boulet suivant la direction de la piece, elle n'empêche pourtant point que le boulet au sortir de sa bouche, ne se porte toûjours vers le centre de la terre avec les mêmes degrés de vitesse, dans les mêmes proportions des temps, & par les mêmes intervalles, que s'il tomboit de lui-même ou de son propre poids sans être autrement transporté. Et ce mouvement de cheute étant different de celui de l'impression, il altere necessairement la ligne de la direction du boulet, laquelle par ce moyen ne peut jamais être droite comme ils le pretendent. Mais cette matiere sera cy-après expliquée plus particulierement.

CHAPITRE II.
Decouvertes du même Ufano.

DIEGO UFANO est neanmoins un des premiers qui aient sçû que les portées des coups tirés sous l'élevation des points de l'Equerre également élognez du sixiéme, étoient égales. C'est à dire qu'une piece de Canon ou un mortier pointé au septiéme point chassoit justement autant que lors qu'il étoit pointé au cinquiéme, & au huitiéme autant qu'au quatriéme. Et ainsi des autres.

Voici une de ses figures ou les chiffres des portées sont tirés de ses Tables dont nous parlerons cy-aprés. Il y a des fautes considerables dans ceux de la figure de son livre que j'ay corrigées dans celle-ci, ou j'ay mis les portées à peu prés dans la distance qu'elles doivent être à proportion des nombres qui leur repondent; ce qui n'est pas dans celle de l'Auteur où les portés sont élognées également l'une de l'autre. Sa plus grande portée au sixiéme point n'est marquée que de 1170 pas, au cinquiéme de 1132, & au quatriéme de 1065; au lieu desquels nombres j'ay mis 1190 pas pour le sixiéme point, 1162 pour le cinquiéme, & 1085 pour le quatriéme. Je diray les raisons de ce changement lors que j'auray expliqué la me-

22 L'ART DE JETTER LES BOMBES.

LIV. II.
CHAP. II.
Decouvertes
du même
Ufano.

tode generale qu'il enseigne pour calculer les portées.

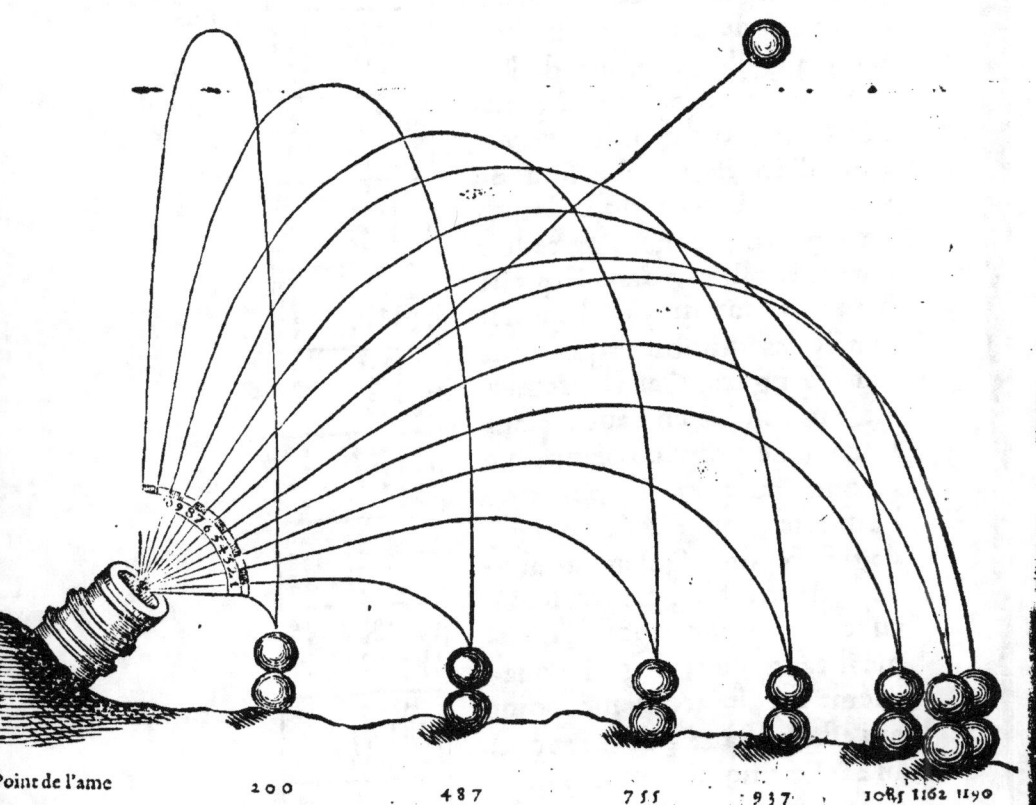

Point de l'ame   200   487   755   937   1085 1162 1190
                                                                                                                    1045 1171 1170

Outre les nombres qu'il donne pour les coups élevés aux points de l'Equerre de *Tartaglia*, il donne une suite entiere pour les élevations

PREMIERE PARTIE. 23

à chaque degré, dans laquelle supposant, comme il a fait dans sa figure, que la portée du coup de point en blanc, qu'il appelle le point de l'ame, soit de 200 pas à 2 $\frac{1}{2}$ pieds pour pas ; Il dit qu'à l'elevation d'un degré elle sera de 244 pas ; à celle de 2 degrés de 287. &c. ce que j'ay reduit en cette table ; dans laquelle il paroît, comme j'ay dit, qu'il a pris les nombres qui sont dans sa figure. Car le premier est en l'un & en l'autre pour le coup de point en blanc ; Le second au premier point de l'Equerre, qui est élevé à 7 $\frac{1}{2}$ degrés repond seulement au 7 deg., de la table ; Le troisiéme au second point repond, comme il faut, au 15 deg. ; Le quatriéme sur le troisiéme point qui est élevé à 22 $\frac{1}{2}$ deg., repond au 22 ; Le cinquiéme sur le quatriéme point, repond aussi, comme il faut, à 30 deg. ; Le sixiéme sur le cinquiéme point élevé à 37 $\frac{1}{2}$ degré, repond à

TABLE D'UFANO. Liv. II.
degrez. portées. Chap. II.
Decouvertes
du même
Ufano.

degrez	portées	
0	200 pas.	
1	244	44
2	287	43
3	329	42
4	370	41
5	410	40
6	449	39
7	487	38
8	524	37
9	560	36
10	595	35
11	629	34
12	662	33
13	694	32
14	725	31
15	755	30
16	784	29
17	812	28
18	839	27
19	865	26
20	890	25
21	914	24
22	937	23
23	959	22
24	980	21
25	1000	20
26	1019	19
27	1037	18
28	1044*	17
29	1056*	16
30	1065*	15
31	1079*	14
32	1082	13
33	1094	12
34	1105	11
35	1115	10
36	1124	9
37	1132	8
38	1149	7
39	1155	6
40	1160	5
41	1164	4
42	1167	3
43	1169	2
44	1170	1
45	1171	0

Liv. II.
Chap. II.
Decouvertes
du même
Ufano.

37 ; & le dernier sur le sixiéme point élevé à 45 deg. repond à 44 deg.

Cette table à des défauts. Le premier est que donnant une assés grande étenduë à la portée de point en blanc, il en donne autant à celle du douziéme point de l'Equerre, c'est à dire lors que la piece est pointée perpendiculairement ; Ce qui est impossible. Car quoy que l'étenduë de point en blanc puisse être aucunement considerable, tant parce que la piece est ordinairement quelques pieds au dessus du rez de chaussée, qu'à cause que la poudre éleve le boulet au dedans de l'ame du Canon, & fait que sortant de la bouche il est naturellement porté en haut, comme nous l'expliquerons mieux cy-après ; l'on ne peut pas dire neanmoins que le boulet d'une piece pointée à plomb puisse monter autrement qu'à plomb & descendre par un autre chemin que celui par lequel il est monté.

L'autre défaut est que les nombres ne se suivent pas par tout avec proportion, & particulierement depuis le nombre qui repond au 19 deg.; car dans tous les chiffres de la table il paroit que leurs differences diminuent également & qu'ils sont moins élognés l'un de l'autre à mesure qu'il repondent à plus grand nombre de degrez ; cependant la difference des deux nombres 1037 & 1044 qui repondent à 27 & 28 deg.,

deg. n'est que 7 ; celle des nombres 1044 & 1050 repondans à 28 & 29 deg. n'est que 6 ; qui sont l'une & l'autre beaucoup moindres que la difference des deux nombre suivans 1050 & 1065 repondans à 29 & à 30 deg., qui est 15.

Un autre défaut est qu'il ne donne rien pour l'étenduë de la plus grande élévation de 45 deg; Il dit seulement qu'elle doit être d'un pas plus grande que celle de 44 deg.; & comme la difference des portées à l'élevation de 43 & 44 degrés n'est aussi que d'un pas, il s'ensuit que ces differences sont égales, c'est à dire hors de la proportion de toutes les autres.

Tout ceci me fait presumer que ni les nombres de cette table ni la regle qui les a produits, ne sont point de l'invention de cet Auteur ; & qu'il peut être que lui ayant été communiquez d'ailleurs, il les a transcrits sans les bien entendre & avec assez de desordre ; ce qui se conoîtra encore mieux dans la suite.

CHAPITRE III.
Pratique d'Ufano examinée.

VOICY cependant cette regle ou pratique, que j'appelle fort ingenieuse, & qu'il nous donne pour calculer l'étenduë de de tous les coups de volée en toutes sortes d'é-

D

26 L'ART DE JETTER LES BOMBES.

LIV. II.
CHAP. III.
Pratique d'Ufano examinée.

levation. Il fait premierement l'épreuve de sa piece à l'élevation d'un degré, qu'il appelle à raz de metal, dont il mesure l'étenduë. Il en divise le nombre des mesures par 50 & multiplie le quotient par 11; Le produit est ce qu'il nomme la *totale progression*, laquelle il faut ajouter au premier nombre pour avoir l'étenduë du coup à l'élevation de 2 deg., & ainsi de suite, en le diminuant neanmoins à chaque fois d'un autre nombre qui lui vient en divisant cette totale progression par 44.

Ainsi supposant, comme il dit, que sa piece élevée à raz de metal ou à un degré, ait porté à 1000 pas; il divise 1000 par 50, & le quotient qui est 20 multiplié par 11, donne 220 pour le nombre qu'il appelle *la totale progression*, qu'il faut toujours ajouter de degré en degré, le diminuant toute fois à chacun du nombre de 5 qui vient de la division de 220 par 44.

Ceci posé: l'élevation d'un degré donnant 1000 pas; celle de deux degrez donnera 1220; celle de 3 deg. 1435, qui vient en ajoutant 220 moins 5 ou 215 au precedent 1220; celle de 4 deg. 1645 fait en ajoutant 215 moins 5 ou 210 au precedent 1435; Celle de 5 degré 1850 provenant de l'addition de 210 moins 5 ou 205 au precedent 1645; Et ainsi des autres. Dont j'ay fait la table suivante, dans laquelle j'ay mis non seulement les degrés depuis un jusqu'à 45 en montant. Mais même ceux qui leur repondent depuis 90 jusqu'à 45 en descendant. J'ay aussi mis à côté les differences qui diminuent de cinq à chaque degré.

Liv. II.
Chap. III.
Pratique d'Ufano examinée.

La table precedente a été tirée de la même regle, ce que Ufano n'a peut-être pas compris; il faut seulement poser que la portée de 200 pas qu'il dit être celle de but en blanc, & qu'il appelle le point de l'ame, est celle de l'élevation d'un degré ou à raz de metal ; Car par ce moïen divisant 200 par 50 & multipliant le quotient 4 par 11, vous aurez 44 pour le nombre de *la totale progression*, lequel étant divisé par 44 donne 1 pour le nombre qu'il faut ôter de la progression à chaque degré.

Ainsi posant 200 pour 1 degré, nous aurons 244 pour 2 degrez ; & pour 3 degrez 287 qui vient de l'addition de la progression 44 moins 1 ou 43, au nombre precedent 244 ; Pour 4 degrez 329 en ajoutant 43 moins 1 ou 42, au precedent 287 ; & pour 5 degrez 370 en ajoutant 42 moins 1 c'est à dire 41, au nombre precedent 329 ; Et ainsi des autres.

Par ce moyen l'on conoît la plus grande étenduë à l'élevation de 45 deg. proportionnée à toutes les autres. Deplus l'on decouvre l'erreur qui s'est faite dans la suite des nombres de la table de l'Auteur, qui repondent au 29 deg. : Car au lieu de 1044 qui n'est éloigné que de 7

D ij

28 L'ART DE JETTER LES BOMBES.
TABLES SUR L'HYPOTHESE D'UFANO.

Liv. II.
Chap. III.
Pratique d'Ufano examinée.

degrez	portées	differ.	deg.	portées	differ.
90	0	0	90	0	0
89	1	1000	0	89	1	200	0
88	2	1220	220	88	2	244	44
87	3	1415	215	87	3	287	43
86	4	1625	210	86	4	329	42
85	5	1830	205	85	5	370	41
84	6	2030	200	84	6	410	40
83	7	2225	195	83	7	449	39
82	8	2415	190	82	8	487	38
81	9	2600	185	81	9	524	37
80	10	2800	180	80	10	560	36
79	11	2975	175	79	11	595	35
78	12	3145	170	78	12	629	34
77	13	3310	165	77	13	662	33
76	14	3470	160	76	14	694	32
75	15	3625	155	75	15	725	31
74	16	3775	150	74	16	755	30
73	17	3920	145	73	17	784	29
72	18	4060	140	72	18	812	28
71	19	4195	135	71	19	839	27
70	20	4325	130	70	20	865	26
69	21	4450	125	69	21	890	25
68	22	4570	120	68	22	914	24
67	23	4685	115	67	23	937	23
66	24	4795	110	66	24	959	22
65	25	4900	105	65	25	980	21
64	26	5000	100	64	26	1000	20
63	27	5095	95	63	27	1019	19
62	28	5185	90	62	28	1037	18
61	29	5270	85	61	29	1054	17
60	30	5350	80	60	30	1070	16
59	31	5425	75	59	31	1085	15
58	32	5495	70	58	32	1099	14
57	33	5560	65	57	33	1112	13
56	34	5620	60	56	34	1124	12
55	35	5675	55	55	35	1135	11
54	36	5725	50	54	36	1145	10
53	37	5770	45	53	37	1154	9
52	38	5810	40	52	38	1162	8
51	39	5845	35	51	39	1169	7
50	40	5875	30	50	40	1175	6
49	41	5900	25	49	41	1180	5
48	42	5920	20	48	42	1184	4
47	43	5935	15	47	43	1187	3
46	44	5945	10	46	44	1189	2
45		5950	5	45		1190	1

PREMIERE PARTIE.

du precedent 1037, il faut mettre 1054 afin que la difference soit 17; & au lieu de 1050 qui vient aprés, il faut mettre 1070; Et 1085 au lieu de 1065; & ainsi des autres, comme on le voit dans la seconde Table que j'ay corrigée & faite pour ce sujet, ou les nombres & les differences sont marquées.

J'ay dit que cette regle étoit subtile & ingenieuse, mais qu'elle n'étoit point veritable; Parce que l'on a reconu par l'experience & par la raison, que les coups de volée d'un Canon ou d'un mortier selon les differentes élevations, suivent une proportion beaucoup élognée de celle-cy. Car posé que le coup au premier degré soit de 1090 mesures; Il sera de 2000 à deux degrez qui est bien loin de 1220; de 2991 au troiziéme deg. au lieu de 1435; de 28653 au quarante cinquiéme deg. qui est plus de cinq fois 5950 & ainsi des autres.

Ainsi posant que le coup au premier degré soit de 200 pas; au second il sera de 400 & non pas de 244; au troiziéme de 595 au lieu de 287; au quarante-cinquiéme de 5730 au lieu de 1190; Et ainsi du reste, dont j'ay mis ici les deux tables par avance, afin que les comparant aux precedentes, l'on en puisse mieux reconoître les deffauts; qui paroîtront encore plus clairement, lors que l'on aura bien compris ce que je diray cy-aprés de la nature du mouvement.

LIV. II.
CHAP. III.
Pratique d'Ufano examinée.

PORTÉES VÉRITABLES SUR LES POSITIONS D'UFANO.

degrez		portées	degrez		portées
90	0	0	90	0	0
89	1	1000	89	1	200
88	2	2000	88	2	400
87	3	2991	87	3	595
86	4	3986	86	4	797
85	5	4974	85	5	994
84	6	5957	84	6	1190
83	7	6931	83	7	1386
82	8	7897	82	8	1578
81	9	8854	81	9	1770
80	10	9799	80	10	1958
79	11	10733	79	11	2146
78	12	11657	78	12	2272
77	13	12559	77	13	2510
76	14	13449	76	14	2688
75	15	14327	75	15	2864
74	16	15186	74	16	3036
73	17	16023	73	17	3204
72	18	16842	72	18	3368
71	19	17642	71	19	3528
70	20	18412	70	20	3682
69	21	19175	69	21	3834
68	22	19897	68	22	3978
67	23	20605	67	23	4120
66	24	21292	66	24	4258
65	25	21948	65	25	4388
64	26	22579	64	26	4514
63	27	23180	63	27	4636
62	28	23754	62	28	4750
61	29	24301	61	29	4860
60	30	24811	60	30	4962
59	31	25298	59	31	5058
58	32	25757	58	32	5150
57	33	26117	57	33	5234
56	34	26567	56	34	5312
55	35	26922	55	35	5384
54	36	27252	54	36	5450
53	37	27541	53	37	5508
52	38	27805	52	38	5560
51	39	28030	51	39	5604
50	40	28218	50	40	5642
49	41	28372	49	41	5674
48	42	28496	48	42	5698
47	43	28584	47	43	5716
46	44	28636	46	44	5726
45	45	28653	45	45	5730

CHAPITRE IV.
Pratique de Louis Collado examinée.

LA pratique manuelle de l'Artillerie de Louis Collado Ingenieur du Roy d'Espagne dans le Milanois, avoit été imprimée quelque temps avant le livre de Diego Ufano dont nous venons de parler. Cet auteur fait un Chapitre dans son troisiéme livre, de la maniere de tirer des balles avec le mortier; dans lequel il explique principalement la necessité qu'il y a d'en fortifier les affuts, à cause que les mortiers ne reculant point comme les pieces de Canon, c'est aux affuts à porter tout l'effort du coup. Puis ayant fait voir comme il faut les charger, il dit que leur usage n'est point pour battre des murailles ny pour tirer de point en blanc, mais bien pour élever de telle maniere la balle en haut par un mouvement violent & forcé, que venant à tomber de son mouvement naturel, elle puisse nuire aux ennemis dans l'endroit que l'on desire; ce qui ne se fait, dit-il, que par le moyen des *points de l'Equerre* & donnant à la piece ou au mortier l'élevation que demande la chose à laquelle on tire, qui est une pratique que l'on laisse *au jugement d'un bon Canonier*.

LIV. II.
CHAP. IV.
Pratique de
Loüis Collado
examinée.

Il croyoit ce que la plûpart des Canoniers ont crû devant & aprés lui, que le boulet au sortir de la bouche du Canon marchoit en ligne droite tant que la force de l'impression de la poudre êtoit plus grande que celle de sa pesanteur, & qu'il décrivoit une ligne courbe aussi-tôt que le poids pouvoit contrebalancer la force mouvante; laquelle courbe degeneroit enfin en ligne droite & perpendiculaire, quand le poids se trouvoit le plus fort. Il a sçû que la plus grande portée d'une piece êtoit au sixiéme point de l'Equerre; mais il a crû que celles des points au dessus êtoient moindres que celles des points qui leur repondent au dessous.

Il rapporte même une experience, qu'il a faite avec un fauconneau de trois livres de balle élevé suivant les divers points de l'Equerre, sur laquelle il conseille les Canoniers de se regler pour les portés de toutes leurs pieces. Il dit donc que son fauconneau pointé à niveau de l'ame à chassé 368 pas; au premier point de l'Equerre 326 pas au dela, qui font, dit-il, en tout 594; au second point 200 pas de plus, qui font en tout 794; au troisiéme point 160 pas de plus, & en tout 954; au quatriéme point 56 pas au dela, & en tout 1010; au cinquiéme point 30 pas de plus, & en tout 1040; Et au sixiéme point seulement 13 pas au dela qui font en tout 1053 pas pour la plus grande portée.

Il

PREMIERE PARTIE. 31

Il ne rapporte point les nombres des pas des portées de son fauconneau élevé au dessus du sixiéme point ; il dit seulement qu'au septiéme point sa balle chût plusieurs pas en deça de la portée du sixiéme ; au huitiéme point elle tomba entre la portée du troisiéme & du second point ; au neuviéme point entre celle du second & du premier. Et qu'au dixiéme point la balle chût tout prés de la piece.

Je ne m'arreteray pas à raisonner sur le rapport de cet Auteur & sur le peu de seureté qu'il y a à ces experiences. Je diray seulement en passant qu'il y a faute dans les chiffres de ses nombres, & qu'il faut qu'au premier point de l'Equerre sa piece n'ait pas chassé, comme il dit, 326 pas plus loin qu'elle n'avoit à niveau de l'ame ; mais seulement 226 pas, parce que 368 & 326 ne font pas, comme il dit, 594 mais bien 694.

L IV. II.
CHAP. IV.
Pratique de
Loüis Collado
examinée.

CHAPITRE V.
Sentiment de Rivaut de Flurance.

IL parut au commencement de ce siecle un livre des élemens de l'Artillerie composé par un nommé Rivaut de Flurance, qui pretend demontrer la plûpart des effets du Canon sur les principes de la Philosophie d'Aristote ; il y enseigne une doctrine particuliere pour la diffe-

CHAP. V.
Sentiment de
Rivaut de
Flurance.

E

rence des portées d'une piece suivant ses diffetes inclinations; laquelle est tellement élognée de la verité & de la raison, que je ne voudrois pas m'arrêter à y contredire; si je ne craignois que l'authorité de celui qui l'a produite, ne peut faire impression sur l'esprit de ceux qui ne sont pas capables d'en bien juger.

Car cet Auteur est le même David Rivaut de Flurance qui nous a depuis donné une traduction Latine des ouvrages Grecs d'Archimede avec quelques commentaires, où il prend le nom de Precepteur du Roy Louïs treize, à qui, comme je crois, il avoit enseigné les Mathematiques.

C'étoit un homme d'une tres-grande Erudition, qui avoit leu une infinité de bons livres, qui avoit une connoissance parfaite de la langue Grecque & des autres langues Orientales: Il avoit étudié plus que mediocrement aux Mathematiques; Et c'est un malheur pour lui d'avoir entrepris de travailler sur les ouvrages d'Archimede & de n'avoir pas conû que ses forces n'étoient pas suffisantes pour un si grand fardeau.

CHAPITRE VI.

Origine des Arquebuses à vent.

JE crois devoir dire ici en passant qu'il donne dans son livre des élements de l'Artillerie, la figure & la construction d'une Arquebuse à vent qui avoit été inventée par un nommé *Marin Bourgeois de Lizieux* & presentée au Roy Henry le Grand ; afin de desabuser ceux qui ont crû que l'on en devoit le secret à des ouvriers d'Hollande qui en ont debité depuis lui.

CHAPITRE VII.

Pratique de Rivaut examinée.

VOICI ce qu'il juge sur la difference des portées du Canon. Il en distingue de trois sortes qu'il appelle *la portée du point en blanc, la portée moyenne & la portée morte*. La portée du point en blanc est, dit-il, la ligne droite que la balle décrit jusqu'à ce que sa pesanteur commence à vaincre la force mouvante & decliner en l'arc de sa chûte. La portée moyenne est la ligne de la portée de point en blanc conduite droit jusqu'à ce qu'elle rencontre la

36 L'ART DE JETTER LES BOMBES.

Liv. II.
Chap. VII.
Pratique de
Rivaut examinée.

perpendiculaire élevée sur l'horizon au point ou la balle est tombée. La portée morte est la distance entre le Canon & le lieu où la balle est tombée à terre. Ce qu'il explique par cette figure.

Le Canon AB est pointé suivant les angles IAC ou IAG: le boulet sortant de sa bouche marche, dit-il, en ligne droite jusqu'en K ou en L, où la pesanteur commençant à vaincre la

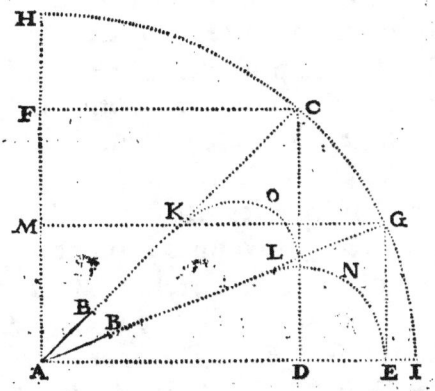

force mouvante, il commence à marcher, par la ligne courbe KO, ou LN & tomber ensuite aux points D & E, d'où élevant des perpendiculaires DC & EG qui rencontrent en C & en G les droites AK & AL prolongées; il dit que la ligne droite AK ou AL est *la portée de point en blanc*; AC ou AG *la portée moyenne*; & AD ou AE *la portée morte*.

Ensuite après avoir dit que les portées de

point en blanc ne se peuvent conoître que par l'experience & en reculant ou avançant la piece jusqu'à ce qu'étant pointée au niveau de l'ame, elle chasse precisement à un but determiné ; il suppose par maniere de Petition que la portée moyenne soit la même dans toutes les élevations, d'où il conclud que les portées mortes sont entr'elles comme les sinus du complement des angles dans lesquelles la piece est êlevée. C'est à dire que la portée A E de la piece élevée en I A G, est à la portée A D de la même piece êlevée en I A C, comme le sinus du complement de l'angle I A G, est au sinus du complement de l'angle I A C.

Car supposé que les droites A C & A G qui sont les portées moyennes, soient égales, ainsi qu'il le demande, le Cercle I G C H decrit du centre A, passera par G & par C ; & les perpendiculaires G E & C D seront les sinus des angles I A G & I A C, & les droites G M & C F seront les sinus de leurs complemens ; mais les droites G M & C F sont êgales aux portées mortes A E & A D ; donc les portées mortes sont entr'elles comme les sinus de complement des angles de leurs inclinations. Ce qui est vray sur cette hypothese que les portées moyennes A G & A C soient égales ; Mais comme c'est une supposition fausse, il ne faut pas s'étonner de la fausseté de la conclusion.

38 L'ART DE JETTER LES BOMBES.

Liv. II.
Chap. VII.
Pratique de Rivaut examinée.

Et sans m'arrêter à une plus longue discussion, il suffit de prendre garde que par ce raisonnement toutes les portées depuis celle du niveau de l'ame jusqu'à celle du sixiéme point, vont toûjours en diminuant; Car la portée A I du niveau de l'ame est plus grande que la portée A E qui est de la piece élevée par exemple au troisiéme point; & la portée A E plus grande que A D à l'élevation du sixiéme point; Et ainsi des autres. Ce qui est absolument faux : Et l'experience nous fait voir que les portées vont toûjours en augmentant jusqu'au sixiéme point, c'est à dire jusqu'à l'élevation de 45 degrez; après lequel elles diminuent jusqu'à celle de 90 degrez qui est du douziéme point de l'Equerre, mais avec une proportion extrêmement éloignée de celle des sinus de complement des angles de leurs inclinations.

CHAPITRE VIII.
Le grand Art de l'Artillerie de Siemienowski.

Chap. VIII.
Le grand Art de l'Artillerie de Siemienovuski.

CAZIMIR SIEMIENOWSKI Gentilhomme Polonois & autrefois Lieutenant General de l'Artillerie de Pologne, a recherché avec un soin incroyable ce qui pouvoit appartenir à ce sujet, dont il a fait un excellent livre en langue latine appellé *le grand Art de l'Ar-*

PREMIERE PARTIE.

tillerie. La premiere partie en a été imprimée en Hollande en l'année 1650, & nous n'aurions peut-être rien à defirer fur cette matiere fi la feconde partie avoit été donnée au public. Car il dit dans fon avant propos que cette partie eft pleine d'une infinité de belles conoiffances, dont celles-cy, qui font à nôtre fujet, ne font pas les moins confiderables ; Promettant d'enfeigner à fond l'Art de pointer le Canon & lui donner les élevations ou depreffions neceffaires pour les faire chaffer à une diftance donnée, & de fçavoir à quelle diftance il portera fuivant fes differentes élevations.

Il promet dans le fecond Livre une doctrine complete des mortiers, de leur origine, de leurs diverfes figures, de leur ufage, & des tables pour la proportion des portées en toutes fortes d'élevations. Mais toutes ces belles affurances font vaines fi cette feconde partie ne tombe un jour entre les mains de quelque perfonne qui veüille bien que le public en profite.

CHAPITRE IX.

Pratique de Daniel Elrich examinée.

JE penfois avoir recouvré ce trefor dans un Livre qui me fut dernierement envoyé du Grand Art de l'Artillerie traduit en Allemand

40 L'Art de Jetter les Bombes.

Liv. II.
Chap. IX.
Pratique de Daniel Elrich examinée.

avec un supplement de la seconde partie, que je croïois être celle que l'Auteur nous avoit promise : Mais je me suis trouvé bien loin de mes esperances, lors qu'en le lisant j'ay conu que ce supplement n'étoit pas de Siemienowski, mais d'un autre appellé Daniel Elrich Maître Canonier ou Capitaine d'Artillerie de la Ville de Francfort sur le Mein, où ce Livre a êté imprimé en l'année 1676.

Ce n'est pas qu'il n'y ait beaucoup de bonnes choses dans cet Ouvrage ; mais au sujet des Bombes, il n'y a rien qui puisse nous satisfaire. Quoique, dans le sixiéme Chapitre de son sixiéme Livre, il dise que pour se servir utilement du mortier, il y faut employer l'Equerre, qui dans sa figure est un Quart de Cercle divisé en 90 degrés qu'il appelle points de 10 en 10. Pour cet effet il veut que l'on fasse une croix de deux tringles de bois polies, à angles droits l'une sur l'autre, & égales au diametre du mortier, pour pouvoir être placée horizontalement à fleur de sa bouche ; puis ayant fait un trou dans cette croix, il y fait entrer une pointe qui est à l'un des côtez du quart de cercle continué au dessous de sa circonference, afin que ce côté de l'Instrument soit par ce moïen perpendiculaire à la bouche du mortier, & partant parallele à la ligne de l'ame.

Aprés quoi il dit que le mortier étant situé à plomb,

PREMIERE PARTIE. 41

plomb, la balle tombera à deux ou trois pas de l'af- Liv. II.
fût: Quoy qu'il y en ait, dit-il, qui veulent qu'elle Chap. IX.
tombe precisément dans le mortier. Puis l'in- Pratique de
clinant à l'angle de 10 deg. qu'il appelle le pre- Daniel Elrich examinée.
mier point, la balle s'en éloignera à la distance
de 200 pas ; parce, dit-il, qu'il faut donner
20 pas pour chaque degré. A l'onziéme degré
220 pas. Au douziéme 245. Au treiziéme
265. Au quatorziéme 290. Au quinziéme 305.
Au seiziéme 330. Au dixseptiéme 345. Au
dixhuitiéme 370. Au dixneuviéme 400. Au vin-
tiéme 430 : Car il faut, dit-il, sçavoir que
le jet devient plus bas à mesure que le mortier
est panché, & chasse par consequent la balle par
un plus grand Arc. Au troisiéme point qui est
à 30 deg., la balle tombe à 775 pas. Au quatriéme c'est à dire à 40 deg., elle tombe à 935. Et
si le Mortier est incliné à l'angle de 42 degrez,
il fait alors le plus grand des jets de la balle qui
est de 1050 pas. Quand il est panché au delà de
42 deg. jusqu'au sixiéme point qui est de 60
deg., la portée en est racourcie & la balle tombera comme elle a fait au quatriéme point ou
à 40 deg., à la distance de 935 pas. Au septiéme
point comme au troiziéme. Au huitiéme comme au premier. Et si on l'incline jusqu'à 90 deg.;
Ce sera, dit-il, *un tir de noyaux*, & la balle ne
s'arrêtera pas seulement dans le mortier en cette situation : Comme le tir à plomb s'éleve con-

F

tinuellement en l'air jusqu'à ce qu'il soit repoussé en arriere par sa pesanteur qui le fait retomber auprés du mortier.

Voila toute la doctrine de cet Auteur que j'ay voulu comprendre dans cette Table où les portées sont marquées comme il l'ordonne à côté des degrez de l'Equerre. Surquoi il y a diverses choses à considerer. La premiere est que le jet au douziéme degré surpassant celui de l'onziéme de 25 pas ; Celui du treiziéme ne surpasse son precedent au douziéme que de 20 pas. Et celui du quatorziéme surpassant le treiziéme de 25 pas ; Celui du quinziéme n'excede son precedent au quatorziéme que de 15 pas. Ainsi le seiziéme surpassant le quinziéme de 25 pas; le dixseptiéme ne surpasse le seiziéme que de 15 pas. Qui sont des irregularitez que la nature du jet des Bombes ne souffre pas ; qui veut que les distances augmentent toûjours dans une certaine proportion depuis 1 degré jusqu'à 45 ; d'où elles diminuent dans le même ordre jusqu'à 90. En second lieu il établit la plus grande portée à l'angle de 42 deg., quoi qu'en effet elle ne soit dans sa plus grande étenduë qu'à 45. Il paroit enfin qu'il s'est fort trompé quand il dit qu'au sixiéme point, que l'on ne peut pas prendre autrement qu'à l'angle de 60 deg., la balle tombe à la même distance où elle étoit tombée au quatriéme ; Et au septiéme comme au troizié-

PREMIERE PARTIE.

PORTEES D'ELRICH.   **VRAYES.**

Liv. II.
Chap. IX.
Pratique de
Daniel Elrich
examinée.

	degrez	Pas	Pas de 5 pieds.	
	1	20	20	$1\frac{1}{2}$
	2	40	40	4
	3	60	61	
	4	80	81	2
	5	100	101	3
	6	120	121	3
	7	140	141	$2\frac{1}{2}$
	8	160	159	$2\frac{1}{2}$
	9	180	180	$2\frac{1}{2}$
1	10	200 } 20	200	
	11	220 } 25	219	
	12	245 } 20	237	4
	13	265 } 25	256	2
	14	290 } 15	274	3
	15	305 } 25	292	2
	16	330 } 15	309	4
	17	345 } 25	327	3
	18	370 } 30	343	1
	19	400	360	
2	20	430	375	4
3	30	775	506	$2\frac{1}{2}$
4	40	935	575	4
	42	1050	581	3
	45		584	4
6	60	935	506	$2\frac{1}{2}$
7	70	775	375	4
8	80	220	200	

F ij

Liv. II.
Chap. IX.
Pratique de
Daniel Elrich
examinée.

me. Ce qui est manifestement contraire à la raison & aux experiences, qui marquent que la portée au quatriéme point est la même que celle du cinquiéme ; celle du troiziéme égale à celle du sixiéme ; celle du second à celle du septiéme ; celle du premier à celle du huitiéme, comme il dit ; Et enfin celle du neuviéme ou de 90 deg., à celle de 0 c'est à dire à la perpendiculaire.

Et pour faire mieux conoître de combien cette doctrine s'élogne de la verité, j'ay ajouté dans cette Table les veritables portées en pas & en pieds à cinq pieds pour pas, que je prens pour pas Geometriques ; supposant, comme il a fait, que la portée au premier point, c'est à dire à 10 degrés fut de 200 pas. Où il faut remarquer que je n'ay pas êté scrupuleux dans les fractions, que j'ay prises pour rien quand elles se sont trouvées moindres qu'un tiers de pied ; pour un pied quand elles ont été au dessus des deux tiers ; Et pour un demi pied quand elles se sont rencontrées entre ces deux termes.

CHAPITRE X.

Sentiment de Galée.

LE Pere Merſene Minime rapporte dans un traité qu'il a fait ſur cette matiere, qu'il appelle *de la Baliſtique*, qu'un nommé Galée autre fois Ingenieur de l'Archiduc Albert & du Marquis de Spinola, lui avoit donné un écrit de ſa main qui contenoit diverſes obſervations ſur les portées du Canon.

Cet homme croyoit, comme pluſieurs autres, que le boulet au ſortir de la piece faiſoit beaucoup de chemin en ligne droite, ce qu'il appelloit la portée de point en blanc; aprés quoy ſa route ſe changeoit en courbe juſqu'à ce qu'il fut à terre. Il appelloit l'étenduë entiere depuis la bouche du Canon juſqu'au point de ſa chûte ſur le plan de l'horiſon la portée morte; & par les experiences qu'il avoit faites il pretendoit que la portée de point en blanc étoit à peu prés la moitié de la portée morte.

Il diſoit qu'aux gros Canons la portée de point en blanc de niveau, étoit à celle de la plus grande volée, qui ſe faiſoit au ſixiéme point de l'Equerre c'eſt à dire ſous l'angle de 45 degrez, à peu prés comme 1 à 11; Q'aux de-

F iij

mi Canons elle êtoit comme 1 à 10 $\frac{1}{2}$; Et qu'aux petites pieces e le n'êtoit que comme 1 à 10. D'où il conclud que la portée morte de niveau est à celle de la plus grande volée dans les gros Canons à peu prés comme 1 à 6, ou comme 1 à 5 aux petites pieces; Et que la portée de niveau êtoit à celle qui seroit faite sur l'élevation d'un degré comme 5 à 6, ou au plus prés comme 53 à 67, ou bien comme 14 à 17.

Il assûroit qu'aux coups de la plus grande volée sous l'élevation de 45 degrez, la portée de point en blanc, c'est à dire l'êtenduë dans laquelle le boulet marche en ligne droite, est à la portée de point en blanc horizontale comme 5 à 1, ou au moins comme 9 à 2. Et que continuant ensuite à monter, sa plus grande hauteur perpendiculaire n'est pas, ainsi que *Tartaglia* la crû, quadruple mais bien prés de quintuple de la portée de point en blanc horizontale. Deplus que cette plus grande hauteur perpendiculaire n'est pas éloignée de la bouche du Canon d'une distance seulement sextuple, mais presque septuple de la même portée.

Cet Ingenieur s'est bien douté que la ligne que le boulet décrit dans la plus grande volée êtoit ou Hyperbolique ou Parabolique, non pas qu'il eut jamais fait aucun raisonnement approchant des causes & de la nature de cette ligne, mais seulement à l'œil & par la force de ses observations.

PREMIERE PARTIE. 47

Au reste il donne à l'étenduë du plus grand coup de volée d'un Canon 16200 pieds ; Et comme il suppose ainsi que nous avons dit, que la portée morte horizontale est à cette plus grande portée comme 1 à 6 ; il s'ensuit par son calcul que cette portée morte qui se fait de niveau & sans aucune élevation est de 2700 pieds.

CHAPITRE XI.
Pratique de Galée examinée.

SUR ce fondement il fait une table pour les portées d'une piece en toutes sortes d'élevations, qui est encore plus ingenieuse que celle d'Ufano que nous avons expliquée cy-devant, quoy qu'elle ne soit guere plus veritable : Car pour le dire en un mot, toutes ces raisons de bien seance ne quadrent point au genie de la nature.

Pour cet effet il ôte l'étenduë de la portée morte horizontale, qui est comme il dit de 2700 pieds, de celle de la plus grande volée sous l'élevation de 45 degréz, qui est de 16200 pieds, pour avoir leur difference 13500 ; laquelle il divise par la somme de tous les nombres qui se suivent depuis 1 jusqu'à 45 c'est à dire par 1035, afin d'avoir $13\frac{1}{23}$ au quotient, dont il se sert pour faire des soustractions continuelles du nombre 16200, de degré en degré depuis 45 jusqu'à 0 en descendant ou en montant jusqu'à 90.

Ainsi donnant 16200 pieds pour la portée à 45 degrez, il donne à celle de 44 & de 46 degrés 16200 pieds moins $13\frac{1}{23}$ c'est à dire $16186\frac{22}{23}$; Et à la portée sous les angles de 43 & de 47 degrez $16186\frac{22}{23}$ moins deux fois $13\frac{1}{23}$ ou moins $26\frac{2}{23}$. C'est à dire $16160\frac{20}{23}$; Et à celle des angles de 42 & 48 degrez, $16160\frac{20}{23}$ moins trois fois $13\frac{1}{23}$ ou moins $39\frac{3}{23}$ c'est à dire $16121\frac{17}{23}$. Et ainsi du reste; en ôtant du nombre des pieds appartenants au precedent degré, le même nombre $13\frac{1}{23}$ multiplié autant de fois qu'il y a d'unitez entre 45 & le degré dont on veut avoir le nombre de pieds.

Ainsi pour avoir le repondant à 15 & à 75 degrez, qui est $10134\frac{18}{23}$ pieds, il faut ôter du nombre $10426\frac{2}{23}$ repondant aux degrez precedants 16 & 74, le nombre $391\frac{7}{23}$ produit de la multiplication de $13\frac{1}{23}$ par 30, (qui est celui des unitez, comprises entre 15 & 45.) Et pour avoir le nombre des pieds repondans à 26 & à 64 degrez, il ne faut que soustraire $247\frac{19}{23}$ produit de la multiplication de $13\frac{1}{23}$ par 19,) qui est le nombre des unitez contenuës entre 26 & 45, (du nombre des pieds $13869\frac{13}{23}$ repondant aux degrés precedents 27 & 63, afin d'avoir $13621\frac{17}{23}$. Et ainsi du reste.

Voici

PREMIERE PARTIE.

Voici sa table, dans laquelle il y a quatre colonnes, dont les deux premieres contiennent les degrez de l'Equerre depuis 45 en descendant jusqu'à 0, & jusqu'à 90 en montant; La seconde contient une suite de nombres en progression Arithmetique dont le moindre & la difference sont $13\frac{1}{23}$. Les nombres de main gauche, tant dans cette colonne que dans la suivante, sont nombres entiers, & les derniers sont numerateurs de fractions dont le denominateur est toujours 23 ; d'où vient que 13. 1. qui repond à 45 degrez veut dire $13\frac{1}{23}$; 26. 2. repondant à 44 & à 46 degrez veut dire $26\frac{2}{23}$; 104. 8. repondant à 38 & à 52 degrez, fait $104\frac{8}{23}$; ainsi 16186. 22 repondant dans la quatriéme colonne à 44 & à 46 degrez, fait $16186\frac{22}{23}$; 14104. 8. qui repond à 28 & 62 degrez fait $14104\frac{8}{23}$. Et ainsi des autres.

Ces nombres de la troisiéme colonne sont les differences de ceux qui leur repondent dans la quatriéme ; il font, comme nous avons dit, une suite continuelle de progression Arithmetique, dont le premier nombre & la difference est toujours $13\frac{1}{23}$; & ils naissent de la multiplication de ce nombre par celui des unitez contenuës entre 45 degrez & les degrez qui leur repondent ; ainsi le premier sous 45 deg. étant $13\frac{1}{23}$; le second sous 44 & 46 deg. est $13\frac{1}{23}$ multiplié par 2 c'est à dire $26\frac{2}{23}$, le troisiéme sous 43 &

Liv. II.
Chap XI.
Pratique de
Galéee examinée.

G

50 L'ART DE JETTER LES BOMBES.

L IV. II.
CHAP. XI.
Pratique de Galée examinée.

TABLE DE GALILÉE.

degrez		differences		portées	
45	45	13	1	16200	pieds
44	46	26	2	16186	22
43	47	39	3	16160	20
42	48	52	4	16121	17
41	49	65	5	16069	13
40	50	76	6	16004	8
39	51	91	7	15926	2
38	52	104	8	15834	18
37	53	117	9	15730	10
36	54	130	10	15613	1
35	55	143	11	15482	14
34	56	156	12	15339	3
33	57	169	13	15182	14
32	58	182	14	14913	1
31	59	195	15	14730	10
30	60	208	16	14534	18
29	61	221	17	14326	2
28	62	234	18	14104	8
27	63	247	19	13869	13
26	64	260	20	13621	17
25	65	273	21	13360	20
24	66	286	22	13086	22
23	67	300		12800	
22	68	313	1	12500	
21	69	326		12186	22
20	70	339		11860	20
19	71	352		11521	17
18	72	365	5	11169	13
17	73	378	6	10804	8
16	74	391	7	10426	2
15	75	404	8	10034	18
14	76	417	9	9730	10
13	77	430	10	9213	1
12	78	443	11	8832	14
11	79	456	12	8439	3
10	80	469	13	7982	14
9	81	482	14	7513	
8	82	495	15	7030	10
7	83	508	16	6534	18
6	84	521	17	6026	2
5	85	534	18	5504	8
4	86	547	19	4969	13
3	87	560	20	4421	17
2	88	573	21	3860	20
1	89	589	22	3286	22
0	90		23	2700	23

TABLE DES VERITABLES PORTÉES.

degrez		portées	
45	45	16200	pieds
44	46	16190	
43	47	16161	
42	48	16111	
41	49	16043	
40	50	15954	
39	51	15845	
38	52	15719	
37	53	15573	
36	54	15408	
35	55	15223	
34	56	15021	
33	57	14799	
32	58	14561	
31	59	14303	
30	60	14029	
29	61	13738	
28	62	13439	
27	63	13124	
26	64	12766	
25	65	12409	
24	66	12038	
23	67	11653	
22	68	11254	
21	69	10839	
20	70	10413	
19	71	9974	
18	72	9509	
17	73	9059	
16	74	8584	
15	75	8100	
14	76	7606	
13	77	6902	
12	78	6589	
11	79	6069	
10	80	5540	
9	81	5006	
8	82	4161	
7	83	3919	
6	84	3368	
5	85	2812	
4	86	2255	
3	87	1699	
2	88	1133	
1	89	565	
0	90	0	

PREMIERE PARTIE.

47 deg. est 13 $\frac{1}{23}$ multiplié par 3 ou 39 $\frac{3}{23}$; Le dixiéme sous 36 & 54 deg. est 13 $\frac{1}{23}$ multiplié par 10 ou 130 $\frac{10}{23}$; le vint-deuxiéme sous 24 & 66 degrez est 13 $\frac{1}{23}$ multiplié par 22 ou 286 $\frac{22}{23}$. Et ainsi des autres.

La quatriéme colonne contient le nombre de pieds compris dans l'étendüe de la portée d'une piece élevée suivant les degrés qui leur repondent, posant que le coup de la plus grande volée sous 45 deg. soit de 16200 pieds, & que la portée purement horizontale soit de 2700 pieds. Ainsi la piece élevée suivant l'angle de 15 ou de 75 deg. chassera à la longueur de 10134 $\frac{18}{23}$ pieds, & à la longueur de 13869 $\frac{11}{23}$ si elle est élevée à l'angle de 27 ou 63 degrez.

Ces nombres, comme nous avons dit, naissent de la soustraction continuelle des differences qui leur repondent dans la troisiéme colonne; Ainsi le second 16186 $\frac{22}{23}$ se fait en ôtant du premier 16200 la difference qui lui repond 13 $\frac{1}{23}$; Le troiziéme 16160 $\frac{10}{23}$ vient du second 16186 $\frac{1}{23}$ dont on a ôté la difference qui lui repond 26 $\frac{2}{23}$; Le dixiéme 15613 $\frac{1}{23}$ se fait en ôtant du neuviéme 15730 $\frac{10}{23}$ sa difference 117 $\frac{9}{23}$; Le dernier 2700 en ôtant du precedent 3286 $\frac{22}{23}$ sa difference 586 $\frac{22}{23}$, & ainsi du reste.

Le même Pere Mersene dit dans la suite que plusieurs personnes sçavantes croioient que Galée avoit eu cette table d'un autre Ingenieur

G ij

Liv. II.
Chap. XI.
Pratique de Galée examinée.

52 L'ART DE JETTER LES BOMBES.

L I V. II.
C H A P. XI.
Pratique de
Galée exami-
née.

nommé Coquet. Mais soit qu'elle fut de lui ou d'un autre, pour faire voir de combien elle s'élogne des veritables portées des pieces. J'ay calculé, sur la même supposition de 16200 pieds pour la plus grande volée de 45 degrés, une autre table qui est sous les proportions que les portées gardent entre elles suivant leurs differentes inclinations; afin que comparant les nombres de ces deux tables, l'on puisse conoître de combien celle de Galée s'élogne du vray. Où l'on peut voir que leur difference n'est pas fort grande aux élevations des degrez qui sont autour de 45, & qu'elle s'augmente toûjours à mesure que les élevations s'approchent de l'horizontale en diminuant, ou de la perpendiculaire en augmentant.

Surquoy il est à remarquer que cet Ingenieur donne à la piece pointée à plomb, ou sous l'angle de 90 deg., la même portée de 2700 pieds qu'il attribue par son calcul à celle qui est pointée de niveau. Ce qui est absurde.

CHAPITRE XII.

Pratique des Bombardiers du Roy examinée.

C H A P. XII.
Pratique des
Bombardiers
du Roy exa-
minée.

LE Roy ayant établi depuis quelques années une compagnie de Bombardiers & voulant les faire instruire dans l'art de jetter les

PREMIERE PARTIE.

Bombes, à voulu qu'ils fissent, aux environs de S. Germain en Laye pendant qu'il y tenoit sa Cour, diverses experiences pour ce sujet; sur lesquelles ils ont fait à leur maniere diverses observations & tiré des consequences suivant leur raisonnement pour la construction de certaines tables, qui marquent les differentes étenduës des portées selon la difference des élevations du mortier en tous les degrez de l'Equerre depuis 1 jusqu'à 45.

Liv. II. Chap. XII. Pratique des Bombardiers du Roy examinée.

Ils disent donc que le mortier chasse plus ou moins selon qu'il est plus ou moins chargé de poudre. Et qu'un mortier par exemple de douze pouces de calibre chargé dans sa chambre de deux livres de poudre menuë grenée, donne de degré en degré 48 pieds de difference de portées, & pour la plus grande étenduë sous l'élevation de 45 deg. 2160 pieds. Le même mortier donnera de degré en degré 60 pieds de difference, s'il est chargé de deux livres & demi de la même poudre, & 2700 pieds pour la plus grande volée. Enfin il donnera 72 pieds de difference de degré en degré, si la charge est de trois livres de poudre menuë grenée, qui est la charge la plus forte de la chambre d'un mortier de douze pouces de calibre; & à l'élevation de 45 degrez, qui est comme ils disent la plus grande volée, il chassera la Bombe à la distance de 3240 pieds.

54 L'ART DE JETTER LES BOMBES.

Liv. II.
Chap. XII.
Pratique des Bombardiers du Roy examinée.

TABLES DES BOMBARDIERS POUR UN mortier de 12 pouces de Calibre.

1. Table à deux livres de poudre.

deg.	portées.	
9	240 pieds.	
10	480	
11	528	diff.
12	576	48
13	624	
14	672	
15	720	
16	768	
17	816	
18	864	
19	912	
20	960	
21	1008	
22	1056	
23	1104	
24	1152	
25	1200	
26	1248	
27	1296	
28	1344	
29	1392	
30	1440	
31	1488	
32	1536	
33	1584	
34	1632	
35	1680	
36	1728	
37	1776	
38	1824	
39	1872	
40	1920	
41	1968	
42	2016	
43	2064	
44	2112	
45	2160	

2. Table à deux livres & demi.

deg.	portées.	
36	2160 pieds.	
37	2220	
38	2280	diff.
39	2340	60
40	2400	
41	2460	
42	2520	
43	2580	
44	2640	
45	2700	

3. Table à trois livres de poudre.

deg.	portées.	
37	2664 pieds.	
38	2736	diff.
39	2808	72
40	2880	
41	2952	
42	3024	
43	3096	
44	3168	
45	3240	

Sur ce fondement ils ont fait les tables que voici. La premiere suppose que la chambre du

PREMIERE PARTIE.

mortier est chargée de deux livres de poudre & est depuis 5 degrez jusqu'à 45 ; les nombres de pieds des portées se trouvent en ajoutant 48 pieds au precedent de degré en degré ; ainsi ajoutant 48 à 480 repondant à 10 degré, vous avez 528 pour 11 degrez, & 576 pour 12 en ajoutant 48 à 528, & 624 pour 13 degrez mettant 48 avec 576 & ainsi des autres.

Liv. II. Chap. XII. Pratique des Bombardiers du Roy examinée.

La seconde à deux livres & demi de charge ne commence qu'à 36 degrez jusqu'à 45 ; parce que le mortier avec cette charge donne autant de chasse à la bombe à 36 degrez, qu'à 45 lors qu'il n'a que deux livres de poudre ; car l'étenduë de la portée est en l'un & en l'autre de 2160 pieds. Les nombres de pieds des portées se surpassent l'un l'autre de 60 pieds à chaque degré ; Ainsi 2220 du trente septiéme degré vient de 2160 du trentesixiéme & de 60 ajoutés ensemble, & 2280 du trentehuitiéme ajoutant 2220 avec 60. Et ainsi du reste.

La troisiéme à trois livres de poudre, qui est la plus grande charge que l'on doive donner à la chambre d'un mortier de douze pouces de calibre, ne commence par la même raison qu'à 37 degrez jusqu'à 45 ; parce qu'avec cette charge il chasse presque aussi loin sous l'angle de 37 degrez, que sous celui de 45 avec deux livres & demi de poudre. Les nombres de pieds des portées s'y suivent à chaque degré de 72 pieds ;

56 L'ART DE JETTER LES BOMBES.

Liv II. Chap. XII. Pratique des Bombardiers du Roy examinée.

ainsi ajoutant 72 à 2664 du trente-septiéme degré, vous aurez 2736 pour le trente-huitiéme ; Et ajoutant 72 à 2736, l'on à 2808 pour le trente-neuviéme & 2880 pour le quarantiéme en ajoutant 72 à 2808. Et ainsi des autres.

Ils disent qu'un mortier de huit pouces de calibre chargé d'une demi livre de poudre menuë grenée, donne pour chaque degré d'élévation 42 pieds de différence de portée, & pour sa plus grande volée sous 45 degrez, donne 1890 pieds. Le même chargé de trois quarterons de la même poudre donne 62 pieds de différence de portées à chaque degré d'élévation, & pour la plus grande, qui est à 45 degrez, 2790 pieds. Et enfin avec une livre de poudre qui est la plus forte charge que l'on doive donner à la chambre d'un mortier de huit pouces de calibre ; il donne 82 pieds de différence de portée à chaque degré d'élévation, & 3690 pieds pour sa plus grande étenduë sous l'angle de 45 degrez.

Voici les tables. La premiere à une demy livre de poudre commence à 5 degrez jusqu'à 45 ; & les nombres des portées se suivent en augmentant de 42 pieds à chaque degré. La seconde à trois quarterons de la même poudre ne commence qu'à 31 degrez, par ce qu'en cette élévation avec cette charge, la portée est plus grande que celle à 45 degrez avec une demi livre

PREMIERE PARTIE.

TABLES DES BOMBARDIERS POUR UN
mortier de huit pouces de Calibre.

Liv. II.
Chap. XII.
Pratique des
Bombardiers
du Roy exa-
minée.

1. Table à ½ livre de poudre.

deg.	portées
9	210 pieds.
10	420
11	462 diff.
12	504 42
13	546
14	588
15	630
16	672
17	708
18	756
19	798
20	840
21	882
22	924
23	966
24	1008
25	1050
26	1092
27	1134
28	1176
29	1218
30	1260
31	1302
32	1344
33	1386
34	1428
35	1470
36	1512
37	1554
38	1596
39	1638
40	1680
41	1722
42	1764
43	1806
44	1848
45	1870

2. Table à ¾ livre de poudre.

deg.	portées.
31	1922 pieds.
32	1984
33	2046 diff.
34	2108 62
35	2170
36	2232
37	2294
38	2356
39	2418
40	2480
41	2542
42	2604
43	2666
44	2728
45	2790

3. Table à une livre de poudre.

deg.	portées
35	2870 pieds
36	2952
37	3034
38	3116 diff.
39	3198 82
40	3280
41	3362
42	3444
43	3526
44	3608
45	3690

livre de poudre. Les nombres des portées se
suivent en augmentant de 62 pieds à chaque

H

degré. La troisiéme à une livre de poudre commence à 35 degrez où la portée est plus grande que celle à 45 degré avec trois quarterons de poudre : les nombres des portées s'y suivent en augmentant de 82 pieds à chaque degré.

Je pourrois ajouter ici divers autres de leurs calculs, mais comme il sont tous faits sur un même raisonnement ; j'ay crû que ceux cy pouvoient suffire pour faire voir que comme ils ont crû que les portées augmentoient toûjours également à chaque degré d'élevations du mortier, ils ont ajusté leurs tables à leurs sentimens, plûtôt que s'appliquer à faire des experiences exactes & fideles, sans se laisser prevenir d'opinions de bienseance, qui sont presque toûjours fausses, comme est celle-ci, ainsi qu'il se verra dans la suite.

Voila enfin tout ce que j'ay pû tirer de lumiere de ces Auteurs & de quantité d'autres de toutes Nations, qui sur cette matiere remettent tout à la pratique experimentale du bon Canonier, où suivent aveuglement les raisonnemens de ceux qui les ont devancez & dont nous venons de parler. Reste donc maintenant à expliquer ce que l'on à reconû de veritable & de demonstratif sur ce sujet. Ce que je vay faire dans cette seconde partie.

L'ART
DE JETTER
LES BOMBES,
ET DE CONNOITRE L'ETENDUE DES COUPS
de volée d'un Canon en toutes sortes d'Elevations.

SECONDE PARTIE.
PRATIQUES DE L'ART DE JETTER
les Bombes.

LIVRE PREMIER.
Pour les jets dont l'étenduë est au niveau des batteries par le moyen des sinus.

COMME la Theorie de cette doctrine est d'elle même assez difficile & suppose des conoissances dont les Principes doivent être raportés de loin ; j'ay crû que pour em-

LIV. I.
Pratiques pour les jets, dont l'étenduë est au niveau des batteries & par le moyen des sinus.

H ij

Liv. I.
Pratique pour les jets, dont l'étendue est au niveau des batteries & par le moyen des sinus.

barasser d'autant moins l'esprit de ceux qui voudroient s'en servir avec quelque utilité, je ferois bien de leur enseigner premierement les Pratiques & de remettre dans la suite à leur donner l'explication de leurs raisons & de leurs fondemens.

Ces pratiques ont été pour la plûpart inventées, sur la doctrine de Galilée premier & principal Mathematicien du grand Duc de Toscane, par Torricelli son disciple & son successeur : Qui nous a premierement expliqué que pour conoître les differentes portées des coups de volée d'une piece d'Artillerie ou d'un mortier en toutes sortes d'élevations, il falloit avant toutes choses en faire une épreuve bien exacte, en tirant la piece ou le mortier êlevé sous un angle bien conû & mesurant l'étenduë de sa portée avec toute la precision possible, pour en pouvoir faire un fondement certain pour toutes les autres : Car d'une seule experience sûre & fidele, l'on vient à la conoissance de tous les autres effets, en cette maniere.

CHAPITRE PREMIER.
Pour trouver l'étenduë d'un coup sur une élevation donnée.

SI vous voulez sçavoir l'étenduë de la portée de vôtre piece à telle autre élevation qu'il vous plaira, faites que comme le sinus du double de l'angle de l'élevation sous laquelle l'experience a été faite, (que j'appelleray dorenavant la premiere élevation,) est au sinus du double de l'angle de l'élevation proposée; ainsi l'étendue de la portée conüe par l'experience, (que j'appelleray aussi desormais la premiere portée,) soit à un autre. Et vous aurez ce que vous demandés.

Comme si ayant fait l'experience de vôtre piece élevée sous l'angle de 30 degrez, vous avez trouvé qu'elle ait chassé precisément à la longueur de 1000 toises ou 1000 autres mesures; pour sçavoir quelle sera la portée de la même piece avec la même charge, lors qu'elle sera élevée à l'angle de 45 degrez ? il faut prendre le sinus de l'angle de 60 degrez double de celui de la premiere élevation, qui est 8660, & en faire le premier terme de la regle de Trois; dont le second est sinus de l'angle de 90 degrez double de celui de l'élevation que l'on propose qui

62 L'ART DE JETTER LES BOMBES.

eſt 10000 ; Et le troiſiéme eſt le nombre des meſures de la premiere portée qui eſt 1000 toiſes, & les diſpoſer en cette maniere.

Si 8660 me donnent 10000, que me donneront 1000 ? pour avoir prez de 1155 toiſes pour la portée de la piece élevée ſous l'angle de 45 degrez.

Où il faut remarquer que lors que l'angle de l'inclination propoſée eſt plus grand que 45 degrez, il ne faut pas le doubler pour avoir le ſinus que la regle demande ; mais il faut à ſa place prendre le ſinus du double de ſon complement à l'angle droit. Comme ſi l'on propoſe l'élevation de la piece à l'angle de 50 degrez, il faut prendre le ſinus de 80 degrez double de 40 degrez qui ſont le complement à l'angle droit du propoſé de 50 degrez.

CHAPITRE II.
Trouver l'angle de l'élevation pour une étendue donnée.

SI l'on vous donne une étenduë determinée à laquelle on veut que la piece chaſſe, pourveu que cette étenduë ne ſoit pas plus grande que celle de l'élevation de 45 degrez: Pour trouver l'angle de l'élevation qu'il faut donner à la piece pour lui faire faire l'effet pro-

SECONDE PARTIE.

posé ; il faut dire que comme la premiere portée est à l'étendue que l'on propose, ainsi le sinus du double de l'angle de la premiere élevation, soit à un autre. Et ce nombre sera le sinus du double de l'angle de l'élevation qu'il faut donner à la piece.

LIV. I.
CHAP II.
Trouver l'angle de l'élevation pour une étendue donnée.

Comme si l'on veut que le Canon ou le mortier porte à la distance de 800 toises ou 800 autres mesures ; il faut que la premiere étendue de 1000 toises, soit le premier terme de la regle de Trois, la portée proposée de 800 toises soit le deuxiéme, & le troisiéme soit 8660 sinus de l'angle de 60 degrez double de celui de 30 degrez de la premiere élevation. En cette maniere.

Si 1000 toises font 800 to. que feront 8660? Pour avoir 6928 qui est le sinus de l'angle 43 degrez 52.', dont la moitié, c'est à dire 21. 56.', est l'angle de l'élevation que vous devez donner à la piece pour faire l'effet proposé. Et si vous ôtez les 21. 56' de l'angle droit ou de 90 degrez, vous aurez l'angle du complement de 68 deg. 4.' que vous pourrez prendre pour l'élevation de vôtre piece ; car elle chassera également loin, soit que vous l'éleviez à l'angle de 21. 56.', ou à celui de son complement 68. 4.'

CHAPITRE III.
Table des Sinus servant au jet des Bombes.

POUR plus grande facilité & pour ôter cet embaras que l'on a de rechercher les sinus du double des angles des élevations proposées; Galilée & Torricelli ont fait des Tables que j'ay mises ici, dans lesquelles on voit tout d'un coup les sinus des angles que l'on recherche. C'est à dire que ces tables ont été tirées de cel-

degrez		portées	degrez		portées
90		0			
89	1	349	65	25	7660
88	2	698	64	26	7880
87	3	1045	63	27	8090
86	4	1392	62	28	8290
85	5	1736	61	29	8480
84	6	2079	60	30	8660
83	7	2419	59	31	8829
82	8	2756	58	32	8988
81	9	3090	57	33	9135
80	10	3420	56	34	9272
79	11	3746	55	35	9397
78	12	4067	54	36	9511
77	13	4384	53	37	9613
76	14	4695	52	38	9703
75	15	5000	51	39	9781
74	16	5299	50	40	9848
73	17	5592	49	41	9903
72	18	5870	48	42	9945
71	19	6157	47	43	9976
70	20	6428	46	44	9994
69	21	6691		45	10000
68	22	6947	45		
67	23	7193			
66	24	7431			

SECONDE PARTIE.

les des sinus ordinaires, dont elles ne different qu'en ce que les nombres qui repondent ici à chaque degré, sont dans les tables ordinaires ceux qui repondent aux degrez qui sont doubles de ceux ci ; car le nombre repondant ici à 1 degré repond dans l'autre à 2 degrés ; celui qui repond ici à 2 degrez repond dans l'autre à 4 deg.; celui de 20 deg. est de 40 degrez dans l'autre. Et ainsi du reste.

CHAPITRE IV.
Usage de la Table pour trouver l'étenduë, sur une élevation donnée.

L'USAGE de cette table est facile. Car pour conoître l'étendue sur une élevation proposée, il ne faut que prendre pour premier terme de la regle de Trois, le nombre qui repond à l'angle de la premiere élevation ; & pour second celui qui repond à l'angle de l'élevation proposée ; Et enfin le nombre des mesures de la premiere étendüe pour troisiéme terme ; afin que par la regle vous ayez pour quatriéme l'étendue que vous cherchez.

Comme si, nous servant des exemples que nous avons rapporté cy-devant, nous voulons sçavoir quelle sera la portée d'une piece élevée à l'angle de 45 degrez, supposé qu'elle

66 L'ART DE JETTER LES BOMBES.

ait chaſſé à la longueur de 1000 toiſes lorſqu'elle étoit élevée à l'angle de 30 degrez. Je dis ainſi.

Si 8660 repondant à 30 deg. me donnent 10000 repondant à 45 deg., Que me donneront 1000 to. de la premiere portée ? Et j'auray près de 1155 toiſes pour la portée que l'on demande.

CHAPITRE V.

Pour trouver l'élevation ſur une étenduë donnée.

AINSI pour ſçavoir à quel angle je dois élever ma piece pour la faire chaſſer à une diſtance donnée, qui ne ſoit pas plus grande que celle de 1155 to. qui eſt l'étenduë de la piece élevée à 45 degrez; je prens pour premier terme de ma regle la premiere étenduë, pour ſecond l'étenduë propoſée, pour troiſiéme le nombre repondant dans la table à l'angle de la premiere élevation, & le quatriéme ſera le nombre repondant à l'angle de l'élevation que l'on demande.

Comme ſi l'on veut faire chaſſer la piece à la diſtance de 800 toiſes il faut faire ainſi.

Si 1000 toiſes premiere étendue, me donnent 800 toiſes étendue propoſée, que me donneront 8660 repondant à la premiere élevation ? Et j'auray 6928 dont le nombre le plus proche de la

SECONDE PARTIE.

Table est 6947 qui repond aux angles de 22 deg. & de 68 deg. Qui sont ceux où je pourray élever la piece pour lui faire faire l'effet proposé.

LIV. I.
CHAP. V.
Pour trover l'élévation sur une étendue donnée.

Au reste le nombre 10000 de la plus grande portée de la Table n'a pas été pris au hazard: Car outre que c'est celui que l'on donne ordinairement au sinus total dans la Table commune des sinus, d'où celle-ci a été tirée; c'est que la moitié de ce nombre, c'est à dire 5000, reduite en pas Geometriques, marque assez justement la plus grande portée d'une Coulevrine de 30 livres de balle.

Nous pouvons joindre ici les autres tables que Galilée & Torricelli nous ont données, comme celle des hauteurs des jets en toutes sortes d'élevation d'une même piece également chargée; Celle des hauteurs ou sublimitez des jets dont les longueurs horizontales sont égales en toutes élévations; Et une troisiéme que j'ay calculée de la proportion de la force qu'il faut imprimer au mobile pour le faire porter à une même longueur horizontale en toutes sortes d'élévations.

I ij

CHAPITRE VI.

Table des hauteurs des jets d'une même force.

DANS la premiere, c'est à dire dans celle des hauteurs des jets en toutes sortes d'élevation, lorsque la force est toûjours la même, (laquelle à beaucoup de liaison avec celle des étendües que nous venons d'expliquer ;) Nous ne nous sommes pas servis des nombres qui se trouvent dans les tables de Galilée & de Torricelli ; parce qu'ayant donné le nombre 10000 à la moitié de leur plus grande portée, ils mettent aussi le même nombre 10000 à la plus grande hauteur, à cause que celle-ci, c'est à dire la hauteur du jet perpendiculaire, est égale à la moitié de la plus grande portée qui est celle de la piece pointée sous l'angle de 45 degrez. Mais comme nous avons supposé dans la table precedente que la plus grande portée étoit 10000, la plus grande hauteur sur ce pied ne peut être que de 5000. Et partant tous les nombres de nôtre table des hauteurs sont les moitiez de ceux de Galilée. Les nombres de la table des portées sont proportionels aux sinus du double des angles de l'élevation, & ceux de cette table des hauteurs, sont les quarts des sinus verses du double des mêmes angles, parce qu'ils sont

SECONDE PARTIE.

les moitiez des nombres de la Table de Torricelli qui sont les moities des mêmes sinus.

L'usage de cette table est tel. Conoissant l'étenduë d'un jet suivant un angle d'inclination, si l'on en veut sçavoir la hauteur, il faut faire que comme le nombre repondant à l'angle proposé dans la table des Portées est à l'étenduë conuë de vôtre jet, ainsi le nombre repondant au même angle dans la table des hauteurs, soit à un autre ? Qui vous donnera la hauteur que vous demandez ; Comme si la portée du jet sous l'angle de 22 degrez êtant de 800 toises, je veux sçavoir sa hauteur per-

TABLE DES HAUTEURS DES JETS poussez d'une même force dont la plus grande portée est 10000.

deg.	hauteur	deg.	hauteur
1	1 1/2	46	2586
2	6 1/2	47	2673
3	14	48	2761
4	25	49	2849
5	38	50	2934
6	54	51	3019
7	75	52	3103
8	97	53	3189
9	123	54	3273
10	151	55	3355
11	182	56	3436
12	216	57	3517
13	253	58	3595
14	292	59	3674
15	335	60	3757
16	380	61	3825
17	427	62	3898
18	477	63	3969
19	530	64	4039
20	585	65	4107
21	642	66	4173
22	701	67	4237
23	763	68	4298
24	842	69	4352
25	893	70	4415
26	961	71	4470
27	1030	72	4522
28	1102	73	4572
29	1175	74	4620
30	1249	75	4665
31	1326	76	4708
32	1405	77	4748
33	1483	78	4785
34	1564	79	4818
35	1645	80	4849
36	1728	81	4878
37	1810	82	4903
38	1896	83	4925
39	1981	84	4945
40	2066	85	4962
41	2151	86	4975
42	2238	87	4986
43	2327	88	4993
44	2413	89	4999
45	2500	90	5000

LIV. I.
CHAP. VI.
Table des hauteurs des jets de même force.

pendiculaire ; je prens pour premier terme de ma regle de Trois le nombre qui repond à 22 deg. dans la table des portées qui est 6947, pour second terme 800 to. de la portée conuë, pour troiziéme le nombre 701 repondant à l'angle de 22 deg. dans la table des hauteurs ; Et par la regle je trouve que la hauteur du jet que je demande est de 80 toises 4 pieds 4 pouces.

Mais si la même portée de 800 to. venoit d'un jet fait sous l'élevation de 68 deg. complement de l'angle de 22 deg. ; il faudroit prendre, pour troiziéme terme de la regle de Trois, le nombre qui repond dans la table des hauteurs à l'angle de 68 deg. qui est 4298 ; Et par la regle nous aurions pour la hauteur du jet proposé 494 toises 5 pieds 8 pouces.

CHAPITRE VII.

Table des hauteurs & sublimitez des jets de même étenduë.

VOICI la seconde Table qui est celle des hauteurs & des sublimitez des jets d'une même êtenduë de portée en toutes sortes d'élevations : Cette êtenduë supposée par tout égale à celle que nous avons prise pour nôtre plus grande portée dans les autres tables, c'est à dire à 10000 parties ; ce qui fait que tous les

SECONDE PARTIE. 71

nombres de cette table, comme ceux des precedentes, ne sont que la moitié de ceux qui se trouvent dans celles de Galilée & de Toricelli qui ont donné le même nombre 10000 à l'étendue de leur demiparabole ; au lieu que nous en faisons celle de la parabole entiere ; d'où il arrive que tous les nombres des hauteurs sont chacun le quart de ceux qui sont les tangentes des angles d'élevation dans la Table

L I V. I.
CHAP. VI.
Table des hauteurs & sublimitez des jets de même étendue.

TABLE DES HAUTEURS ET DES SUBLIMITEZ DES JETS dont l'étenduë en toutes élevations est toujours la même, posée de 10000 parties.

deg.	haut.	subl.	deg.	haut.	subl.	
0	0	infini	90			
1	43	143235	89	25	1166	5361	65
2	87	71503	88	26	1219	5126	64
3	131	47703	87	27	1274	4906	63
4	175	35751	86	28	1329	4792	62
5	218	28575	85	29	1386	4610	61
6	262	23786	84	30	1443	4330	60
7	307	20361	83	31	1502	4160	59
8	352	17788	82	32	1562	4001	58
9	396	15784	81	33	1623	3849	57
10	441	14178	80	34	1686	3706	56
11	486	12873	79	35	1750	3570	55
12	531	11761	78	36	1816	3441	54
13	577	10823	77	37	1884	3317	53
14	623	10027	76	38	1953	3209	52
15	670	9330	75	39	2024	3087	51
16	717	8718	74	40	2098	2979	50
17	764	8177	73	41	2173	2876	49
18	812	7694	72	42	2251	2776	48
19	856	7260	71	43	2331	2681	47
20	910	6868	70	44	2414	2589	46
21	959	6513	69	45	2500	2599	45
22	1010	6187	68			
23	1061	5889	67			
24	1113	5615	66			

subl.   haut.   deg.   subl.   haut.   deg.

Liv.' I.
Chap. VII.
Table des
hauteurs &
sublimitez des
jets de même
étendüe.

ordinaire des sinus, & ceux des sublimitez sont chacun le quart des tangentes du complement des mêmes angles.

Je ne m'arreteray pas à vouloir faire comprendre ce que l'on entend par la sublimité d'une parabole ou d'un jet, parce que tout cela sera expliqué fort au long dans la troisiéme partie de ce Livre. Je parleray donc seulement de l'usage de cette table, qui est tel ; Que voulant sçavoir sur une étendue donnée, Quelle doit être la sublimité & la hauteur d'un jet sur l'élevation d'un angle donné ? Il faut faire que comme le nombre 10000 est à l'êtendue proposée, ainsi ceux des hauteur & sublimité qui repondent à l'angle donné dans la Table, sont à d'autres ; qui seront ceux que l'on demande. Comme si l'étenduë proposée êtant de 800 toises, on veut sçavoir la hauteur & la sublimité du jet de cette longueur sous l'élevation de 26 degrez ? Le premier terme de la regle de Trois est 10000, le second est 800, & le troisiéme pour la hauteur est 1219, qui donne pour quatriéme $93\frac{1}{2}$. Le même troisiéme pour la sublimité est 5126 qui donne pour quatriéme 410. Ainsi la hauteur du jet sur cette hypothese sera de $93\frac{1}{2}$ toises, & la sublimité de 410 toises. Ce qui est de particulier est qu'à l'élevation de l'angle de 64 deg. qui est le complement de l'angle proposé de 26 deg, les hauteurs & les sublimitez sont reciproques,

c'est

c'est à dire que la hauteur est de 410 to., & la sublimité de 93 $\frac{1}{2}$.

CHAPITRE VIII.
Table de la force des jets de même étendue.

LA table qui suit est faite en ajoutant ensemble les hauteurs & les sublimitez de la precedente. Son usage est pour la proportion que la force qui a chassé le mobile à une certaine distance suivant un certain angle d'élevation, doit avoir à une force qui pourra chasser le mesme mobile ou son égal à la mesme distance suivant tout autre degré d'élevation ; c'est à dire que la force du jet parcourant un certain espace sous l'angle de 22 deg. ou de son complement à l'angle droit qui est de 68 deg., sera à la force du jet parcourant le mesme espace sous l'angle de 35 deg. ou de 55 deg. qui est son complement à un droit, comme le nombre 7197 repondant à 22 degrez est à 5321 repondant à 35 degrez. L'on voit par cette table que de tous les jets d'une même étendue ; celui où il faut moins de force est le jet qui se fait sous l'élevation de 45 degrez, & qu'il faut que la force augmente à mesure que l'élevation s'élogne du demidroit vers la perpendiculaire ou vers l'horizontale ; Ainsi il faudroit une force infinie

Liv. I.
Chap. VIII.
Table de la force des jets de même étendue.

TABLE DE LA FORCE QU'IL FAUT DONNER AUX JETS de même étendue en toutes sortes d'Elevation.

deg.	0	90	infini
1	89	143268
2	88	71680
3	87	47834
4	86	35926
5	85	28793
6	84	24048
7	83	20668
8	82	18140
9	81	16180
10	80	14569
11	79	13147
12	78	12293
13	77	11405
14	76	10650
15	75	10000
16	74	9433
17	73	8941
18	72	8606
19	71	8121
20	70	7778
21	69	7472
22	68	7197
23	67	6950
24	66	6728
25	65	6527
26	64	6345
27	63	6180
28	62	6031
29	61	5896
30	60	5773
31	59	5662
32	58	5563
33	57	5473
34	56	5393
35	55	5321
36	54	5272
37	53	5201
38	52	5155
39	51	5115
40	50	5077
41	49	5049
42	48	5027
43	47	5012
44	46	5003
45	45	5000

pour faire parcourir un espace de niveau quel qu'il puisse estre sous l'élevation de 90 & de o degrez, c'est à dire lors que le jet est ou à plomb ou de niveau ; ce qui sera expliqué dans la Quatriéme partie de ce Livre.

Au reste il est bon de sçavoir que c'est sur la table des portées expliquée cy-devant, que j'ay calculé celles qui se voient dans la premiere partie de ce Livre, pour estre comparées à celle

SECONDE PARTIE. 75

de Diego Ufano, & aux autres. Je crois qu'il est inutile de dire que les angles d'élevation doivent estre donnéz ou mesurez sur la piece avec l'Equerre divisée par degrez & non pas par celle de Tartaglia qui est divisée en 12 points.

Liv. I.
Chap. VIII.
Table de la force des jets de meme étendue.

LIVRE SECOND.

Pratiques des jets dont l'étendue est au niveau des batteries, par le moïen des instrumens.

CHAPITRE PREMIER.
Par l'Equerre des Canoniers rectifiée.

MAis parceque la plûpart des Canoniers est accoutumée à cette Equerre de 12 points, le même Torricelli à trouvé le moïen de la rectifier & de la mettre en êtat que l'on s'en puisse servir utilement par la connoissance des portées. Sa figure est la même que celle de Tartaglia, composée de deux bras inégaux formans une angle droit, d'un quart de cercle, & d'un plomb attaché par un filet à l'angle; Le plus grand bras se met dans la piece, & le quart de cercle est divisé en 12 points à commencer du plus petit bras de l'Equerre, & chaque point en 12 minutes. Toute la difference est en la division de ces points & de ces minutes, qui sont êgaux dans l'Equerre de Tartaglia & fort inégaux dans celle-ci.

Sa construction est telle. Le plus grand bras de l'Equerre est A E : & le moindre A C : le

PREMIERE PARTIE. 77

quart de cercle B D C : dont le demi diamettre est A B ; sur lequel comme sur un diamettre il faut decrire le demi cercle A P B sur le centre F, & mener F P perpendiculaire à A, B qui sera par consequent parallele à A C ; puis du point P, élever P G parallele à A B, qui couppe A C en G ; Ensuite il faut couper la droite A G en 6 parties êgales comme aux points G & H &c.,

LIV. II.
CHAP. I.
Par l'Equerre
des Canoniers
rectifiée.

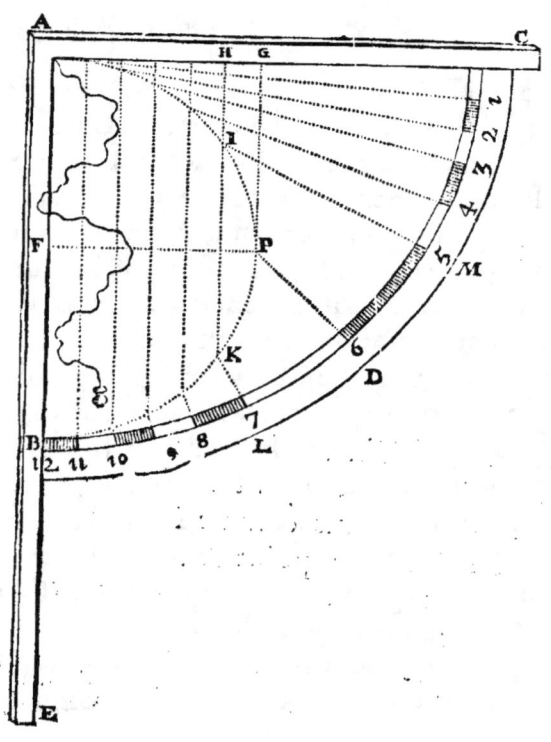

K iij

78 L'Art de Jetter les Bombes,

Liv. II.
Chap. I.
Par l'Equerre
des Canoniers
rectifiée.

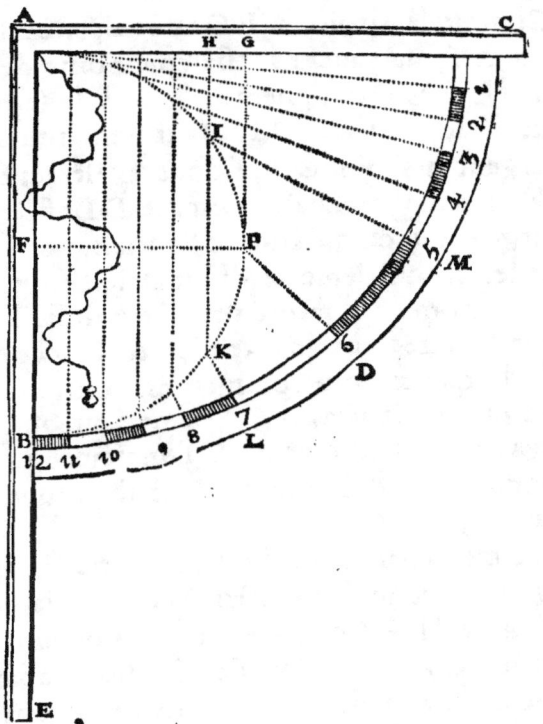

d'où il faut laisser tomber des droits paralleles au coté AB qui coupent le demi cercle chacune en deux points comme HK aux points I & K &c ; Enfin du point A , par les points où le demi cercle est couppé par ces paralleles, il faut mener des droites jusqu'au quart de cercle BDC, qui le couperont en douze parties inégales qui seront les douze points de l'Equerre.

SECONDE PARTIE.

Comme la droite A P D tirée du point A par le point P marquera le sixiéme point de l'Equerre, A I M le cinquiéme, A K L le septiéme, & ainsi des autres. Où il faut remarquer que la largeur des points, qui sont également éloignés du sixiéme, est égale, comme D L est égal à D M largeur du cinquiéme & septiéme point, ainsi celles du huitiéme & du quatriéme &c.

Et comme il seroit peut-être difficile de trouver precisément le premier & le second point de l'Equerre, qui commencent toûjours du côté du plus petit bras A C ; il ne faut que les faire égaux au douziéme & à l'onziéme qui leur repondent & dont la grandeur se trouve avec facilité.

Pour avoir les minuttes, il ne faut que diviser chacune des parties égales de la ligne A G comme H G &c. en 12 autres portions égales, & de chaque point de division abaisser des droites paralleles à A B, qui couperont le demi cercle chacune en deux points, par lesquels menant des lignes droites du point A jusqu'au quart de cercle B D C, elles y marqueront les minutes que l'on demande.

J'oubliois à dire que le plomb est attaché par un filet au point A de l'angle de l'équerre.

L'usage de cet Equerre est tres facile : car les points y ont entr'eux la même proportion que les portées d'une piece élevée suivant les an-

Liv. II.
Chap. I.
Par l'Equerre des Canoniers rectifiée.

gles qu'ils font fur l'Equerre ; c'eſt à dire que la portée d'une piece élevée au quatriéme point eſt double de la portée de la même piece élevée au ſecond point, & quadruple de la portée au premier point, comme le nombre 4 eſt double du nombre 2, & quadruple du nombre 1 &c.

Il ſuffit donc de mettre ſon plus grand bras dans l'ame de la piece & remarquer par le moïen du filet quel eſt le point de ſon élevation ? Et par l'experience d'un ſeul coup, dont il faut meſurer exactement la portée, l'on peut aſſez bien juger de la portée de la même piece avec la meme charge dans toutes ſortes d'élevation. En faiſant une regle des Trois. Comme ſi la portée de vôtre piece élevée par exemple au deuxiéme point a eſté de 800 toiſes ; Pour ſçavoir quelle ſera ſa portée lors qu'elle ſera élevée au cinquiéme point ? il faut dire

Si 2 donnent 800 : que donneront 5 ?
pour avoir 2000 toiſes pour la portée de la piece au cinquiéme point. Où il faut remarquer qu'au lieu des points qui ſont au deſſus du ſixiéme comme le ſeptiéme, le huitiéme, le neuviéme, le dixiéme & l'onziéme ; il faut, pour faire les regles de Trois, prendre ceux qui leur repondent au deſſous du meme ſixiéme, comme le cinquiéme au lieu du ſeptiéme, le quatriéme au lieu du huitiéme, le troiſiéme au lieu du neuviéme, le ſecond au lieu du dixiéme &

le

SECONDE PARTIE.

le premier au lieu de l'onziéme. Car, comme nous avons dit, les portées des points également élognées du sixiéme sont égales, comme celles du septiéme égales à celle du cinquiéme, celles du huitiéme égales à celles du quatriéme, celles du neuviéme à celles du troisiéme, & ainsi des autres.

Si vous voulez sçavoir sur la même supposition, à quel point vous devez élever vôtre piece pour lui donner une portée de 1500 toises; il faut faire vôtre regle de Trois en cette maniere.

Si 800 donnent 2: Que donneront 1500? Et vous aurez $3\frac{3}{4}$; c'est à dire trois points & 9 minutes au dessous du sixiéme ou huit points & 3 minutes au dessus, & ainsi du reste.

CHAPITRE II.
Par le demi cercle de Torricelli.

VOICY encore une autre instrument composé pour le même effet. C'est un demi cercle divisé sur son bord interieur en 180 degrez à l'ordinaire, & seulement en 90 parties sur celui de dehors, dont le diamettre est prolongé par un bout; & à l'autre, par lequel la division se commence, il y a un plomb attaché à un filet qui marque sur le bord exterieur du demi cercle les degrez de l'angle de l'élevation de la

L

82   L'Art de Jetter les Bombes.

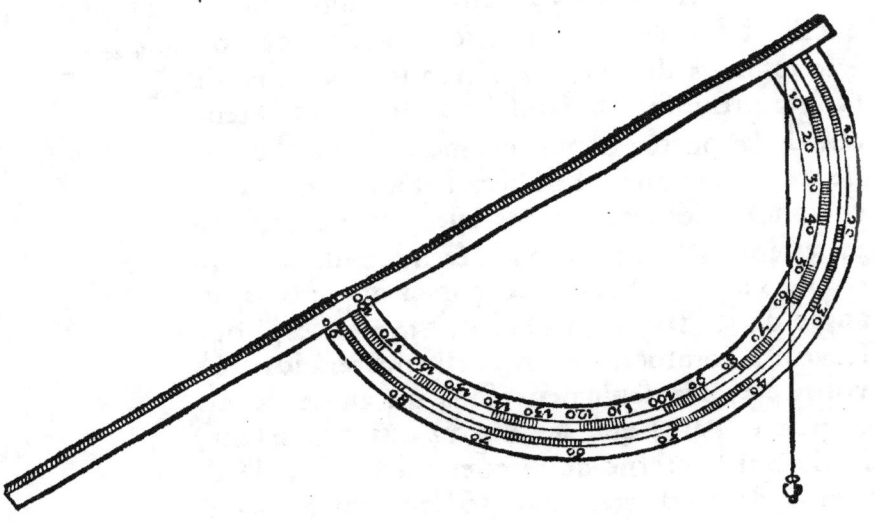

Liv. II.
Chap. II
Par le demi
cercle de Tor-
ricelli.

piece lors que l'on met dans l'ame le bout du diametre prolongé, & les degrez qui leur repondent sur le bord interieur, sont ceux dont il faut prendre les sinus.

Son usage est assez prompt; car comme dans cet instrument les sinus des degrez qui repondent à ceux des angles de l'élévation de la piece sont en meme raison que l'étenduë des portées; après avoir mesuré exactement l'une des memes portées suivant un certain angle d'élévation; Pour avoir l'étenduë d'une autre suivant un autre angle, il ne faut que faire une regle de Trois dont le premier terme doit estre le sinus

SECONDE PARTIE. 83

des degrez repondans à ceux de l'angle sur lequel s'est fait l'experience; le second terme doit être le sinus des degrez repondans à ceux de l'angle proposé; le troisiéme doit être l'étenduë de la portée conuë en mesures par l'experience; & le quatriéme sera l'étenduë que vous cherchez. Comme si vous avez trouvé par une experience tres-exacte que l'étenduë de la portée de vôtre piece élevée par exemple sous un angle de 30 degrez, ait été de 1500 toises; Pour sçavoir à combien de toises elle portera lors que vous l'éleverez seulement sous un angle de 20 degrez ? Parce que les degrez qui repondent, sur le bord interne de l'Equerre à ceux de l'élevation de 30 degrez sont 60 deg. qui ont 8660 pour sinus, & ceux qui repondent à l'élevation de 20 degrez sont 40 degrez qui ont pour sinus 6427 : je fais ma regle en cette maniere :

Si 8660 donnent 6427 que donneront 1500 ? Et j'auray prés de 1114 toises pour l'étenduë de la portée que l'on demande.

Ainsi pour sçavoir quelle sera la plus grande portée de la piece, c'est à dire lors qu'elle sera élevée à l'angle de 45 degrez qui ont pour repondans 90 degrez dont le sinus est 10000 : je fais ainsi :

Si 8660 donnent 10000 que donneront 1500 ? pour avoir environ 1732 toises pour la plus grande portée que l'on recherche.

L ij

LIV. II.
CHAP II.
Par le demi
cercle de Torricelli.

Mais si l'on veut sur la même hypothese, sçavoir à quel angle il faut élever la piece ou le mortier pour le faire porter à une distance proposée, pourveu qu'elle n'excede point celle à laquelle la piece élevée à l'angle de 45 degrez peut porter; il faut faire une autre regle de Trois, dont le premier terme sera l'étenduë de la portée de la piece conuë en mesures par l'experience que l'on en a faite; le second terme sera l'étendue de la portée que l'on propose; & le troisiéme doit estre le sinus des degrez repondans à ceux de l'élevation sous laquelle on a fait l'experience; afin que par la regle on ait pour quatriéme terme, le sinus des degrez decrits dans le bord interieur de l'Equerre, dont les repondans sur le bord de dehors sont ceux de l'élevation que l'on demande.

Comme si l'on desire sçavoir à quel angle il faut élever la piece pour la faire porter à la longueur de 1200 toises, supposé qu'elle ait chassé à celle de 1500 toises sous l'élevation de 30 degrez qui ont 60 degrez pour repondans sur le bord interieur de l'Equerre, dont le sinus est 8660. Je fais ma regle de trois en cette maniere.

Si 1500 donnent 1200 : que donneront 8660? Et j'auray pour quatriéme terme 6928 sinus de l'angle de 43 degrez 51 min. qui ont pour correspondans sur le bord exterieur de l'Equerre 21.

SECONDE PARTIE. 85

56' qui sont ceux de l'élevation que l'on demande ; aussi bien que 68 4'. qui sont leur complement à l'angle droit.

Liv. II.
Chap. II.
Par le demi cercle de Torricelli.

Si par la regle vous trouviez que vôtre quatriéme terme fut un nombre plus grand que ceux qui sont contenus dans la Table des sinus, c'est à dire plus grand que celui que vous auriez pris pour sinus total ; Ce seroit une marque que la distance proposée seroit plus grande que celle à laquelle elle peut porter avec la meme charge. Comme si l'on demandoit à quel angle elle devroit estre élevée pour la faire chasser à la longueur de 1800 toises ? faisant la regle de Trois comme nous l'avons enseignée, l'on trouveroit pour quatriéme terme ce nombre 10392 ; lequel étant plus grand que celui de 10000 qui est sinus total dans cette hypothese où le sinus de 60 degrez est 8660 ; fait voir que la piece ne peut pas chasser à cette distance : ce qui est conforme à ce que nous avons fait voir cy-devant, que sa plus grande portée qui est sous l'angle de 45 degrez n'étoit que d'environ 1732 toises.

L iij

86 L'Art de Jetter les Bombes.

CHAPITRE III.
Par un autre instrument sans le besoin des sinus.

Toutes ces pratiques sont faciles & assurées : Mais comme il y faut avoir incessament recours à la Table des sinus, qu'il seroit peut-être dificile d'avoir toûjours presente; le même Torricelli à recherché le moïen de s'en passer ajoutant divers lignes dans l'Equerre dont nous venons d'enseigner la description & l'usage. Voici donc ce qu'il fait.

Il se contente de la division du bord exterieur du demi cercle en 90 degrez ; Et ayant mené un rayon perpendiculaire au diametre, il le divise en un tres grand nombre de parties égales, comme par exemple en p. 200 ; qu'il commence à compter du centre du demi cercle. Ensuite de chaque degré marqué dans son bord, il tire des droites, qu'il appelle des guides, paralleles au diametre qui passent au travers de ce rayon divisé & vont repondre aux degrez qui sont les complemens à l'angle droit de ceux d'où elles sont parties ; c'est à dire que la droite tirée par exemple du 10 degré, tombe sur le 80 ; & celle qui vient du 20 tombe sur le 70. Et ainsi des autres.

Maintenant comme les portions du rayon di-

SECONDE PARTIE.

visé contenuës entre chacune des guides & le centre du demi cercle, sont égales aux sinus du double des angles d'où les guides ont été tirées; il ne faut que prendre le nombre des parties égales du rayon divisé comprises entre le centre & les guides & s'en servir pour termes des regles de Trois au lieu des sinus.

Liv. II. Chap. III. Par un autre instrument sans le besoin des sinus.

Comme dans la même supposition; parce que la guide du 30ᵉ degré coupe le rayon de telle sorte qu'il y a 173 parties égales jusqu'au centre; Et celle du 20ᵉ degré le coupe où il y en a 128 $\frac{1}{2}$.

Pour sçavoir quelle sera la portée de la piece élevée au 20ᵉ degré, supposé qu'au 30ᵉ elle ait chassé à la longueur de 1500 toises, je fais ma regle de trois en cette maniere:

Si 173ᵉ donnent 1500 toises, que donneront 128 $\frac{1}{2}$? & j'auray les mêmes 1114 toises pour la portée de la piece à l'élevation proposée de 20 degrez.

Ainsi pour conoître sur la même hypothese la plus grande portée de la piece, c'est à dire lors qu'elle est élevée à l'angle de 45 degrez qui a le rayon entier où les 200 parties sous sa guide; je fais ma regle de Trois en cette sorte;

Si 173 donnent 1500 toises: Que donneront 200? Pour avoir toûjours à peu prés les mêmes 1732 toises.

Mais si l'on veut sçavoir à quel angle on doit élever la piece pour la faire chasser à une di-

88 L'ART DE JETTER LES BOMBES.

**Liv. II.
Chap. III.**
Par un autre
instrument
sans le besoin
des sinus.

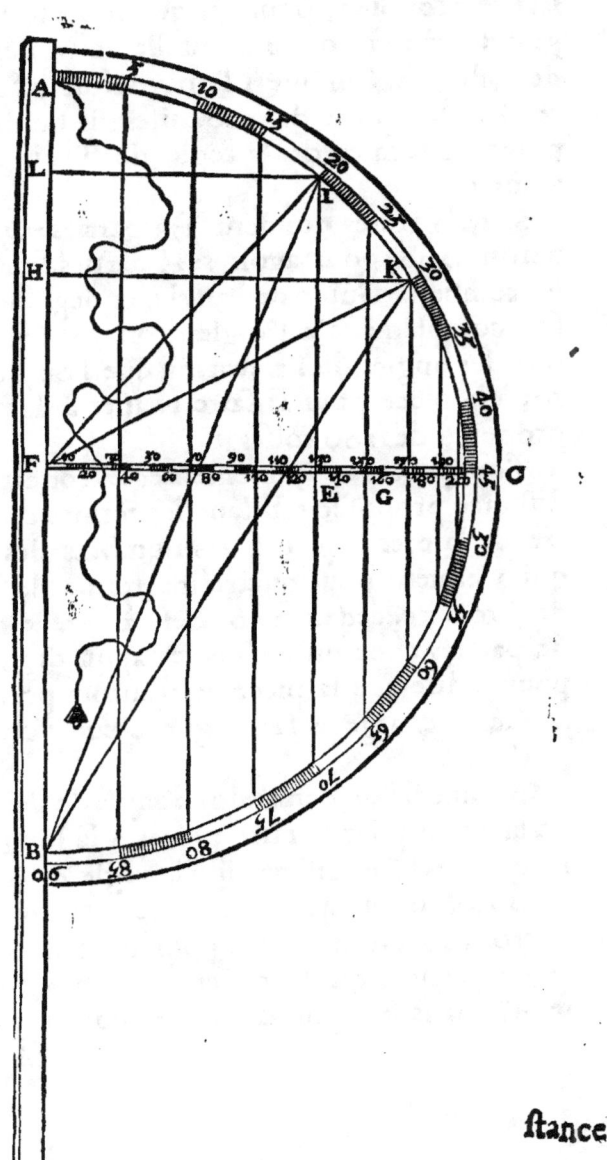

SECONDE PARTIE.

stance proposée, pourveu qu'elle ne soit pas plus grande que sa portée naturelle sous l'élevation de 45 degrez. Comme si l'on vouloit la faire porter à la longueur de 1200 toises; il faudroit disposer les termes de la regle de Trois en cette maniere.

LIV. II.
CHAP VII.
Par un autre instrument sans le besoin des sinus.

Si 1500 toises donnent 173 parties : Que donneront 1200 ? pour avoir 128 $\frac{1}{2}$ parties sur lesquelles tombe la Guide de l'angle 21 degré 56' & de son complement à l'angle droit 68 deg. 4'. qui sont les angles de l'élevation que l'on doit donner à la piece pour la faire chasser à la distance proposée de 1200 toises.

L'on peut par la même regle conoître si la distance proposée est dans les termes de la portée de la piece; car si les nombres des parties qui viennent pour quatrième terme de la regle de Trois, excedent 200 c'est à dire le nombre de parties contenues dans le rayon divisé ; l'on pourra dire que la piece ne sçauroit porter avec la même charge à la longueur que l'on a proposé.

Comme si l'on demandoit l'angle de l'élevation de la piece pour la faire porter à la longueur de 1800 toises ? En faisant ainsi la regle de Trois.

Si 1500 donnent 173 : Que donneront 1800 ? Je trouve qu'il me vient pour quatrième terme 207 $\frac{3}{5}$ parties, qui surpassent les 200 parties contenuës dans le rayon divisé ; Et qui me font co-

M

noitre que la piece ne peut pas porter, à cette distance. C'est ce qui convient à ce que nous avons dit cy-devant, faisant voir que sa plus grande portée est seulement deprés de 1732 toises.

SECONDE PARTIE.

LIVRE TROIZIEME.

Pratiques des jets dont l'étenduë n'est pas au niveau des batteries.

Nous ajouterons ici diverses pratiques pour la resolution de plusieurs cas differens de ceux que nous avons expliquez & qui peuvent arriver sur le même sujet. Et Premierement.

CHAPITRE PREMIER.

Portée de but en blanc d'une piece élevée au dessus du plan horizontal.

Pour sçavoir à quelle distance d'un plan horizontal, une piece pointée du but en blanc & posée au dessus du niveau du même plan, pourra porter ? Comme dans cette figure où la ligne de niveau de la campagne est A K sur laquelle la piece est élevée de la hauteur perpendiculaire A B : Pour conoître le point C dans la droite A K où le boulet arrivera partant de la piece en B pointée du but en blanc, c'est à dire suivant la direction horizontale B H ?

L IV. III.
CHAP. I.
Portée de but en blanc d'une piece élevée au dessus du plan horizontal.

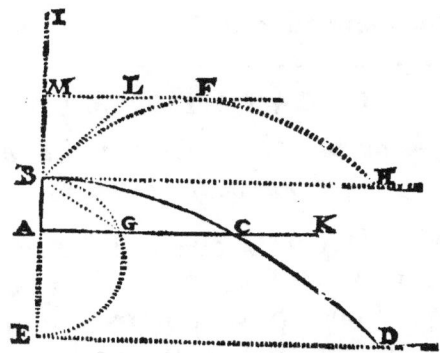

Comme je suppose que l'on conoisse la plus grande portée de la piece sous l'élevation de 45 degrez qui soit par exemple BH, & la hauteur AB; Je multiplie la moitié de BH par AB, & le double de la racine quarrée du produit, me donne la longueur sur le plan horizontal AC que je cherche. Comme si la hauteur perpendiculaire AB, étoit par exemple de 15 pieds c'est à dire de 2 $\frac{1}{2}$ toises, & la plus grande portée de 1732 toises; Je multiplie 866 moitié de 1732 par 2 $\frac{1}{2}$, & du produit 2165 je prens la racine quarré 46 dont le double 92 toises, est la longueur AC demandée. Dans la même hypothese si la hauteur perpendiculaire AB étoit de 30 pieds c'est à dire 5 toises, je multiplierois 866 moitié de la plus grande portée par 5 & du produit 4330, je prendrois la racine quar-

SECONDE PARTIE.

rée 65, dont le double 130 toises me feroit la longueur demandée AC.

CHAPITRE II.
Portée sur un plan incliné d'une piece pointée sous un angle donné.

POUR sçavoir à quelle distance d'un plan incliné au dessus ou au dessous de l'horizon, le boulet d'une piece pointée sous un angle donné, touchera ? Comme dans cette figure.

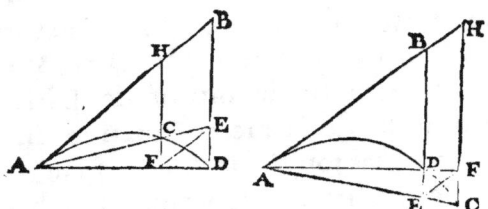

Pour conoître à quel point du plan A E incliné au dessus ou au dessous de l'horizon A F, arrivera le boulet d'une piece ou d'un mortier pointé suivant l'angle de l'inclination D A B: il faut faire deux regles de Trois:

La premiere pour trouver la longueur horizontale AF en faisant que comme *la tangente de l'angle* de l'inclination de la piece DAB est à *la tangente de l'angle* de l'inclination du plan DAE; Ainsi l'amplitude AD de la parabole ACD trouvée par les tables, soit à une autre, qui sera la longueur DF; laquelle étant ôtée de la même amplitude si le plan est incliné sur l'horizon, où étant ajoutée s'il est au dessous, donne la longueur horizontale AF.

Par la seconde regle de Trois, l'on trouve la longueur AC; car comme le sinus total est à la sécante de l'angle du plan DAE, ainsi AF est à AC. La hauteur perpendiculaire CF se trouve avec la même facilité; car comme le sinus total est à la tangente du même angle du plan DAE, ainsi AF est à CF.

Comme si l'angle de l'inclination du plan DAE au dessus ou au dessous de l'horizon est de 25 degrez, & l'angle de l'inclination de la piece DAB de 43 degrez. Supposant que la plus grande portée sous l'angle de 45 deg. soit de 1732 toises; la portée sous l'angle de 43 degrez sera de 1647 toises; Et partant disposant nôtre premiere regle de Trois en sorte que comme 93252 tangente de 43 degrez, est à 46631 tangente de 25 degrez; Ainsi 1647 qui est l'amplitude AD est à 823 $\frac{1}{2}$ qui est la longueur DF: laquelle étant ôtée du nombre 1647 qui est AD donne aussi 823 $\frac{1}{2}$ pour la longueur horizontale AF si le plan est incliné au dessus de l'horizon, ou bien étant ajoutée à la même amplitude 1647 donne 2470 pour la même longueur si le plan est incliné sous l'horizon.

SECONDE PARTIE.   95

Maintenant si je fais que comme 100000 sinus total est à 110338 secante de l'angle du plan FAC, ainsi A F longueur horizontale du plan incliné $\begin{Bmatrix} \text{sur l'horizon } 823 \frac{1}{2} \\ \text{sous l'horizon } 2470 \end{Bmatrix}$ est à un autre; j'auray pour la longueur du plan incliné A C
$\begin{Bmatrix} \text{sur l'horizon } 908 \text{ to.} \\ \text{sous l'horizon } 2725 \text{ to.} \end{Bmatrix}$

Liv III.
Chap. II.
Portée sur un plan incliné d'une piece portée sous un angle donné.

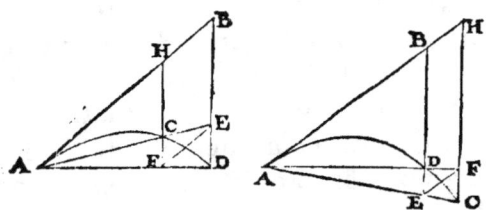

Ainsi faisant que comme le sinus total 100000 est à 46631 tangente du même angle F A C, ainsi la même longueur horizontale A F du plan incliné $\begin{Bmatrix} \text{sur l'horizon } 823 \frac{1}{2} \\ \text{sous l'horizon } 2470 \end{Bmatrix}$ est à un autre; j'auray pour la hauteur perpendiculaire C F
$\begin{Bmatrix} \text{sur l'horizon } 384 \text{ toises} \\ \text{sous l'horizon } 1151 \text{ toises.} \end{Bmatrix}$

En la même maniere si nous supposons que l'angle de l'inclination du plan FAC soit de 15 degrez au dessus ou au dessous de l'horizon; celui de l'inclination du mortier F A B de 32 degrez; & la plus grande portée de la bombe

Liv. III. Chap. II. Portée sur un plan incliné d'une piece pointée sous un angle donné.

à 45 deg. de 600 toises, qui par consequent à 32 degrez donnera 539 to. : Si je fais que comme 62487 tangente de l'angle de 32 degrez est à 26795 tangente de l'angle FAC de 15 degrez ; Ainsi l'amplitude AD 539. to. est à une autre ; J'auray 229 pour la longueur FD, qui dans le cas que l'inclination soit

{ sur l'horizon étant ôté de } 539, donne- {310}
{ sous l'horizon étant ajoutée à } {768}

pour la longueur horizontale A F.

Maintenant si je fais que comme le sinus total 100000 est à 103528 secante de l'angle FAC de 15 deg. ; ainsi A F {310 sur l'horizon / 768 sous l'horizon} est à un autre ; j'auray pour la longueur du plan incliné A C {321 to. sur / 795 to. sous} l'horizon. Et si je fais que comme le sinus total 100000 est à 26795 tangente du même angle de 15 degrez ; ainsi A F {310 sur / 770 sous} l'horizon, est à un autre ; j'auray pour la hauteur perpendiculaire C F {83 to. sur / 206 to. sous} l'horizon.

CHAP. III.

SECONDE PARTIE.

CHAPITRE III.
Trouver l'angle de l'élevation de la piece.

CETTE pratique est de Torricelli qui n'a rien dit de la converse de sa proposition qui est beaucoup plus dificile. C'est à dire lors que la longueur & l'Inclination d'un plan étant donnée au dessus ou au dessous du niveau d'une batterie, l'on veut sçavoir à quel degré

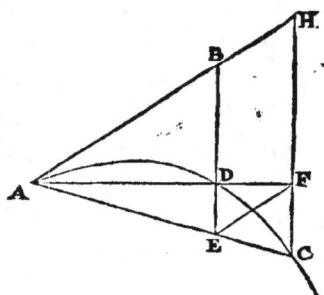

il faut élever sa piece où son mortier pour la faire chasser à cette longueur? Comme si l'angle FAC & la longueur AC étant donnez, & par consequent la hauteur perpendiculaire FC & la longueur horizontale AF; l'on demande quel doit être l'angle FAB suivant lequel la piece où le mortier doit être dressé pour faire passer le boulet ou la bombe par le point C.

En voici diverses regles dont je nommeray les Auteurs dans la troisiéme partie de ce discours, lors que j'expliqueray les propositions d'où les regles ont été tirées.

CHAPITRE IV.
Premiere Pratique par les sinus.

1. DIVISEZ le quarré de la moitié de la longueur horizontale AF par la hauteur perpendiculaire CF, ajoutez au Quotient le quart de la plus grande portée. Ensuite faites que comme ce quart est à cette somme, ainsi le sinus de l'angle du plan FAC soit à un autre sinus, dont l'angle étant ajouté à celui de l'inclination du plan, donne le double de l'angle de l'élevation de la piece ou du mortier que l'on demande.

Comme dans l'exemple pris cy-devant, posant que l'angle de l'inclination du plan AC au dessus du niveau des batteries AF est de 15 degrez; l'élevation perpendiculaire CF de 83 toises; la longueur horizontale AF de 310 to.; & la plus grande portée du mortier à l'angle de 45 deg. de 600 toises. Pour trouver quel angle d'élevation il faut donner au mortier pour faire porter la bombe du point A par exemple dans un château sur une montagne en C?

Je prens premierement 155 qui est la moitié de la distance horizontale AF, dont le quarré

SECONDE PARTIE. 99

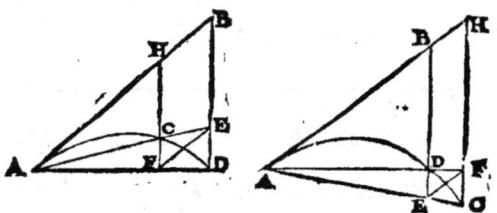

24025 divisé par la hauteur perpendiculaire CF 83, fait au Quotient 289; à quoy j'ajoute 150 qui est le quart de la plus grande portée, & j'ay 439. Puis je fais que comme ce même quart 150 est à cette somme 439, Ainsi 25882 sinus de l'angle FAC de 15 degrez soit à un autre, c'est à dire à 75747 qui est le sinus de 49. 14′ & de son complement à deux droits 130. 46′ ; j'ajoute 15 degrez, à l'un & à l'autre & j'ay 64. 14′ & 145. 46′ dont les moitiés 32. 7′ & 72. 53′. sont les angles de la direction du mortier que l'on recherche. C'est à dire qu'élevant le mortier suivant l'un ou l'autre de ces deux angles, la bombe partant du point A avec une force capable de la porter à la longueur de 600 to. sous l'angle de 45 degrez, ira frapper au point C élevé sur l'horizon des batteries à la hauteur de 83 to. & élogné horizontalement de 310 to.

CHAPITRE V.
Seconde pratique par les sinus.

2. FAITES que comme la moitié de la plus grande portée est à la moitié de la distance horizontale, ainsi le sinus total soit à un autre, auquel il faut ajouter la tangente de l'inclination du plan s'il est incliné sur l'horizon, ou l'ôter s'il est incliné au dessous. Puis faire que comme le sinus total est au sinus du complement de l'angle du plan, ainsi cette somme ou difference soit à une autre, & vous aurez le sinus d'un angle auquel ajoutant l'angle du plan l'inclination êtant au dessus, ou l'ôtant si elle est au dessous, & prenant la moitié de la somme ou de la difference, vous aurez l'angle de la direction du mortier que vous cherchez.

Comme dans la même hypothese si le plan est incliné sur l'horizon : Multipliant 155 moitié de la distance horizontale AF par le sinus droit 100000, & divisant le produit 15500000 par 300, qui est la moitié de la plus grande portée, j'ay 51666 : à quoy j'ajoute 26795 tangente de l'angle du plan de 15 deg. & la somme est 78455 ; Que je multiplie par 96593 sinus de 75 degrez complement de l'angle du plan ; Et je divise le produit 7578203815 par le sinus total 100000,

SECONDE PARTIE.

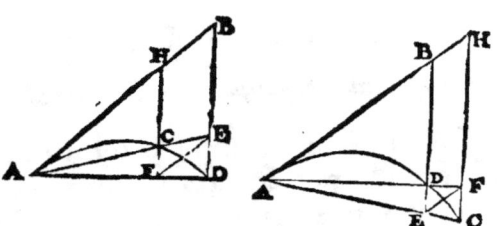

pour avoir 75782 sinus de l'angle de 49. 16' & de son complement à deux droits 130. 44'; & ajoutant 15 degrez de l'angle du plan à l'un & à l'autre, j'ay 64. 16 & 145. 44' dont les moitiez me donnent 32. 8' & 72. 52' pour les angles que l'on demande.

Et si le plan est incliné sous l'horizon; j'ôte 26795 tangente de l'angle du plan, de la somme trouvée 51666. Et le reste est 24865, que je multiplie par les mêmes 96593 sinus de 75 deg. complement de l'angle du plan F A C; dont le produit 2402364503 doit être divisé par le sinus total 100000, & le Quotient 24023 est sinus de l'angle de 13. 54', & de son complement à deux droits 166. 6'. Enfin ôtant 13. 54'. de 1, deg., & 15 deg. de 166. 6'. Il vient 1. 6' sous l'horizon, & 151. 6' au dessus ; dont les moitiez sçavoir 33' sous l'horizon & 75. 33' au dessus, sont les angles de la position que l'on recherche. C'est à dire qu'élevant le mortier suivant la direction de 75. 33' sur l'horizon, ou l'abaissant suivant

N iij

celle de 33′ au deſſous, la bombe partant du point A, ira frapper au point C abaiſſé ſous le niveau de la batterie de la hauteur perpendiculaire F C.

CHAPITRE VI.
Troiziéme pratique par les ſinus.

MULTIPLIEZ le ſinus du complement de l'angle du plan par la diſtance horizontale & diviſez le produit par la plus grande portée ; le Quotient ſera un nombre auquel ajoutant celui de la même inclination ſi elle eſt ſur l'horizon, ou l'ôtant ſi elle eſt deſſous; l'on aura le ſinus d'un angle auquel il faut ajouter ou ôter l'angle de l'Inclination du plan & prendre la moitié de la ſomme ou de la difference pour avoir celui de la poſition du mortier que l'on demande.

Comme ſi je multiplie 96593 ſinus de 75 deg. complement de l'inclination du plan ſur l'horizon, par 310 longueur horizontale ; & diviſant le produit 29943830 par 600 de la plus grande portée, j'ajoute au Quotient 49906 le ſinus de la même inclination 25882, il viendra 75788 qui eſt le ſinus de l'angle de 49.16′ & de ſon complement à deux droits 130. 44′, à quoy ajoutant 15 deg. de l'élevation du plan, j'ay 64.16′, & 145

SECONDE PARTIE.

44', dont la moitié qui est 32. 8' & 75. 52' sont les angles de l'élevation que je dois donner au mortier.

Si le plan avoit été incliné sous l'horizon, j'aurois ôté du même nombre 49906 le même sinus 25882, & le reste m'auroit donné 24024 Sinus de l'angle de 13. 54' & de son complement à deux droits 166. 6'; ainsi ôtant 13. 54' de 15 deg., & 15 deg. de 166. 6': Il vient 1. 6' sous l'horizon & 151. 6 au dessus, dont la moitié 33' sous l'horizon & 75. 33' au dessus, sont les angles de position demandez.

CHAPITRE VII.
Quatriéme pratique par les sinus.

4. SI le plan est incliné sur l'horizon ôtez de la plus grande portée la hauteur perpendiculaire, & multipliez le reste par la même hauteur; Puis ayant divisé le produit par la longueur du plan incliné, ôtez le quotient de la même longueur, & prenez la moitié du reste, qu'il faut ajouter au même Quotient. Ensuite il faut faire que comme cette somme est à la moitié de la plus grande portée, ainsi le sinus total est à un autre; Et vous aurez la secante d'un angle, auquel ajoutant ou ôtant l'angle du plan; Il vient un autre angle qu'il faut ôter ou ajou-

ter à l'angle droit, pour en avoir encore un autre dont la moitié est le complément de l'angle de l'élévation du mortier que l'on recherche.

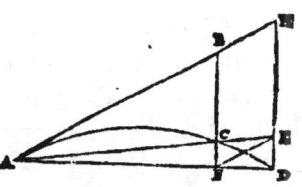

Comme si demeurant dans la même supposition, il faloit tirer dans un château sur une montagne en C élevé sur le plan de la batterie AF de la hauteur perpendiculaire FC 83 to., à la distance de 320 to. sur le plan AC incliné de 15 deg. sur le niveau de la batterie ; supposant la plus grande portée du mortier de 600 to. Aprés avoir ôté la hauteur FC 83 to. de 600 ; je multiplie le reste 517 par FC 83, & je divise le produit 42911 par AC 320, pour avoir 134 au quotient, que j'ôte de AC 320, puis je prens la moitié du reste 186 qui est 93 que j'ajoute au quotient 134, & j'ay 227. Ensuite je fais que comme 227 est à 300 moitié de la plus grande portée, ainsi 100000 sinus total est à un autre ; Et j'auray 132158 secante de l'angle de 40. 50'; auquel ajoutant ou ôtant l'angle du plan de 15 deg., il vient 55. 50', & 25. 50' qu'il faut ôter ou ajouter à 90 degrez pour avoir 34.10' & 115. 50' dont les moitiés sont 17. 5' & 57. 55', qui sont les complemens de 72. 58' & 32. 5' angles de la position du mortier que l'on demande.

Si l'inclination du plan est sous l'horizon, ajoutez

SECONDE PARTIE.

ajoutez la plus grande portée à la hauteur perpendiculaire & multipliez la fomme par la même hauteur : Puis ayant divifé le produit par la longueur du plan incliné, ajoutez le quotient à la même longueur & ôtez le même Quotient de la moitié de la fomme ; Enfuite faites que comme ce refte eft à la moitié de la plus grande portée, ainfi le finus total eft à un autre, qui fera la fecante d'un angle, duquel ôtant ou ajoutant l'angle du plan, il vient un autre angle qu'il faut ôter ou ajouter à l'angle droit ; Et le refte où la fomme eft le double du complement de l'angle que l'on recherche.

Come fi dans la même hypothefe, il faloit tirer dans quelque endroit au fonds d'une vallée en C abaiffé fous le niveau de la batterie A F de la hauteur perpendiculaire FC 83 to. à la diftance de 320 toifes fur le plan A C incliné de 15 degrez, fuppofant toujours la plus grande portée de 600 toifes. Ayant ajouté la plus grande portée 600 à la hauteur perpendiculaire 83 ; Je multiplie leur fomme 683 par la même hauteur 83, & je divife le produit 56689 par 320 longueur du plan incliné, qui me fait 177 au quotient ; lequel ajouté à la même longueur 320, fait 497 dont la moitié eft 249, d'où j'ôte le même quotient 177, & j'ay 72 pour le refte. Enfuite ayant multiplié le finus total 100000 par la moitié de la plus grande portée 300

O

106 L'ART DE JETTER LES BOMBES.

& divisé le produit 3000000 par 72, il vient 41666 qui est la secante de l'angle 76. 7′ duquel ôtant & ajoutant l'angle du plan 15 deg., j'ay 61. 7′ & 91. 7′. Puis ôtant le premier & ajoutant le dernier à 90 degrez, il me vient 24. 53′ & 181. 7′ dont la moitié est 14. 26′ ½, & 90. 33 ½′, complements de 75. 33 ½′, sur l'horizon, & de 33 ½′ au dessous, pour la position du mortier que l'on demande.

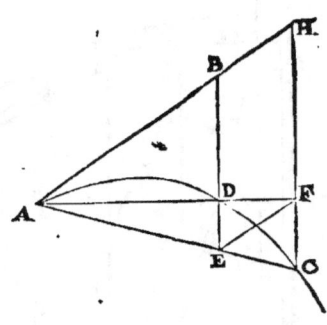

CHAPITRE VIII.
Cinquiéme Pratique par le demi cercle de Torricelli rectifié.

IL y a des instrumens qui peuvent sans s'embarasser de tant de calcul, donner les mêmes angles. Le premier est le demi cercle de Torricelli A F D que nous avons expliqué cydevant avec les divisions tant des 90 degrez autour du limbe entier à commencer du point A, que d'un grand nombre de parties égales sur le demi diametre perpendiculaire E F; Il ne faut qu'y ajouter en bas au point D, une tou-

SECONDE PARTIE. 107

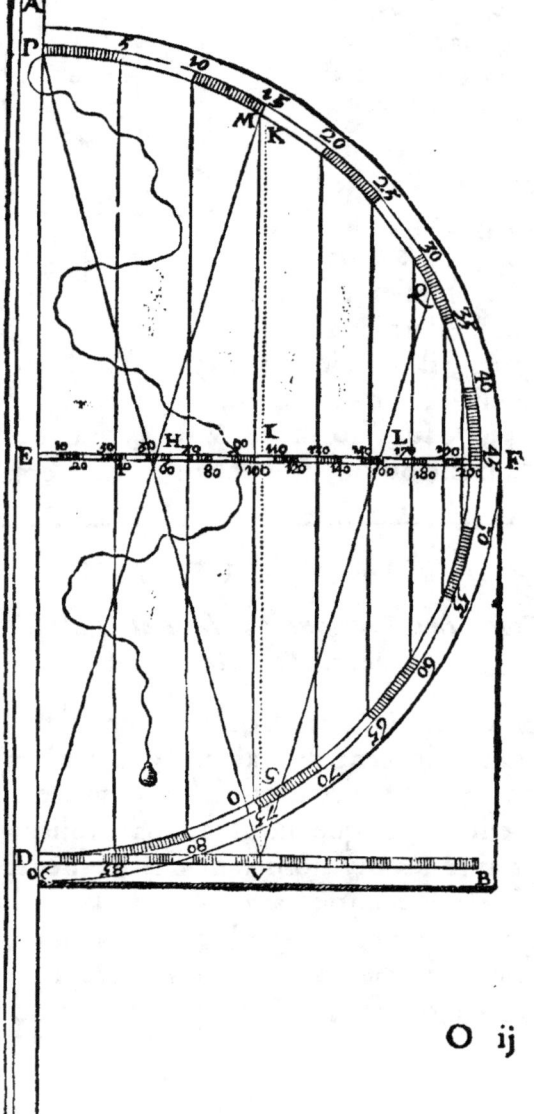

LIV. III.
CHAP. VIII.
Cinquiéme
pratique par
le demicercle
de Torricelli
rectifié.

O ij

Liv. III.
Chap. VIII.
Cinquième pratique par le demi cercle de Torricelli rectifié.

chante DB égale à EF & divisée en la même maniere, & avoir, outre le plomb pendant en A, un filet qui puisse couler au long de la droite DB & s'étendre de là sur toutes les parties du demy cercle.

Pour s'en servir il faut du point A conter sur le limbe autant de degrez que contient l'angle de l'inclination du plan comme de AM; Et apliquant le filet de D en M coupant la droite EF en H, conter combien il y a de partie entre E & H. Ensuite il faut prendre sur DB la droite DV & son égale EI sur EF; de sorte que DB soit à DV, comme la plus grande portée est à la distance horizontale donnée, & contant de I en L vers le point F, (si l'inclination est sur l'horizon;) ou de I en N vers E (si elle est au dessous,) autant de parties qu'il y en a de E en H, dresser le filet de V par les points L ou N, qui touchera le cercle s'il n'y a qu'une solution; ou le coupera en deux points, comme G, Q ou O, P, s'il y en a deux; ou ne le rencontrera point du tout, si le probleme est impossible. Et les points de la rencontre G:Q: ou O:P: seront ceux que l'on recherche: enforte que mettant le grand bras DC dans l'ame du mortier & le dressant de maniere que le plomb pendant en A tombe sur G:Q: ou O:P: la Bombe sera portée au point où l'on veut qu'elle aille.

Comme dans nôtre exemple supposé que l'an-

SECONDE PARTIE.

gle de l'inclination du plan soit de 15 deg., la distance horizontale de 310 toises, la plus grande portée de 600 to., Et les droites EF & DB partagées en 200 parties. Il faut premierement prendre 15 degrez depuis A jusqu'en M & menant le filet DHM remarquer qu'il y a 53 p. depuis E jusqu'en H sur la droite EF; Ensuite si l'on fait que comme la plus grande portée 600 to., est à la distance horizontale 310 to., Ainsi la ligne EF 200 p. est à une autre ? l'on aura DV & EI de 103 p., ausquelles ajoutant IL de 53 p., (si l'inclination est sur l'horizon,) l'on aura EL de 156 p.; & passant le filet du point V par L, il coupera le demi cercle aux points Q de 32 degrez & G de 73 qui sont les angles de la position du mortier que l'on demande, mettant le bras de l'Equerre DC dans l'ame & élevant le mortier ensorte que le plomb pendant en A tombe sur les points de 32 ou de 73 degrez.

Si l'inclination du plan étoit sous l'horizon, il auroit fallu ôter la droite EH ou IN 53 p. de la ligne EI 103 p., afin d'avoir EN de 50 p.; puis faire passer le filet du point V par le point N, qui auroit couppé le demi cercle au point O 75 $\frac{1}{2}$ degrez & au point P. $\frac{1}{2}$ degré au dela de la droite AD. Ce qui fait voir que les angles de la position du mortier sont en ce cas de 75 $\frac{1}{2}$ deg. sur l'horizon & d'un demi degré au dessous. C'est à dire que le bras DC étant mis dans

Liv. III.
Chap VIII.
Cinquième pratique par le demicercle de Torricelli rectifié.

**Liv. III.
Chap. VIII.**
Cinquiéme
pratique par
le demi cercle
de Torricelli
rectifié.

l'ame du mortier, il faut le hausser ensorte que le plomb tombe sur le point O de 75. 30', ou l'abaisser de maniere que le même plomb coupe le demi cercle prolongé au dela du diametre A D au point P à la distance d'un demi degré depuis le point A.

SECONDE PARTIE.

LIVRE QUATRIEME.
Pratique Universelle.

CHAPITRE PREMIER.
Construction d'un instrument pour toutes sortes de jets.

VOICI encore un autre instrument qui n'est pas moins ingenieux que celui de Torricelli, & qui peut servir pour toutes sortes de portées soit qu'on les demande dans l'étenduë du niveau des batteries soit qu'on veüille les faire porter sur des plans êlevez ou abaissez au dessus ou au dessous du même Niveau.

C'est un quarré ABCD dont l'un des côtez comme AB porte à l'un des bouts comme A le plomb attaché à un filet, l'autre B est prolongé vers E, afin que la branche BE puisse entrer dans l'ame du Canon ou du mortier. Le même côté AB est le diamettre du demi cercle AHB dont le centre est en F & qui doit être premierement divisé en 90 parties égales, ainsi que celui de Torricelli, à commencer du point A sur un des limbes; Et sur l'autre, chaque quart de cercle HA & HB doit être aussi divisé

112 L'Art de Jetter les Bombes.

Liv. IV.
Chap. I.
Construction
d'un instru-
ment pour
toutes sortes
de jets.

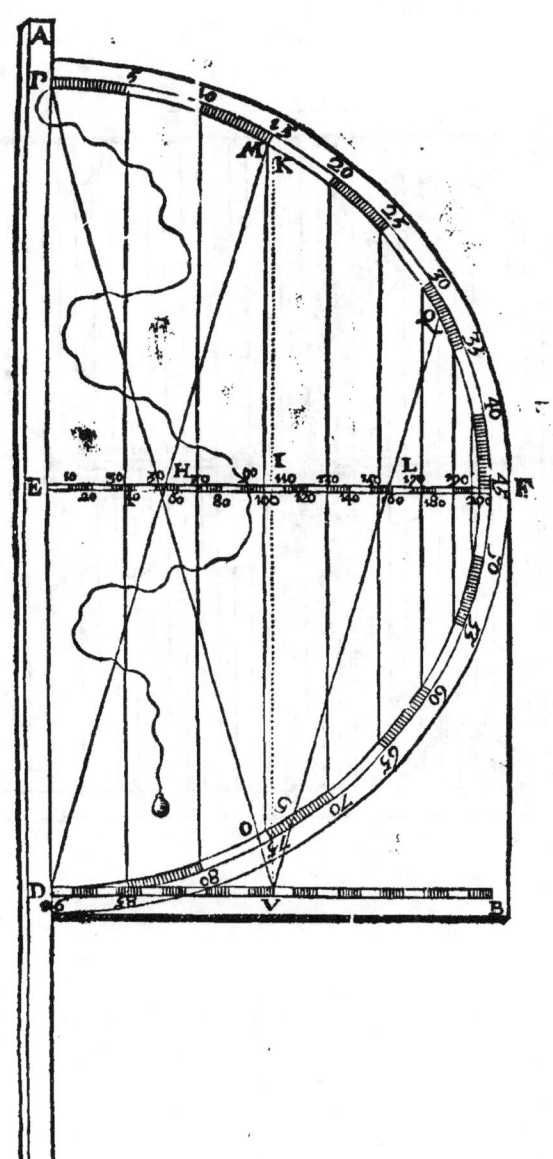

SECONDE PARTIE. 113

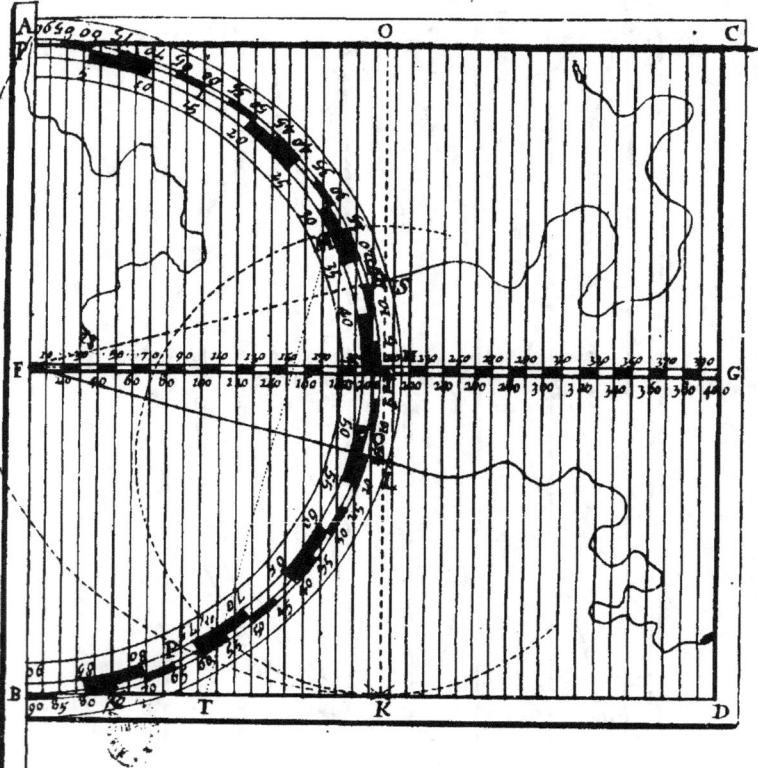

112 L'ART DE JETTER LES BOMBES.

LIV. IV.
CHAP. I.
Construction
d'un instru-
ment pour
toutes sorte
de jets.

SECONDE PARTIE.

en 90 deg. à commencer du point H. Le demi-diametre perpendiculaire FH continué jusqu'en G, ensorte que HG soit égale à FH, doit être aussi partagé en un tres-grand nombre de parties égales à commencer du point F ; & l'on fait passer, par chacun de ses points, des Guides paralleles au diametre AB & traversant jusqu'aux deux côtez opposez AC : BD : qui par ce moïen se trouveront divisez comme la droite FG. Il faut enfin qu'il y ait un filet attaché au centre F. Voila tout ce qu'il faut pour sa construction.

CHAPITRE II.

Son usage pour les portées qui sont au niveau des batteries.

L'USAGE en est tel. Si connoissant la portée d'un Canon ou d'un mortier sous un angle donné, l'on veut sçavoir quelle sera celle de la même piece sous un autre angle ? il faut mettre la pointe du compas simple sur les degrez du premier angle donné marquez sur le limbe qui commence du point A, & l'ouvrant de la grandeur du demi diametre du même limbe, le tourner sur la droite FG & remarquer à quel nombre de parties il repond vers le point G. ; Il en faut ensuite faire autant sur les degrez du se-

P

114 L'ART DE JETTER LES BOMBES.

LIV. IV.
CHAP. II.
Son usage
pour les portées qui sont
au niveau des
batteries.

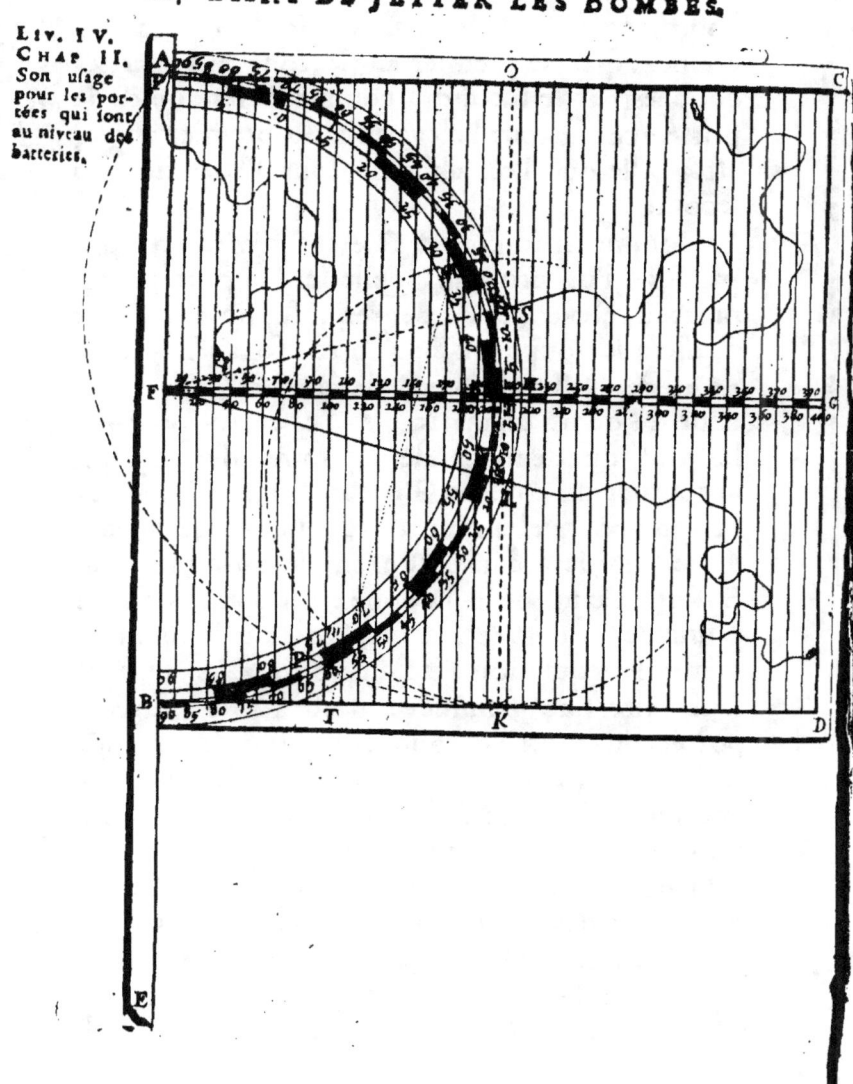

SECONDE PARTIE.

cond angle : Car les parties de la droite FG coupées par le premier angle sont aux parties coupées par le second, comme l'étenduë de la portée conuë sous l'élevation du premier angle, est à celle que l'on cherche sous l'élevation du second.

Liv. IV. Chap. II. Son usage pour les portées qui sont au niveau des batteries.

Comme si le côté FG étant divisé en 400 parties, l'on propose Quelle sera la portée d'un mortier êlevé de 30 degrez, supposé qu'il ait chassé à la longueur de 400 to. sous l'élevation de 21 deg.? Il faut ouvrir le compas de la grandeur du demi diametre FA, & l'aïant posé sur le bord du demi cercle au point de 21 deg., le tourner du côté de G sur la droite FG, & remarquer à quel point il repond de la même ligne, qui sera dans cet exemple au point 266. Ensuite ayant posé la pointe du compas sur le point de 30 degrez, il faut voir où il coupe la même FG qui doit être au point 346. Enfin il faut faire que comme 266 est à 346, ainsi la portée du mortier donnée de 400 toises sous l'angle de 21 degrez est à un autre; Et l'on aura peu plus de 520 toises pour la portée du même mortier êlevé sous l'angle de 30 degrez.

Si posant la portée de 400 toises sous l'élevation de 21 deg. l'on vouloit sçavoir à quel angle il faudroit l'êlever pour chasser à 520 to.? Ayant mis la pointe du compas sur 21 deg., & vû qu'il coupe 266 parties sur la droite FG, il

P ij

faut faire que comme la portée de 400 to. est à celle de 520 to., ainsi 266 soit à un autre ; & il viendra 346 ; au point duquel sur la droite GF il faut mettre la pointe du compas toûjours ouvert de la grandeur du demi diametre FA, & voir où il coupera le demi cercle comme aux points 30 & 60. Qui sont les angles de l'élevation du mortier pour le faire chasser à la distance de 520 to., supposé qu'il ait porté à celle de 400 to. sous l'élevation de 21 degrez.

CHAPITRE III.
Pour les portées qui ne sont pas au niveau des batteries.

LA difficulté n'est pas plus grande pour déterminer les portées vers les endroits élevez ou abaissez sous l'horizon ; supposé que l'on conoisse la plus grande portée de la piece ou du mortier, l'angle de l'inclination du plan & la distance horizontale, si c'est l'angle de l'élevation du mortier que l'on cherche : ou que l'on conoisse les angles du plan & du mortier, avec la plus grande portée, si c'est la distance horizontale, ou la longueur du plan incliné, ou enfin la hauteur perpendiculaire que l'on demande.

CHAPITRE IV.

Trouver l'élevation de la piece, quand l'inclination est au dessus du niveau des batteries.

AU premier cas, il faut faire que comme la plus grande portée est à la distance horizontale donnée, ainsi les parties contenuës dans la droite FG, soient à un nombre de parties de la même ligne. Ensuite il faut étendre le filet attaché au centre F & le faisant passer par le degré de l'inclination du plan marqué sur le bord du quart de cercle de H vers B (si l'inclination est au dessus de l'horizon,) ou de H vers A (si elle est au dessous,) voir en quel point il coupera la Guide qui passe par le nombre de parties de la droite FG que nous avons marquées; car le point sera le centre d'un arc de cercle dont le rayon est ce qui reste de la même guide depuis ce point jusqu'au côté BD du quarré, & qui touchera ou coupera le demi cercle en des points qui marqueront les angles de la position du mortier que l'on demande.

Comme dans l'Exemple que nous avons rapporté cy-devant, ou nous avons supposé la plus grande portée de 600 to., & que le point où l'on veut tirer est dans un plan incliné 15 deg. au dessus ou au dessous de l'horizon des batte-

118 L'ART DE JETTER LES BOMBES.

LIV. IV.
CHAP. IV.
Trouver l'élevation de la pièce, quand l'inclination est au dessus du niveau des batteries.

SECONDE PARTIE. 119

ries à la distance horizontale de 310 to.; Il faut premierement faire que comme 600 to. est à 310, ainsi 400 parties de la droite FG est au nombre 206 qui repond au point I sur la même FG, par où il faut entendre que passe la Guide K I O parallele au diametre A B; Ensuite en faisant passer le filet du point F par Q où il y a 15 deg. depuis H vers B (si l'êlevation est sur l'horizon,) remarquer le point L où il coupera la Guide I K; & ce point L, sera le centre sur lequel mettant la pointe du compas ouvert de l'étenduë L K, & décrivant un arc de cercle, il touchera le demi cercle, si le probleme n'a qu'une solution; ou le coupera en deux points comme M *m* s'il en a deux; ou ne le rencontrera point du tout, s'il est impossible; & les points de la rencontre M *m* marqueront sur le bord interieur du demi cercle, dont les degrez commencent du point A, les angles de la position du mortier que l'on demande. C'est à dire que dans nôtre hypothese le point M donnera l'angle de 32 degrez & *m* celui de 72; sur lesquels il faut que le plomb pendant en A tombe, lors que le bras B E est au dedans de l'ame du mortier.

Liv. IV. Chap. IV. Trouver l'élevation de la piece, quand l'inclination est au dessus du niveau des batteries.

Liv. IV.
Chap. V.
Trouver l'élevation de la piece, quand l'inclination est au dessus du niveau des batteries.

CHAPITRE V.

Trouver l'élevation de la piece, quand l'inclination est au dessus du niveau des batteries.

SI sur la même supposition, l'inclination du plan étoit au dessous du niveau de la batterie, il faudroit prendre l'arc de 15 degré de son inclination du point H vers A comme HR, & passant le filet du point F par R, voir où il coupe la Guide KIO comme en S, où mettant la pointe du compas, ouvert de l'étendue SK, faire l'arc KP*p* qui coupera le demi cercle en P où il y a 75.30′, & en *p* au dela du point A à la distance de 30′. qui sont ceux de la position du mortier que l'on cherche. De maniere que le haussant de telle sorte que le bras BE étant dans l'ame du mortier, le plomb tombe du point A sur 75,30′, où le baissant tellement qu'il tombe sur le point *p* au dela du point A de 30′, la bombe ira frapper au lieu abaissé sous l'horizon comme on le demande.

CHAP. VI.

SECONDE PARTIE. 121

LIV. IV.
CHAP. V.
Trouver l'élevation de la piece, quand l'inclination est au dessous du niveau des batteries.

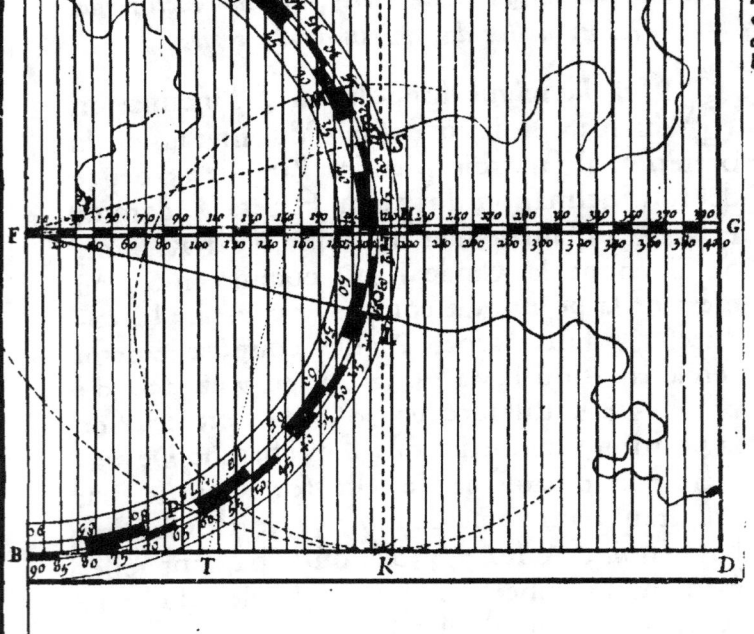

Q

122 L'ART DE JETTER LES BOMBES.

Liv. IV.
Chap. VI.
Trouver la distance horizontale ou la longueur du plan incliné, ou la perpendiculaire.

CHAPITRE VI.

Trouver la distance horizontale, ou la longueur du plan incliné, ou la perpendiculaire.

MAINTENANT supposant que l'angle de l'inclination du plan soit toujours de 15 degrez sur le niveau des batteries, la plus grande portée de 600 toises & un angle donné de l'élevation du mortier de 72 degrez. Si l'on veut sçavoir quelle sera la distance horizontale, ou la longueur du plan incliné, ou même la hauteur perpendiculaire à laquelle la bombe arrivera sur le plan? Il faut du point Q ou repond l'angle du plan sur le limbe des degrez du demi cercle qui commencent au point H, prendre avec le compas la distance Q *m*, c'est à dire jusqu'au point qui repond sur l'autre limbe à 72 degrez de l'angle donné de l'élevation du mortier, & la raporter du même point Q sur l'autre côté du demi cercle comme au point M; puis faisant passer le filet par les deux points M *m*, voir où il coupera le côté BD comme en T; car BK double de BT, donnera la distance horizontale FI de 206 parties; & par consequent la guille IK & le point L où elle est coupée par le filet FQ; & raportant les droites FL & IL sur FG, vous trouverez 213 p. pour la longueur du plan

SECONDE PARTIE. 123

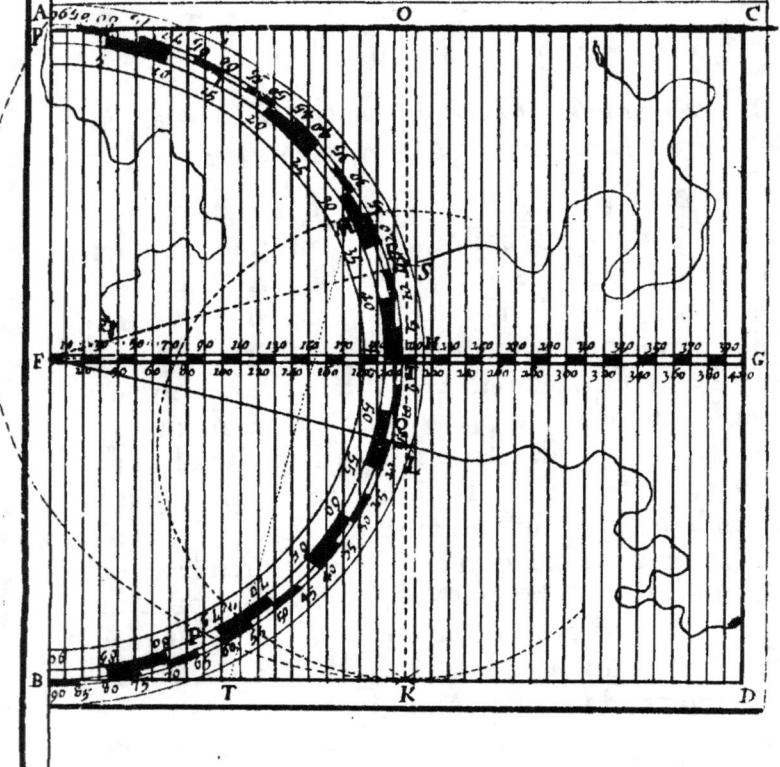

Liv. IV.
Chap. VI.
Trouver la
distance horizontale, ou la
longueur du
plan incliné,
ou la perpendiculaire.

Q ij

Liv. IV.
Chap. VI.
Trouver la distance horizontale, ou la longueur du plan incliné, ou la perpendiculaire.

incliné F L, & 55 p. pour la hauteur perpendiculaire I L. De sorte que faisant que comme les 400 parties de la droite F G sont aux 600 toises de la plus grande portée, ainsi les trois nombres de parties 206 : 213 : 55 : sont à d'autres ; nous aurons 310 to. pour la distance horizontale F I, 320 to. pour l'inclinée F L, & 83 to. pour la hauteur perpendiculaire I L.

Si le plan étoit incliné sous l'horizon & l'angle de l'élevation du mortier donné de 75. 30′, il faudroit mettre le compas sur le point R où repond l'angle du plan sous l'horizon & l'ayant étenduë jusqu'en P. où sont marquées les 75. 30′ de l'angle donné du mortier, le tourner de l'autre côté en *p* où il coupe le demi cercle prolongé au dela du point A ; & par les points *p* : P : faire passer le filet jusqu'à ce qu'il coupe le côté du quarré B D comme en T ; car le double de la droite B T pris sur la droite F G, donnera la longueur de la distance horizontale & la Guide qui lui repond, & par conséquent le point S, & la longueur de la distance sur le plan incliné F S, & celle de la hauteur perpendiculaire I S ; qui sur cette hypothese seront toujours les mêmes, c'est à dire que l'on aura 310 to. pour la distance horizontale F I, 83 to. pour la hauteur perpendiculaire sous le niveau de la batterie I S ; & 320 to. pour la longueur du plan incliné F S.

SECONDE PARTIE. 125

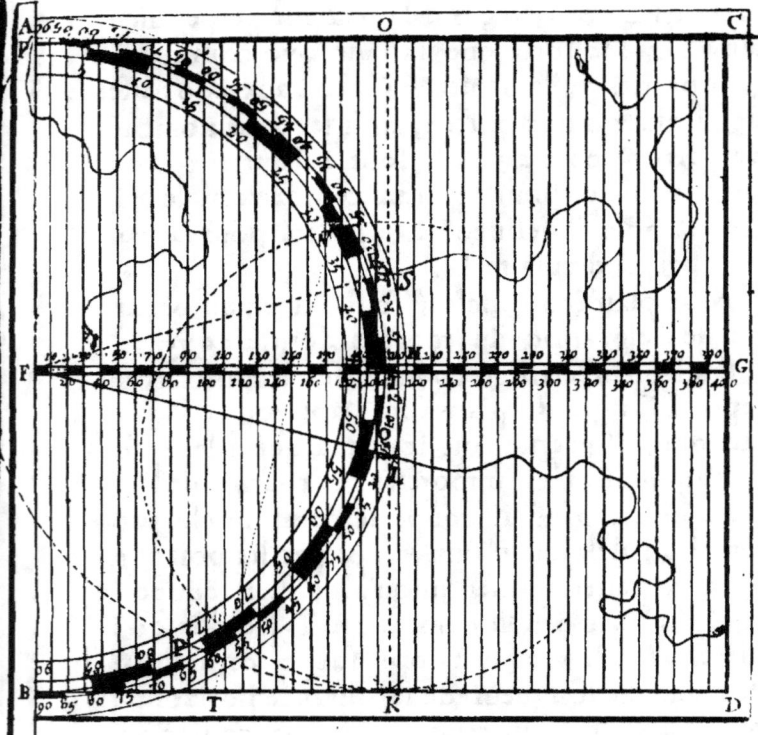

Liv. IV.
Chap. VI.
Trouver la distance horizontale, ou la longueur du plan incliné ou la perpendiculaire.

Q iij

LIVRE CINQUIE'ME.

Application du compas de proportion aux jets des Bombes.

CHAPITRE PREMIER.

Pour les portées qui sont au niveau des batteries.

CHAP. I.
Usage du
compas de
proportion
pour les por-
tées qui sont
au niveau des
batteries.

CEux qui sçavent bien l'usage du compas de proportion ordinaire, pourront utilement s'en servir pour le jet des Bombes sur toutes sortes de plans, soit qu'ils soient dans le niveau des batteries, soit qu'ils soient inclinez au dessus ou au dessous du même niveau, sans avoir besoin d'aucunes tables ny d'aucun autre instrument que d'un compas commun. Car prenant sur la ligne des cordes le double des sinus des angles proposés, l'on pourra leur trouver des proportionelles sur celle des parties égales.

Ainsi conoissant la portée horizontale d'une piece ou d'un mortier suivant la direction d'un angle donné ; si l'on veut sçavoir quelle sera la portée de la même piece suivant la direction d'un autre angle ? Il faut premierement prendre sur la ligne des cordes la longueur de celle du quadruple du premier angle proposé & la rapporter transversalement sur les parties égales aux points repondans à l'étenduë de la premiere portée ; puis prendre sur les cordes la longueur de celle qui repond au quadruple du second angle proposé & voir du côté des parties égales quels sont les points ausquels cette grandeur peut être apliquée transversalement ; car ce seront ceux qui marqueront l'étenduë de la seconde portée que l'on demande.

LIV. V.
CHAP. I.
Usage du compas de proportion pour les portées qui sont au niveau des batteries.

Comme dans l'exemple proposé cy-devant où la portée d'une bombe tirée sous l'êlevation de 21 deg. est de 400 to. ; si l'on demande quelle sera celle du même mortier êlevé sous l'angle de 30 degrez ? Je prens premierement sur la ligne des cordes l'étenduë de celle de 84 deg. quadruple du premier angle proposé de 21 deg.; Puis prenant le quart des 400 to. sçavoir 100 (à cause que le nombre des parties égales n'est ordinairement que de 200 sur le compas de proportion,) j'applique transversalement aux points 100. 100: des parties égales, l'étenduë de la corde que j'ay prise ; Puis ayant pris la corde de 120 deg. quadruple du dernier angle proposé de 30 deg. ; je cherche sur le compas ainsi ouvert à quels points des parties égales, elle peut être appliquée transversalement ; & je trouve que ce sont les points 130 : 130 :, dont le quadruple qui

128 L'ART DE JETTER LES BOMBES.

Liv. V. Chap. I. Uſage du compas de proportion pour les portées qui ſont au niveau des batteries.

eſt 520 toiſes me donne la portée du mortier que je recherche.

Si dans la même hypotheſe où la portée eſt de 400 to. à 21 deg., j'avois voulu ſçavoir à quel degré il faut élever le mortier pour le faire chaſſer à la longueur horizontale de 520 to. ? Aprés avoir appliqué la corde de 84 deg. quadruple de 21 deg. tranſverſalement ſur les points 100 : 100 : des parties égales, j'aurois pris ſur le compas ainſi ouvert la diſtance tranſverſale qui eſt entre les points 130 : 130 : du même côté, laquelle étant rapportée ſur la ligne des cordes donne celle de 120 deg., dont le quart 30 deg. ou ſon complement 60 degrez, ſont les angles de la poſition du mortier que l'on demande. Je prens les points 130 : 130 : parce que le nombre eſt le quart du propoſé 520 comme les points 100 : 100 : ſont le quart de l'autre propoſé 400 : ayant pû prendre $\frac{1}{2} : \frac{1}{3} : \frac{1}{4}$: ou telle autre partie de l'un & de l'autre qui auroit le plus comodement reüſſi ſur les parties égales du compas.

Pour dreſſer le mortier ſuivant la direction d'un angle donné avec le compas de proportion ; il faut premierement l'ouvrir de la capacité de cet angle en prenant la longueur de ſa corde & l'appliquant tranſverſalement ſur les points 60 : 60 : des mêmes cordes ; Puis mettant un de ſes bras ſur le mortier enſorte que la tête du compas étant tournée vers ſa bouche, le

même

SECONDE PARTIE. 129

même bras soit parallele à l'axe de l'ame, il faut élever le mortier de maniere que l'autre bras devienne parallele à l'horizon, ce qui se conoît en appliquant sur ce bras un de ces petits niveaux d'émail ou tel autre que l'on jugera à propos.

LIV. V.
CHAP. I.
Usage du compas de proportion pour les portées qui sont au niveau des batteries.

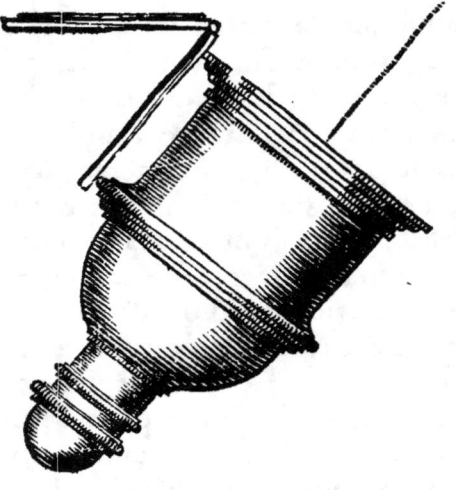

CHAPITRE II.

Usage du Compas de proportion pour les portées qui ne sont pas au niveau des batteries.

L'USAGE du compas de proportion n'est pas plus dificile pour les portées sur des plans inclinez au dessus ou au dessous du niveau des batteries ; car il ne faut que prendre la longueur de la plus grande portée sur la ligne des

CHAP. II.
Usage du compas de proportion pour les portées qui ne sont pas au niveau des batteries.

R

parties égales, & y appliquer transversalement celle de la distance horizontale; puis sur cette ouverture de Compas prendre sur la même ligne des parties égales, la longueur de la corde du double du complement de l'angle du plan proposé, & ajouter à celle qui lui repond transversalement la corde du double du même angle; & cet agregé sera la corde d'un angle, à la moitié duquel & à son complement à deux droits, ajoutant l'angle de l'inclination du plan, vous aurez le double des angles que l'on demande.

CHAPITRE III.
Trouver l'élevation de la piece quand le plan est incliné sur le niveau des batteries.

COMME dans nôtre exemple, supposé que la plus grande portée soit de 600 to., la distance horizontale de 310 to. & l'angle de l'inclination du plan sur l'horizon de 15 deg.: Parce que le plus grand nombre des parties égales qui est sur le bras du compas de proportion ordinaire n'est que 200 qui est le tiers de 600 to. de la plus grande portée, je prens sur la même ligne la longueur de 103 $\frac{1}{3}$ p. qui est le tiers de la distance horizontale que j'applique transversalement sur les points 200 : 200 :; Puis ayant pris la longueur de la corde de 150 deg. double de 75 qui est le complement de l'angle du plan

SECONDE PARTIE.

de 15 deg., Je la rapporte au long de la ligne des parties égales pour prendre la transversale sur les points où elle repond, à laquelle ajoutant la corde de 30 deg. double du même angle du plan de 15 deg., j'ay la corde de 98. 30′ dont la moitié est 49. 15′ & son complement à deux droits 130. 45′. Et ajoutant 15 deg. à l'un & à l'autre, j'ay 64. 15′. & 145. 45′ dont les moitiez 32. 7 $\frac{1}{2}$′ & 72. 52 $\frac{1}{2}$′ sont les angles de la position du mortier que l'on recherche.

L'application du mortier avec le compas de proportion est la même que celle que nous venons d'enseigner; Mais si au lieu de tenir le bras exterieur parallele à l'horizon, l'on vouloit decouvrir l'objet au long du même bras en y mettant des pinules; il faudroit en ce cas diminuer l'angle trouvé de la grandeur de celui du Plan, & ayant ouvert le compas de la capacité du reste, hausser le mortier jusqu'à ce que l'on decouvre au long des pinules le point où l'on veut fraper. Comme en nôtre exemple ôtant 15 deg. de 32. 7 $\frac{1}{2}$′ & de 72. 52 $\frac{1}{2}$′ ; l'on auroit 17. 7 $\frac{1}{2}$′ & 57. 52 $\frac{1}{2}$′, dont il faudroit apliquer la corde transversale aux points 60 : 60 : des mêmes cordes, & tenant ainsi le compas ouvert, mettre un de ses bras parallele à l'ame du mortier, qu'il faut ensuite élever jusqu'à ce que, par les pinules posées au long de l'autre bras l'on puisse voir l'objet élevé ou l'on veut faire porter la bombe

LIV. V.
CHAP. III.
Trouver l'élevation de la piece quand le plan est incliné sur le niveau des batteries.

132 L'Art de Jetter les Bombes.

Liv. V.
Chap. III.
Trouver l'élévation de la piece quand le plan est incliné sur le niveau des batteries.

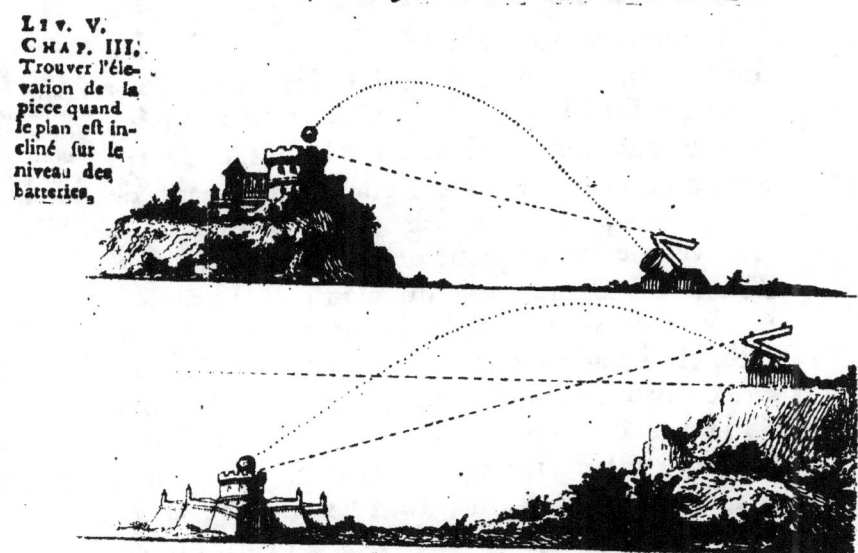

CHAPITRE IV.

Trouver l'élevation de la piece quand le plan est incliné sous le niveau des batteries.

Chap. IV.
Trouver l'élévation de la piece quand le plan est incliné sous le niveau des batteries.

SI sur les mêmes hypothèses le plan avoit êté incliné sous le niveau de la batterie; Aprés avoir ouvert le compas de proportion en-forte que la longueur de 103 $\frac{1}{3}$ p., qui est le tiers

SECONDE PARTIE.

de la distance horizontale, soit la transversale sur la ligne de parties égales des points 200 : 200 : qui sont le tiers de la plus grande portée, & appliqué sur le même côté la corde de 150 deg. double de 75, qui est le complement de l'angle du plan de 15 deg. ; il faut ôter de la transversale la longueur de la corde de 30 deg. double du même angle du plan ; & le reste est la corde de 28. 50' ; d'où ayant ôté 15 deg., le reste est l'angle de 13. 50.' & son complement à deux droits 166. 10' ; Puis prenant la difference de l'un & de l'autre & de 15 deg. ; c'est à dire ôtant 13. 50' de 15 deg., ou 15 deg. de 166. 10', il reste 1.10' & 151. 10', dont les moitiez 35' & 75. 35' sont les angles recherchez. De sorte qu'ouvrant le compas de la grandeur de ces angles, & disposant le mortier ensorte que l'un des bras convenant à l'ame, l'autre soit parallele à l'horizon ; La bombe ira fraper au point proposé.

Si ajoutant l'angle du plan qui est de 15 deg., à chacun de ces angles, qui vous donneront par consequent 15. 35' & 80. 35', vous ouvrez vôtre compas de leur grandeur ; vous pourrez élever le mortier de maniere que l'un des bras convenant à l'ame, vous decouvriez le point abaissé sous le niveau des batteries ou vous voulez fraper, par les pinules posées au long de l'autre bras.

LIV. IV.
CHAP. V.
Trouver l'élevation de la piece quand le plan est incliné sous le niveau des batteries.

CHAPITRE V.

Trouver la diſtance horizontale ou la longueur du plan incliné ou la perpendiculaire.

LOrs que conoiſſant l'angle du plan & celui de la poſition du mortier, l'on veut ſçavoir quelle eſt la diſtance horizontale ? ou la longueur du plan incliné ? ou la hauteur perpendiculaire à laquelle la bombe arrivera ? ſuppoſé que la plus grande portée ſoit de 600 to. : voici comme il faut faire.

Otez l'angle du plan du double de celui de l'élevation du mortier, puis ayant pris la corde du double du reſte ou de ſon complement à deux droits (ſi ce reſte, excede un angle droit,) ôtez en la corde du double de l'angle du plan. Enſuite appliquez ce reſte tranſverſalement ſur les parties égales aux points où ſe termine la corde du double du complement de l'angle du plan; car le compas étant ainſi ouvert, la tranſverſale ſur les parties égales repondant aux points de la plus grande portée ou de quelqu'une de ſes parties, vous donnera la diſtance horizontale, ou telle autre de ſes parties ſemblable à celle que l'on a priſe pour la plus grande portée.

Enſuite ſi vous appliquez tranſverſalement la

SECONDE PARTIE. 135

corde du double de l'angle du plan sur les points des parties égales où repond la longueur de la corde du double de son complement ; La transversale repondant à la distance horizontale que vous avez trouvée vous donnera la hauteur perpendiculaire.

Liv. V. Chap. V. Trouver la distance horizontale ou la longueur du plan incliné ou la perpendiculaire.

Enfin appliquant transversalement la corde du double de l'angle droit, c'est à dire celle de 180 deg. sur les mêmes points des parties égales où repond celle du double du complement de l'angle du plan ; la transversale de la même distance horizontale sera l'étenduë sur le plan incliné.

Comme dans nôtre exemple ou l'angle de l'inclination du plan sur l'horizon est de 15 deg. & la plus grande portée de 600 to : Si l'on demande quelle sera la distance horizontale lors que le mortier est élevé de 72. 52 $\frac{1}{2}$? j'ôte les 15 deg. de l'angle du plan, de 145. 45' double de 72. 52 $\frac{1}{2}$'. Et le reste est 130 45' : qui est plus grand qu'un droit ; ainsi je prens son complement à deux droits 49. 15', dont le double est 98. 30', duquel je prens la corde sur le compas, d'où ôtant celle de 30 deg. double de l'angle du plan ; j'applique le reste transversalement sur les parties égales aux points où repond la corde de 150 deg. double de 75 deg. qui est le complement du même angle du plan ; & le compas étant ainsi ouvert je prens la transversale des points 200 : 200 : laquelle me vient de la longueur de

136 L'ART DE JETTER LES BOMBES.

LIV. V.
CHAP. V.
Trouver la distance horizontale ou la longueur du plan incliné ou la perpendiculaire.

103 $\frac{1}{3}$ parties. De sorte que comme le nombre 200 est le tiers des 600 to. de la plus grande porrée, ainsi je trouve que le triple de 103 $\frac{1}{3}$ c'est à dire 310 to., est l'étendue horizontale que je demande.

Cela posé : je prens la corde de 30 deg. double de l'angle du plan, & l'ayant appliquée transversalement sur les parties égales aux points où repond la corde de 150 deg. double de 75, qui est le complement du même angle du plan; je prens sur le compas ainsi ouvert, la transversale des points trouvés 103 $\frac{1}{3}$: 103 $\frac{1}{3}$: de la distance horizontale, & l'étendant sur les mêmes parties égales, je trouve 27 $\frac{2}{3}$ p., dont le triple est 83 to. pour la hauteur perpendiculaire recherchée.

En la même maniere ouvrant le compas par l'application de la corde de 180 deg. double de l'angle droit, sur les mêmes points des parties égales où repond celle de 150 degrez double du complement de l'angle du plan, & prenant la transversale des mêmes points trouvez de la distance horizontale 103 $\frac{1}{3}$: 103 $\frac{1}{3}$: ; Je trouve 106 $\frac{2}{3}$ dont le triple 320 to. me donne l'étendue du plan incliné.

LIV. VI.

SECONDE PARTIE.

LIVRE SIXIE'ME.

Autre instrument Universel pour le jet des Bombes.

NOUS ajouterons ici la construction & l'usage d'un instrument que l'on peut appeller Universel pour le jet des Bombes, parce qu'il sert en la même maniere pour toutes sortes de positions, soit qu'elle soient au niveau des Batteries, ou qu'elles ny soient pas.

CHAPITRE PREMIER.

Construction d'un instrument Universel pour le jet des Bombes.

SA Construction est tres simple. C'est un cercle assez grand & d'une matiere solide, qui a une touchante de même matiere, c'est à dire une regle attachée immobile perpendiculairement au bout de l'un de ses diametres, égale au même & divisée en un tresgrand nombre de parties égales. Il a deplus un plomb attaché à un filet qui peut couler librement au long de la regle & s'arrêter sur toutes ses divisions. Comme en cette figure, le cercle est A *dg* & la regle A E attachée immobile au

S

138 L'ART DE JETTER LES BOMBES.

LIV. VI.
CHAP. I.
Construction d'un instrument universel pour le jet des Bombes.

Cercle au point A, à angles droits sur le diametre Ag, égale au même, & divisée en un tres-grand nombre de parties égales. Le plomb O pent au filet qui coule au long de la regle A E, & peut s'arrêter sur tous ses points comme en C.

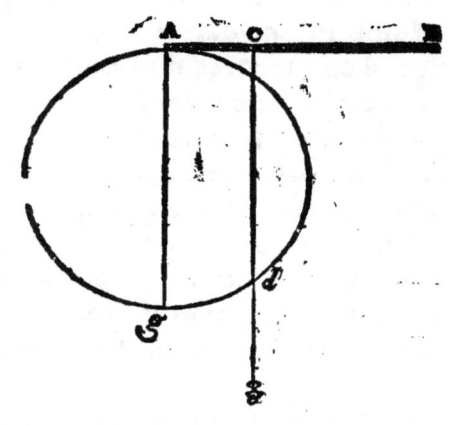

CHAPITRE II.

Usage d'un instrument Universel pour le jet des Bombes.

CHAP. II.
Usage d'un instrument Universel pour le jet des Bombes.

SON usage est assez facile : Car conoissant la plus grande portée du Canon ou du mortier, la distance horizontale, & l'angle de l'inclination du plan s'il y en a ; Pour trouver

SECONDE PARTIE. 139

l'élevation de la piece ou du mortier? il faut premierement faire que comme le nombre des toises, des pieds, ou d'autres mesures contenuës dans la plus grande portée, est à celui des mêmes mesures comprises dans la moitié de la distance horizontale : Ainsi le nombre des parties égales de la regle est à un autre ; Et poser le filet du plomb sur ce dernier nombre de parties de la regle à commencer du point où elle est attachée au cercle. Puis disposant l'instrument ensorte que la regle soit tournée vers le but où l'on veut faire passer le boulet ou la bombe ; le filet du plomb touchera ou coupera la Circonference du cercle en des points, d'où menant des droites continuées par le point de l'attouchement de la regle, elles donneront en dehors les directions de la piece ou du mortier que l'on demande.

LIV. VI.
CHAP. II.
Usage d'un instrument Universel pour le jet des Bombes.

Comme si conoissant la plus grande portée, & la distance horizontale A H, l'on veut trouver la direction de la piece ou du mortier pour faire porter le boulet ou la Bombe au but D, soit que ce but soit au niveau de la batterie, soit qu'il se trouve au dessus ou au dessous. Je fais premierement que comme le nombre des toises, des pieds, ou d'autres mesures contenues dans la plus grande portée, est à celui des mêmes mesures comprises dans la moitié de la distance A H : Ainsi le nombre des parties égales

S ij

140 L'Art de Jetter les Bombes.

Liv. VI.
Chap. II.
Usage d'un
instrument
Universel
pour le jet des
Bombes.

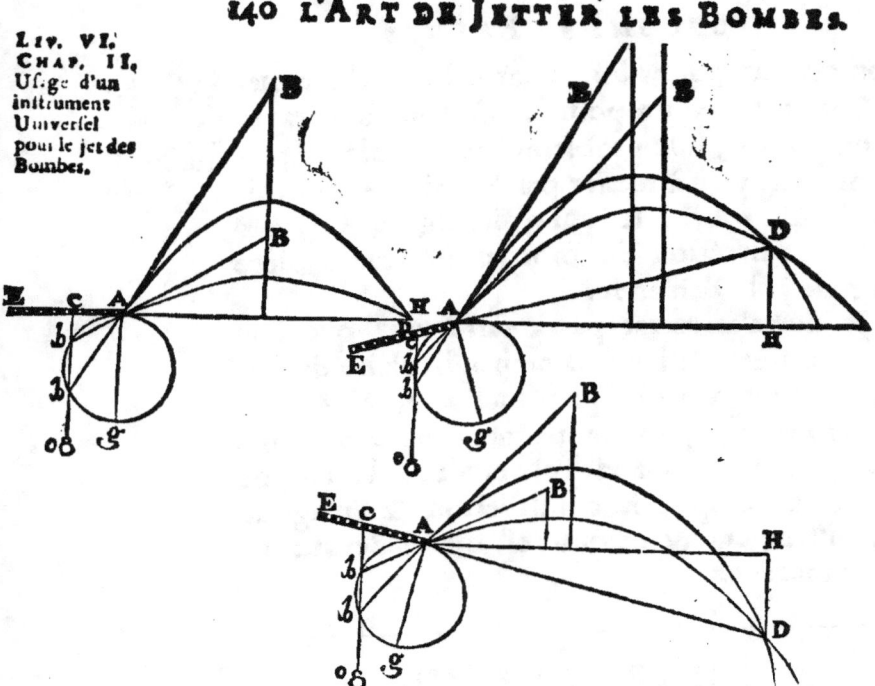

de la regle A E est à un autre, qui soit, par exemple, celui des parties comprises entre A & C; Et je place le filet du plomb au point C. Puis disposant le cercle de champ & perpendiculaire à l'horizon, ensorte que la regle E A soit tournée vers le but D en quelque situation qu'il puisse être à l'égard du niveau de la batterie; je prens garde aux endroits ou le filet du plomb coupe la circonference du cercle, comme aux points *b b*, (car il le touchera necessairement en un point, où il le coupera en deux points, si le probleme est possible.) Aprés quoi je n'ay qu'à mener par le point A les droites *b* A B, *b* A B, & j'auray les lignes A B, A B pour la direction du mortier ou de la piece comme je le demande.

Je ne m'arrêterai pas à faire voir que l'on peut conoître la hauteur perpendiculaire du but HD, la longueur du plan incliné AD, & tous les autres cas qui acompagnent cette proposition, parceque cela est fort facile, si l'on a une fois bien compris la construction & l'usage de cet instrument & ce qui s'est dit ci-devant sur cette matiere.

CHAPITRE III.
Autre usage de cet instrument Universel

J'A J O U T E R A Y seulement que si la regle ètoit divisée en un nombre de parties égales, qui fut ou égal au plus grand que celui des toises, des pieds, ou d'autres mesures contenuës dans la plus grande portée d'une piece de Canon ou d'un mortier; l'on pourroit donner plus de facilité à l'usage de cet instrument en y ajoutant une autre regle égale à la premiere, divisée de même, & attachée au même point au bout du

142 L'Art de Jetter les Bombes.

Liv. VI. Chap. III. Autre usage de cet instrument Universel.

diametre du cercle, ensorte neanmoins qu'elle se puisse mouvoir & faire tel angle que l'on voudra avec la regle immobile : Car par ce moïen l'on n'auroit pas besoin de faire de Regle de Trois pour la pratique.

Il faudroit seulement, si le nombre des mesures de la plus grande portée êtoit égal à celui des parties de la regle, attacher le filet au bout exterieur de la mobile ; puis posant l'instrument dans sa situation, ensorte que le plan du cercle étant à plomb, la regle immobile fut dressée vers le but, élever la regle mobile jusqu'à ce que le filet du plomb vint à couper sur l'immobile un nombre de ses parties égal à celui des mesures contenuës dans la moitié de la distance horizontale. Car ce même filet marqueroit sur la circonference du Cercle un, ou deux points, d'où menant des droites par le bout du diametre ou les regles sont attachées ; vous auriez en dehors les lignes de direction

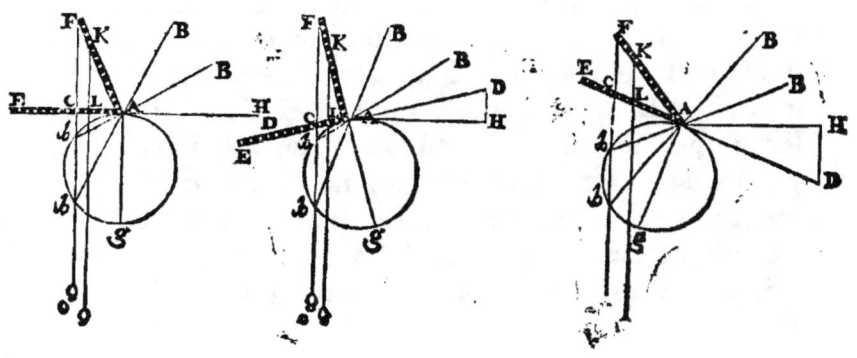

SECONDE PARTIE.

pour le Canon ou pour le mortier ainsi que vous le demandez.

Comme en cet exemple où j'ay joint à la regle immobile A E au point A, une autre regle A F égale à A E, également divisée, & mobile autour du même point A. Supposé que le nombre des parties égales de la regle A F ou A E soit égal ou plus grand que celui des toises, des pieds ou d'autres mesures contenuës dans la plus grande portée de la piece ou du mortier dont je cherche la position pour faire porter le boulet ou la bombe au but D, conoissant la distance horizontale A H.

Au premier cas : lorsque le nombre des parties de la regle est le même que celui des mesures de la plus grande portée, je n'ay qu'à attacher le filet du plomb au bout F de la regle mobile A F; & posant le plan du cercle dans sa situation perpendiculaire à l'horizon, ensorte que la regle E A soit dressée vers le but D, j'éleve l'autre regle A F, jusqu'à ce que le filet du plomb passe comme en C, sur un nombre de parties de la regle A E égal à celui des mesures de la moitié de la distance horizontale A H. Car ce filet coupera le cercle au dessous en un ou, deux points de sa circonference comme en *b b*; d'où menant les droites *b* A B, *b* A B; Elles donneront hors du cercle les lignes A B, A B, de la direction du Canon ou du mortier ainsi que l'on le demande.

Liv. VI.
Chap. III.
Autre usage du même testament Universel.

144 L'ART DE JETTER LES BOMBES.

Liv. VI.
Chap. III.
Autre usage du même instrument Universel.

Il n'y a pas plus de difficulté pour le second cas, c'est à dire lorsque le nombre des parties de la regle est plus grand que celui des mesures de la plus grande portée. Car il ne faut que prendre sur la regle mobile depuis le point A autant de parties qu'il y a de mesures dans la plus grande portée & y attacher le filet comme au point K ; puis mettant l'instrument dans sa position perpendiculaire, avec sa regle E A dressée vers le but D, élever la regle A F jusqu'à ce que le filet du plomb passe du point K sur le point comme L de la regle immobile A E, ensorte que le nombre de ses parties comprises entre A & L, soit égal à celui des mesures contenuës dans la moitié de la distance horizontale A H. Aprés quoi laissant les deux regles en cet état, il faut remettre le filet au bout F de la regle mobile, lequel passant par le point C de l'immobile, coupera dans cette position la circon-

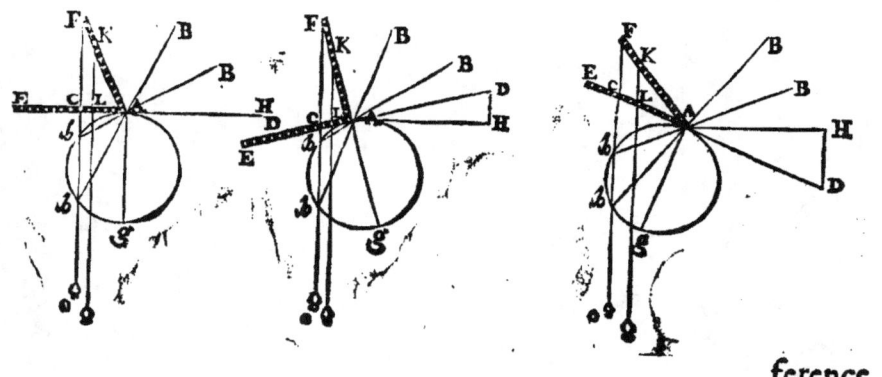

ference

SECONDE PARTIE. 145

ference du cercle en un ou deux points comme bb, d'où menant les droites bAB, bAB par le point A; l'on aura les lignes AB, AB au dehors du cercle pour les lignes de direction de la piece de Canon ou du mortier, ainsi que l'on le demande.

Liv. VI.
Chap. III.
Autre usage de cet instrument Universel.

L'ART
DE JETTER
LES BOMBES,
ET DE CONNOITRE L'ETENDUE DES COUPS
de volée d'un Canon en toutes sortes d'Elevations.
TROISIEME PARTIE.
DE LA THEORIE DU JET DES BOMBES.

LIVRE PREMIER.
Doctrine de Galilée sur le mouvement.

CHAPITRE PREMIER.
Dialogues Mecaniques de Galilée du mouvement & de la resistance des solides.

C'EST sur la doctrine de Galilée que sont fondées toutes les pratiques que nous venons d'enseigner dans la seconde Partie de ce

T ij

Liv. I.
Chap. I.
Dialogues
Mecaniques
de Galilée du
mouvement
& de la resistance des solides.

Livre. Il est le premier qui ait raisonné justement sur cette matiere, & qui ait decouvert la veritable nature du mouvement, tant de celui que l'on appelle mouvement naturel qui est le propre des corps qui tombent (comme on dit) par leur propre poids vers le centre de la terre, que du mouvement violent, qui est celui des corps jettés, c'est à dire de ceux qui sont portés par une force qui leur a êté imprimée du dehors.

Toute cette *science du mouvement*, aussi bien que celle de la *resistance des solides*, que cet Auteur appelle *Sciences nouvelles*, parce qu'il en est le premier Inventeur, est contenuë dans le livre de ses Dialogues intitulé *Discorsi é dimostrazioni Mathematiche intorno à due nuove scienze attenenti alla mecanica & a' movimenti locali*; imprimé en Hollande par les Elzevirs en l'année 1638; Et c'est à la generosité de feu Monsieur le Conte de Noailles que nous avons l'obligation d'un present si exquis.

Ce Seigneur étant Ambassadeur à Rome avoit employé efficacement ses offices pour la liberation de Galilée prisonnier de l'Inquisition, pour avoir dans ses Dialogues du Systeme du monde, appuyé les raisons du mouvement de la Terre que Copernique, qui vivoit sur la fin du penultiéme siecle, avoit tirées de la doctrine des anciens Philosophes de la secte de Pytagore. Et Galilée pour reconoissance d'un bienfait si genereux, lui fit present de cet ouvrage manuscrit, que nous tenons par ce moïen de la liberalité de Monsieur de Noailles qui a voulu faire part de son tresor au public.

CHAPITRE II.
Deux especes de mouvements.

GALILEE dans ce livre reconoît d'abord deux especes dans le mouvement, dont l'une est celle du mouvement *égal & uniforme* & l'autre est celle *du mouvement inégal* qui s'augmente incessament & qu'il appelle mouvement *uniformement acceleré*, qui est un mot dont nous nous servirons, quoy qu'il soit peu en usage, parce qu'il explique assez la nature de ce mouvement.

L'uniforme est donc celui *par lequel un mobile parcourt des espaces égaux dans des temps égaux*; Et c'est, dit-il, celui qui est naturellement propre aux mobiles qui se meuvent en rond sur des centres, comme est celui des corps Celestes, qui n'est perpetuel que par son uniformité & par son égalité, laquelle conserve le mobile dans une unité de subsistance sans y apporter aucune alteration; au lieu que le mouvement inégal ne peut jamais être de longue durée, à cause des diverses mutations qu'il apporte sur la

150 L'ART DE JETTER LES BOMBES.

Liv. I.
Chap II.
Deux especes de mouvement.

consistance du mobile par l'inegalité de ses impressions.

Je ne m'arrêteray point à raconter de quelle maniere il refute le sentiment de ceux qui ont crû que dans le mouvement uniformement acceleré, la vitesse s'augmentoit à proportion des espaces que le mobile parcouroit dans sa chûte; Et comme il fait voir qu'outre la vitesse & l'espace, il faut encore necessairement faire consideration du temps & de la durée, pour avoir une conoissance exacte de cette espece de mouvement. Je me contenteray d'expliquer les deux pensées qui lui sont venuës sur ce sujet, dont la premiere est decrite dans ses Dialogues du Systeme du monde, & l'autre, qui paroit être son veritable sentiment, est expliquée fort au long dans ses Dialogues de Mecanique.

CHAPITRE III.

Premiere pensée de Galilée pour expliquer l'augmentation de vitesse du mouvement acceleré.

Chap. III.
Premiere pensée de Galilée pour expliquer l'augmentation de vitesse du mouvement acceleré.

DAns la premiere il dit donc que l'acceleration de vitesse dans la chûte des corps, se faisoit, peut-être, de telle sorte *que les espaces parcourus par le mobile, étoient égaux aux sinus verses des arcs de l'Equatur de la Terre,*

TROISIEME PARTIE.   151

pendant qu'elle se mouvoit sur son propre centre en 24 heures. Ce que l'on peut faire entendre en cette maniere.

Liv. I.
Chap. III.
Premiere pensée de Galilée pour expliquer l'augmentation de vitesse du mouvement acceleré.

Soient pris sur l'arc de l'Equateur A D B Y coupé à angles droits par les diametres A B : D Y, tant d'arcs que l'on voudra comme A E : A F : A G : &c., dont les sinus droits, c'est à dire les perpendiculaires tirées

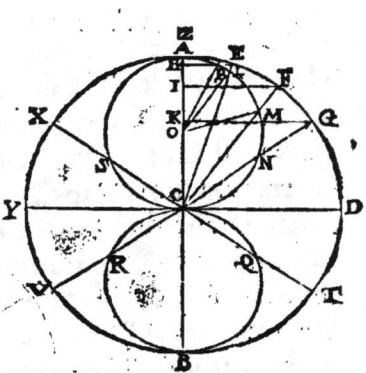

de leurs extremitez sur le diametre A B, sont E H : F I : G K : &c., & les sinus verses sont les portions du même diametre A H : A I : A K. Puis ayant supposé que le point Z, qui part du point A sur le même Equateur, soit porté d'un mouvement égal & uniforme par les points E F G D T B Y jusqu'à ce qu'il retourne au même point A au bout de 24 heures : Et qu'au moment que Z part du point A, le mobile tombe aussi du même point pour descendre avec une vitesse uniformement accelerée vers le centre C. Le mobile, suivant cette premiere opinion, parcourra dans sa chûte les espaces A H : H I : I K. &c :, au même temps que le point Z passera de son mouvement journalier égal & uniforme par les arcs de l'Equateur A E : E F : F G.

CHAPITRE IV.

Suites admirables de la premiere pensée de Galilée.

LEs conséquences que l'on peut tirer de ce sentiment sont admirables dont voici les principales.

Premierement que le mouvement de ce corps tombant, composé de celui de sa chûte qui est uniformement acceleré, droit & à plomb vers le centre de la terre, & de celui qui lui est communiqué par le mouvement 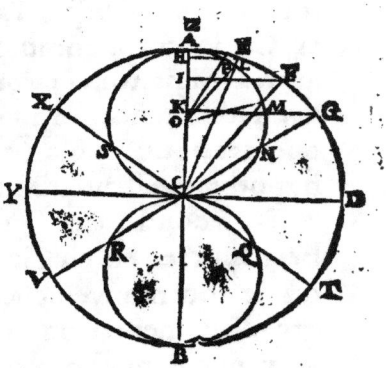 journalier de la terre qui est circulaire, uniforme & égal, decrit aussi une ligne circulaire. C'est à dire que le poids tombant du point A avec un mouvement composé de celui qui l'emporte par sa propre gravité, perpendiculairement & avec precipitation vers le centre de la terre C; & de celui qui l'emporte en rond & uniformement par le mouvement journalier de la surface de la Terre du point A par les points E : F : G : D : &c. decrira par sa chute la ligne circulaire A L M N.

Car

TROISIEME PARTIE. 153

Car (comme il est demontré dans la Geometrie) les sinus verses AH : AI : AK : étant égaux aux lignes EL ; FM : GN ; le corps mobile dans le temps qu'il est emporté par le mouvement de la Terre au long des arcs AE : AF : AG : descend par l'impression de sa gravité au long des lignes EL : FM : GN ; & lors que le mobile Z est en E, le mobile tombant est en L ; & lors que Z est en F, l'autre est en M ; & Z étant en G, le corps tombant est en N ; & ainsi des autres. Mais tous ces points A L M N sont dans la circonference d'un cercle ; Et partant la ligne que decrit un poids par sa chûte, suivant cette hypothese, est circulaire.

En second lieu, Quoy que le corps qui tombe acquiere, en chacun des momens de sa chûte ou de son mouvement droit, un nouveau degré d'augmentation de vitesse : Il est pourtant vray que dans son mouvement composé, dont nous venons de parler, il est porté uniformement, également, & sans aucune acceleration. L'on peut dire de plus que ce mouvement de Lation ou de transport est precisement égal à celui dont il seroit porté par la seule circulation journaliere de la Terre, quand il seroit demeuré comme en repos au premier point de sa chûte A.

Car si vous menez du point O, où est le centre du cercle A L M N, les lignes O L : O M :

V

LIV. I.
CHAP. IV.
Suites admirables de la premiere pensée de Galilée.

154 L'ART DE JETTER LES BOMBES.

LIV. I.
CHAP. IV.
Suites admirables de la premiere pensée de Galilée.

& la droite OP parallele à CE. La raison des angles AOL & AOM sera la même que celle des angles ACE & ACF, (car ceux la sont doubles de ceux-cy;) Et partant la raison de l'arc AM à l'arc AL sera la même que de l'arc AF à l'arc AE ; & en divisant l'arc AE sera à EF comme l'arc AL à LM, d'où il s'ensuit que posant AE égal à EF, AL sera aussi égal à LM. Mais les arcs AE & EF sont parcourus en temps égaux par le mouvement journalier, pendant lesquels le poids tombant passe

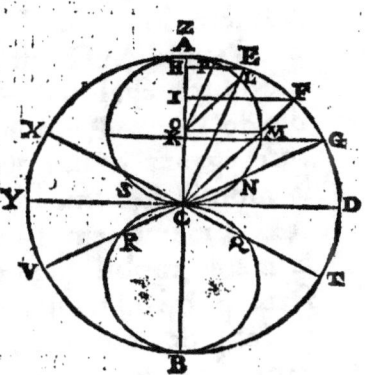

les arcs AL & LM, ainsi que nous l'avons demontré cy-devant : Donc les temps des chutes du poids par les arcs égaux AL & LM seront égaux. Et ceci se pouvant demontrer dans tous les arcs du cercle ALM décrit par la chûte du mobile ; l'on peut dire que le mouvement du mobile tombant, composé du droit acceleré & du circulaire uniforme, est égal & uniforme, puis qu'il parcourt des Arcs égaux en temps égaux.

Maintenant comme OP est parallele à CE, l'angle AOP est égal à ACE ; & partant l'arc

TROISIEME PARTIE.

AP est au cercle ALM, comme l'arc AE au cercle AEF; & en permutant & changeant l'arc AE est à l'arc AP, comme la circonference du cercle AEF à la circonference du cercle ALM, c'est à dire comme le diametre AB au diametre AC, mais AB est double de AC; donc l'arc AE sera double de l'arc AP. Maintenant parce que l'angle AOL est double de l'angle ACE, ou de son égal AOP, l'arc AL sera aussi double de l'arc AP; donc les arcs AE & AL seront égaux. Mais nous venons de montrer que le mobile en tombant decrit par sa chûte l'arc AL au même temps que le point Z, c'est à dire le même mobile demeurant comme en repos, seroit porté du mouvement journalier de la Terre au long de l'arc AE ; Donc le mobile en tombant est réellement porté d'un mouvement égal à celui qui lui seroit communiqué par le seul mouvement de la Terre s'il ne ressentoit aucune impression ni de sa propre gravité ni de sa chûte.

Enfin si vous supposés qu'il y ait un passage libre & perpendiculaire, par lequel le mobile en tombant de la surface de la Terre, puisse aller jusqu'au centre, & dela jusqu'à la surface opposée ; il arrivera par cette hypothese, que ce mobile tombant, en quelque point du diametre de la Terre que sa chûte commence, (comme sur sa surface au point A,) emploiera precisement six

156 L'ART DE JETTER LES BOMBES.

Liv. I.
Chap. IV.
Suites admirables de la premiere pensée de Galilée.

heures de temps à arriver au centre ; D'où il passera en remontant vers l'autre part en six autres heures, jusqu'à la surface opposée en B ; & de la retombant une autre fois, il sera encore six heures à retourner au centre ; & six autres heures à remonter au lieu d'où il étoit premierement parti. Desorte qu'il parcourra deux fois le diamettre de la Terre tant en allant qu'en revenant precisement en vint quatre heures.

Car ce mobile en tombant du point A, n'arrivera point au centre C, que le point Z, partant au même temps du même point A, ne soit arrivé par le mouvement de l'Equateur en D ; aprés avoir parcouru le quart du même Equateur A D, c'est à dire au bout de six heures : Et comme les degrez de vitesse acquise au point C, diminuent en montant vers la surface opposée en B, en la mêr. e proportion inverse de celle par laquelle ils s'étoient augmentez en descendant de A vers C, ensorte que les espaces soient toujours comme les sinus verses de l'Equateur ; l'on pourra demontrer par un raisonnement pareil à ce-

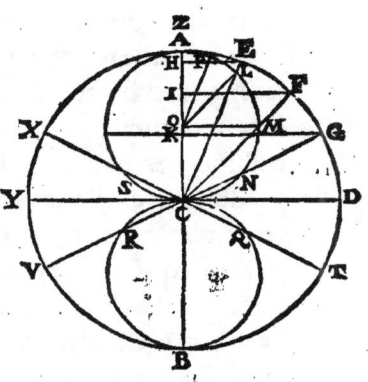

TROISIEME PARTIE. 157

lui dont nous nous sommes servis, que le mobile montant de C en B avec un mouvement composé du droit uniformement diminué & d'un circulaire uniforme & égal, decrira la circonference du cercle CQB, & qu'il sera en Q lors que Z sera en T, & n'arrivera point en B, que lorsque Z aura parcouru l'autre quart de l'Equateur DTB, c'est à dire au bout de six heures. Ainsi le mobile tombant du point B en C, decrira la circonference BRC dans le même temps que Z partant de B parcourra le quart de l'Equateur BVY. Et enfin le même mobile remontant de C en A, decrira la circonference CSA pendant que le point Z passera en six heures le dernier quart de l'Equateur YXA.

Et de cette maniere un mobile parcourroit deux fois en un jour le diametre entier de la Terre en allant & en revenant. Cette reciprocation journaliere d'allées & de retours dureroit éternellement, (par ce principe de mecanique, qu'une vertu une fois imprimée dans un corps y demeure d'elle même perpetuellement sans en sortir jamais, à moins qu'elle ne soit chassée par quelque cause externe;) si la resistance du dehors ne l'arrêtoit, & particulierement celle de l'air; qui diminuant insensiblement la vitesse de la chûte du mobile, la reduiroit à la fin au mouvement égal ou au neant, & le feroit arrêter au centre, où il demeureroit en repos.

Au reste il paroît que cette supposition bannit de la Nature toutes sortes de mouvemens par ligne droite.

CHAPITRE V.

Seconde pensée de Galilée pour expliquer l'augmentation de vitesse au mouvement acceleré.

VOICI maintenant l'autre maniere par laquelle Galilée explique la nature de cette augmentation de vitesse dans les corps qui tombent vers le centre de la terre. Il dit donc que le mouvement uniformement acceleré est celui *dans lequel le mobile acquiert en chacun des momens égaux de sa chute, des degrez égaux de vitesse.* C'est à dire que la vitesse du mobile au second temps, (supposant que tout le temps de sa chute soit divisé en parties égales,) est double de celle qu'il avoit au premier temps; celle du troisiéme temps triple de celle du premier, celle du quatriéme quadruple du même, & ainsi des autres.

Dela vient que les espaces parcourus, étant en raison composée de celles des temps & des vitesses, sont en raison doublée, ou comme les quarrez, des uns ou des autres. C'est à dire que l'espace parcouru en deux temps à commencer

TROISIEME PARTIE. 159

toûjours du premier point de sa chûte, est quadruple de l'espace qui a été passé dans le premier temps; l'espace parcouru en trois temps sera neuf fois plus grand que l'espace passé dans le premier; l'espace en quatre temps sera à celui du premier comme 16 à 1. Et ainsi du reste, selon la suite des premiers quarrez.

Liv. I. Chap. V. Seconde pensée de Galilée pour expliquer l'augmentation de vitesse au mouvement acceleré.

Ce qui fait que les espaces parcourus dans des temps égaux sont entr'eux dans la suite des premiers nombres impairs, 1:3:5:7:9:11: &c. qui sont les differences des premiers quarrez. Comme si l'espace parcouru dans le premier temps de la chûte est 1, l'espace passé dans le deuxiéme sera 3 ou triple du premier; & l'espace du troisiéme temps sera 5; au quatriéme moment d'espace aura 7: au cinquiéme 9: & ainsi des autres à l'infini.

CHAPITRE VI.
Explication de la même pensée.

CETTE doctrine s'explique bien par le moïen d'un triangle, comme A B C dont il faut couper un des côtez comme A B, en autant de parties égales que l'on veut comme A D: D E: E F: F B; puis de chacun des points de division D: E: F:, l'on mene deux lignes paralleles aux deux autres côtez du triangle comme

Chap. VI. Explication de la même pensée.

160 L'Art de Jetter les Bombes.

LIV. I.
CHAP. VI.
Explication de la même pensée.

DG, DK: EH, EL: FI, FM: & enfin les droites GM: HL: IK: paralleles à A ⊤, qui passeront necessairement par les points N : O : P : où les autres lignes se coupent. Par cette intersection de lignes il se fait un bon nombre de triangles égaux & semblables tant entr'eux qu'au grand Triangle.

Ceci posé : l'on prend toute la ligne A B pour la mesure du temps de la chûte d'un corps, & chacune des parties A D : D E : E F : F B : pour des momens égaux. Puis l'on prend la droite G D pour la mesure du premier degré de vitesse aquise par le corps tombant dans le premier moment A D.

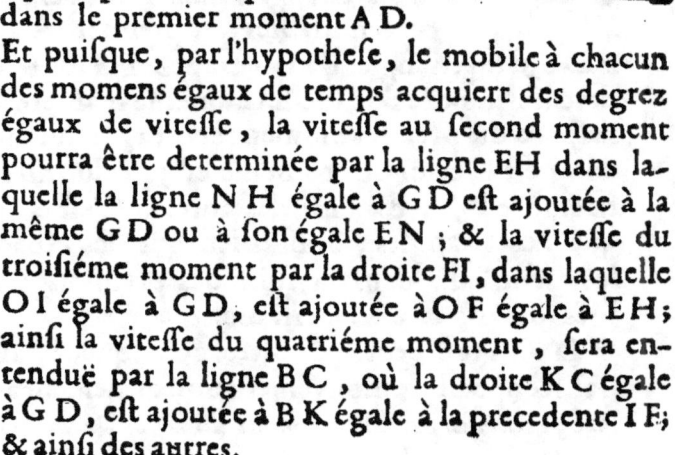

Et puisque, par l'hypothese, le mobile à chacun des momens égaux de temps acquiert des degrez égaux de vitesse, la vitesse au second moment pourra être determinée par la ligne EH dans laquelle la ligne N H égale à G D est ajoutée à la même G D ou à son égale E N ; & la vitesse du troisiéme moment par la droite FI, dans laquelle O I égale à G D, est ajoutée à O F égale à E H ; ainsi la vitesse du quatriéme moment, sera entenduë par la ligne B C, où la droite K C égale à G D, est ajoutée à B K égale à la precedente I F; & ainsi des autres.

Maintenant

TROISIEME PARTIE. 161

Maintenant comme l'on entend que les vi- Liv. I.
tesses & les temps croissent continuellement en Chap. VI.
Explication
même proportion depuis le point de la chûte de la même
A ; les produits de la composition des uns & des pensée.
autres, qui sont les espaces parcourus par le mobile, s'expliqueront bien par les triangles; Ensorte que l'espace passé dans le premier moment A D avec un degré de vitesse D G soit le trian- A D G ; Et l'espace passé dans le second moment D E avec deux degrez de vitesse E H soit le trapeze G D E H ; & l'espace du troisiéme E F avec les trois degrez de vitesse F I soit le trapeze E H I F; Et enfin l'espace du quatriéme moment F B avec les quatre degrez de vitesse B C soit le trapeze B C I F.

Car il y a trois triangles dans le trapeze G D E H égaux & semblables au premier triangle A D G, cinq triangles dans le trapeze H E F I, & sept dans le trapeze B C I F. En la même maniere que l'espace du premier moment étant 1, celui du second est 3, celui du troisiéme est 5, celui du quatriéme est 7 ; & ainsi des autres. C'est à dire que ces triangles, aussi bien que les espaces, sont entr'eux dans la suite des premiers nombres impairs 1 : 3 : 7 : 9 : 11. &c.

D'où l'on peut conoître pour quelle raison Galilée appelle le mouvement uniformement acceleré, *celui qui partant du point du repos, acquiert en tous les momens égaux de Temps, des degrez égaux de vitesse.*

X

CHAPITRE VII.

Proprietez du mouvement acceleré.

CE mouvement fur cette hipothefe des proprietez admirables, dont voici les principales.

1. Si un mobile eft porté d'un mouvement égal & uniforme avec un degré de vitefse égal à celui qu'il auroit aquis par le movement acceleré tombant d'une certaine hauteur en un certain temps ; il parcourra dans un temps égal, un efpace double de celui qu'il avoit paffé en tombant depuis le commencement de fa chûte. Car l'efpace DGNE que le mobile pafferoit d'un mouvement égal & uniforme dans le moment DE, avec le degré de vitefse GD, eft double de l'efpace ADG qu'il a paffé dans un moment égal, d'un mouvement acceleré depuis le point de fa chûte A.

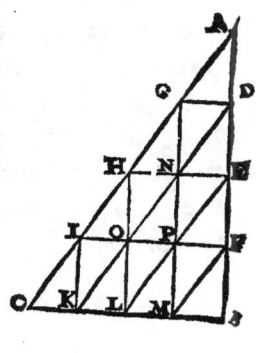

2. Un mobile porté fur des plans diverfement inclinés, acquiert un même degré de vitefse par tout où il y a même hauteur perpendiculaire.

3. Les temps qu'un mobile employe à passer sur des plans égaux & diversement inclinés, & qui ont même hauteur perpendiculaire, sont entr'eux comme les longueurs des mêmes plans.

LIV. I.
CHAP. VII.
Proprietés du mouvement acceleré.

4. Les temps qu'un mobile employe à passer sur des plans égaux & diversement inclinez, sont entr'eux en raison sous doublée & reciproque de la hauteur perpendiculaire des même plans.

5. Dans un cercle élevé à plomb, un mobile est autant de temps à passer par le quart de cercle que par aucun de ses arcs moindres que le quart.

6. Un mobile passera sur les plans posez suivant les cordes de tous les arcs du cercle qui commencent ou finissent à l'un des bouts du diametre perpendiculaire, dans le même temps qu'il parcourra le même diametre.

7. Le temps du mouvement du mobile au long de l'arc, est moindre que celui du mouvement du même mobile au long de la corde du même arc, quoy que l'arc soit plus grand que sa corde, &c.

CHAPITRE VIII.

Suites admirables des proprietés du mouvement.

AU reste quoi que le mouvement égal & uniforme, & celui qui est uniformement acceleré soient d'une nature si differente: l'on voit neanmoins naître d'eux les mêmes cercles & les mêmes spheres. Car si l'on suppose

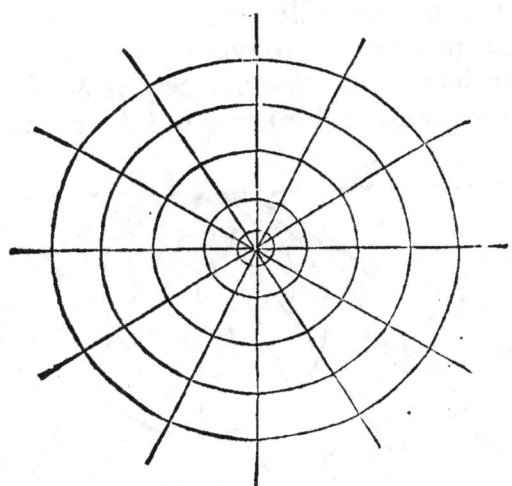

une infinité de lignes droites se coupant toutes en un même point s'étendre de toutes parts, sur lesquelles des mobiles partant du même point en même moment soient entendus se mouvoir

TROISIEME PARTIE. 165

tous d'un mouvement égal & uniforme; Ces mobiles se trouveront toûjours dans la circonference de mêmes cercles qui peuvent être decrits & plus grands & plus grands à l'infini, autour de ce même point comme d'un centre; & dont ces mêmes lignes droites seront les demi-diametres.

Mais si vous entendez que des mobiles, tombant en même moment du même point, soient portés vers le centre avec un mouvement uniformement acceleré au long des mêmes lignes; Ces mobiles se trouveront toûjours dans la circonference de mêmes cercles & plus grands & plus grands à l'infini, qui se toucheront tous

Liv. I. Chap. VIII. Suites admirables des proprietez du mouvement.

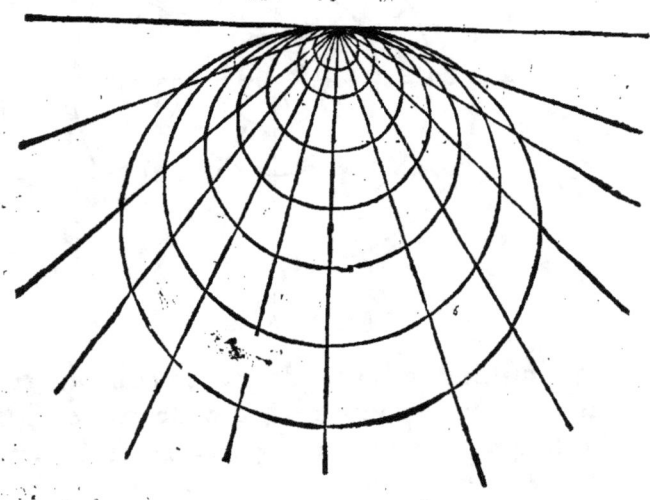

166 L'ART DE JETTER LES BOMBES.

Liv. I.
Chap. VIII.
Suites admirables des proprietés du mouvement.

à ce même point immobile avec le plan horizontal, que l'on y fera passer ; Et ces droites seront les cordes des arcs de ces cercles.

Au reste comme il est difficile de comprendre qu'un mobile puisse dabord acquerir un degré de vitesse determiné, sans avoir passé par tous les degrez precedens de moindre velocité; On peut ici juger pour quelle raison les Anciens ont êté persuadez que les sentimens de Platon avoient quelque chose de divin. Car ce Philosophe dit sur ce sujet que Dieu ayant, peut-être, créé les Astres dans un même lieu de repos, les avoit laissé dans la liberté de se mouvoir en ligne droite & vers un même point, à la maniere des choses pesantes qui sont portées vers le centre de la terre, jusqu'à ce qu'ayant dans leur chûte passé par tous les degrez de vitesse, ils eussent acquis celui qui leur étoit destiné ; aprés quoy il avoit converti ce mouvement droit & acceleré en mouvement circulaire pour le rendre égal & uniforme, afin qu'ils pûssent le conserver éternellement.

Ce qu'il y a deplus admirable dans cette pensée, c'est que les proportions qui se trouvent entre les distances des Astres & les differences de la vitesse de leurs mouvements, se trouvent assez conformes aux suites de ce raisonnement; & qu'il ne seroit, peut-être, pas absolument impossible de determiner la situation de ce premier lieu de repos, d'où ils auroient tous commencé de se mouvoir.

Liv. I.
Chap. VIII.
Suites admirables des proprietés du mouvement.

CHAPITRE IX.
Raisonement sur les deux pensées de Galilée.

VOILA donc en peu de discours les deux opinions rapportées par Galilée pour expliquer la nature du mouvement des corps qui tombent, lesquelles sont fondées sur des raisons assés également probables & marchent sur des proportions si prochaines, qu'il est presqu'impossible à l'esprit humain de les discerner par l'experience, ou de les convaincre de faux dans les hauteurs qui sont à nôtre conoissance.

Chap. IX.
Raisonement sur les deux pensées de Galilée.

Ce qui se confirme par la proximité des nombres dont on mesure les espaces qui se parcourent en l'une & en l'autre de ces hypotheses dans les même temps. Car si l'on suppose qu'il se fasse un espace au premier moment; il s'en fera 3 moins $\frac{1}{12}$ au second dans la premiere supposition, & seulement 3 dans la derniere; au troisiéme moment il se parcourra 5 moins $\frac{1}{6}$ dans la premiere, & 5 dans l'autre; au quatriéme l'espace sera 7 moins $\frac{1}{4}$ dans l'une, & 7 dans l'autre; au cinquiéme moment il sera 9 moins $\frac{1}{3}$ dans l'une, & 9 dans l'autre; & ainsi consecutivement à l'infini. Où l'on voit que les diffe-

Liv. I.
Chap. IX.
Raisonement
sur les deux
pensées de
Galilée.

rences sont si petites & si peu reconoissables dans les plus grandes hauteurs où nous pouvons faire les experiences, qu'il est moralement impossible de juger avec certitude de la verité ou de la fausseté de l'une ou de l'autre de ces deux opinions.

Il est vray neanmoins que Galilée, aprés avoir parlé de la premiere dans ses Dialogues du Systeme du monde, d'une maniere à faire croire que ce fut son veritable sentiment, s'explique affirmativement sur la derniere dans le livre du Mouvement qu'il a composé tout exprés pour ce sujet ; où il assure sans balancer que cette hypothese est celle qu'il tient pour veritable & par la force de la raison & par la conformité de plusieurs experiences.

LIV. II.

TROISIEME PARTIE.

LIVRE DEVXIE'ME.
Theorie du mouvement de projection.

CHAPITRE PREMIER.
Especes differentes du mouvement de projection.

AU reste il a falu dire la plus part des choses que nous avons expliquées sur la nature du mouvement naturel qui convient aux corps pesants qui tombent vers le centre de la Terre, pour bien comprendre ce que nous allons remarquer sur la nature du mouvement violent, qui est le propre des *Corps jettez*, c'est à dire de ceux qui sont portés par l'impression d'une force qui leur est communiquée par une cause externe ; & pour faire conoitre Quelle est la ligne que ces corps jettés decrivent dans l'air par leur passage ?

Ce mouvement donc, que nous pouvons appeller *mouvement de Projection*, se fait perpendiculairement ou vers le haut ou vers le bas, ou bien horizontalement vers les côtez, ou enfin suivant quelque ligne de direction entre la perpendiculaire & l'horizontale.

CHAPITRE II.

Mouvement perpendiculaire en haut ou en bas.

CELUI qui se fait perpendiculairement vers le haut est continuellement arresté ou retardé par la pesanteur du corps jetté laquelle, entrainant continuellement ce corps en bas, fait que son mouvement va toûjours en diminuant, & qu'il ne dure que tant que la force de l'impression qui le porte en haut, & qu'il a de la cause qui l'a jetté, se trouve superieure à celle de se porter vers le bas, qui lui vient de sa gravité: Car le corps jetté cesse de monter au moment que les deux impressions deviennent égales, & il commence à tomber aussi-tôt que celle de la pesanteur commence à prevaloir sur l'autre.

Où il faut remarquer que les espaces parcourus par le mobile jetté vers le haut, sont en proportion reciproque de ceux qui sont parcourus dans les mêmes temps par le mobile tombant. C'est à dire que les vitesses diminuent en montant en la même proportion inverse qu'elles augmentent en descendant ; D'où il arrive que le même corps passe par les mêmes espaces dans des temps égaux en montant & en descendant.

Car si l'on entend que tout le temps qu'un

TROISIEME PARTIE. 171

mobile employé à monter, est divisé en un certain nombre de parties égales, comme par exemple en cinq ; il est constant que si l'espace qu'il parcourt au premier temps contient 9 mesures, celui du second temps en contiendra 7, celui du troiziéme 5 ; celui du quatriéme 3, & enfin l'espace parcouru au cinquiéme ou dernier temps, n'aura que 1 de ces mesures, jusqu'au moment où il se trouve en equilibre sans monter n'y descendre : Et qu'aussi-tôt qu'il descend, il parcourt par proportion inverse les mêmes espaces dans les mêmes temps ; c'est à dire qu'au premier temps il descend 1 mesure, au second 3, au troisiéme 5, au quatriéme 7, & enfin au cinquiéme ou dernier 9 : mettant par ce moyen autant de temps precisement à descendre qu'il en a employé à monter.

Le mouvement de projection fait à plomb vers le bas, reçoit une nouvelle impression de vitesse par l'augmentation de celle que le corps acquiert par sa seule gravité en tombant.

L'une & l'autre de ces projections perpendiculaires, soit en haut soit en bas, comparée à nous, se fait toûjours par une ligne droite, à laquelle la pesanteur du corps jetté n'altere rien quant à la direction ; le changement qu'elle y apporte est seulement qu'elle accourcit la droite du mouvement vers le haut, & qu'elle allonge celle du mouvement vers le bas.

Liv. II. Chap. II. Mouvement perpendiculaire en haut, ou en bas.

Y ij

CHAPITRE III.

Mouvement de projection horizontale.

IL n'en est pas de même du mouvement des corps jettez horizontalement ou a côté ; car la pesanteur apporte beaucoup d'alteration à la ligne de leur direction, laquelle ne peut pas demeurer droite ; au contraire elle devient courbe en changeant de route.

Et parce que nous ferons voir dans la suite, que cette courbe est une espece de ligne reguliere, que les Geometres appellent *ligne Parabolique*, qui se fait sur la surface d'une Cone coupé par un plan dont l'axe est paralel au côté du même Cone ; il est necessaire, avant que de passer outre, de donner ici quelque conoissance de cette ligne & de quelques unes de ses proprietez qui font à nôtre sujet.

CHAPITRE IV.

Naissance & proprietez de la ligne Parabolique.

SOIT don un Cone B A C, qui a le point A pour sommet & le cercle B G C F pour base, coupé premierement par le sommet A suivant le diametre de la base B C ; il est constant qu'il naitra de cette coupe le triangle A B C que l'on appelle *le triangle par l'axe du Cone*. Soit maintenant dans le plan de la base du Cone mené, de quelque point que ce soit, la droite FG coupant le diametre BC à angles droits, comme au point E; d'où la ligne ED soit élevée dans le plan du triangle par l'axe, parallele au côté AC, & rencontrant en D l'autre côté AD du même triangle; & soit entendu un plan mené par les droites DE, GF, il paroît que ce plan coupera le cone & qu'il tracera par cette section sur sa surface convexe, une ligne courbe GH DIF, qui est celle dont nous parlons, que les Anciens ont appellé *ligne parabolique*; & *Parabole* la figure comprise entre cette ligne courbe & la ligne droite GF; dans laquelle parabole la ligne ED s'appelle *l'axe*, GF, la *base ou l'amplitude*, & les droites comme HK & KI paralleles à la base, s'appellent les *Ordonnées*.

Liv. II.
CHAP. IV.
Naissance & proprietez de la ligne parabolique.

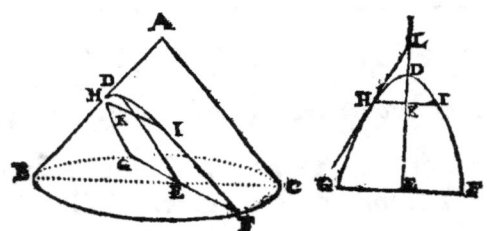

Les principales proprietez de cette figure,

Liv. II.
Chap. IV.
Naiſſance &
proprietez de
la ligne parabolique.

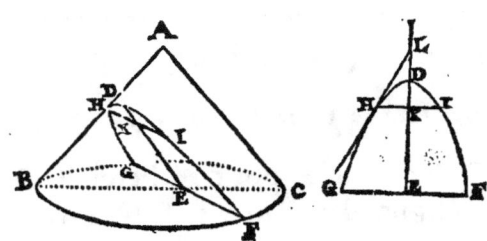

ſont que les portions de l'axe ſont entr'elles en raiſon doublée des ordonnées qui leur repondent. C'eſt à dire que la partie de l'axe ED eſt à la partie DK en raiſon doublée, ou comme le quarré de l'ordonnée GE au quarré de l'ordonnée HK. D'où vient que ſi GE eſt double de KH, la droite ED ſera quadruple de DK; & ſi GE eſt triple de KH, ED contiendra DK neuf fois, & ainſi des autres.

L'autre proprieté eſt celle-cy : continuant l'axe ED, & prenant en dehors une portion comme DL, égale à DK ; ſi vous joignez les points H & L par une droite HL, elle touchera la ligne parabolique au point H.

TROISIEME PARTIE.

CHAPITRE V.
La ligne de la projection horizontale est parabolique.

CECI posé : pour rechercher Quelle est la ligne des corps jettez horizontalement? Imaginons nous qu'une boule de matiere uniforme, tres dure & parfaitement ronde, est mise sur un plan parfaitement dur & uni, & également éloigné de toutes parts du centre de la Terre. Il est premierement certain que la boule ne touchera le plan qu'en un seul point, qui sera dans la droite venant du centre de la Terre à celui de la boule ; & qu'elle demeurera en repos en cet état, dans lequel il n'y a point de raison qui la fasse plûtôt mouvoir d'un côté que d'autre : car la matiere étant égale & uniforme, les momens de pesanteur de ses parties autour du centre sont égaux.

Mais si elle reçoit impression de quelque cause externe, qui la determine vers quelque endroit; il est encore vray de dire que cette boule sera muë, parce que cette force imprimée à ôté l'equilibre de ces momens des parties qui sont autour de son centre : & que son mouvement sera perpetuel si l'on suppose qu'il n'ait aucun empechement de dehors ; parce qu'il n'y a rien au dedans qui puisse arrêter ou changer cette di-

LIV. II.
CHAP. V.
La ligne de la projection horizontale est parabolique.

rection de ses parties vers un endroit determiné, laquelle lui a été une fois imprimée.

De plus comme il est encore veritable qu'il n'y a rien de defini dans l'extension ou grandeur de cette force d'impression qui a été communiquée à la boule ; Et que cette force à pû être plus grande & plus grande à l'infini : il est aussi constant que la vitesse du mouvement de cette boule à pû être en la même maniere plus grande & plus grande à l'infini ; & qu'elle à pû perseverer toûjours dans un mouvement uniforme, avec ce degré de vitesse.

Et c'est ainsi que l'on peut expliquer avec apparance, l'uniformité, l'égalité, & la durée perpetuelle du mouvement des Corps celestes, qui, peut-être, ont receu dans le temps de leur creation cette impression de vitesse determinée qu'ils conservent toujours également par leur mouvement circulaire, dans lequel il ne trouvent aucun empêchement qui leur resiste.

Maintenant dans le temps que cette boule se meut suivant cette position, avec quelle vitesse que ce soit, sur ce plan horizontal ; si nous concevons que ce plan qui la soutient est ôté tout à coup, & que la boule soit laissée dans une entiere liberté de se mouvoir selon son inclination : Il est vray qu'elle continuera son premier mouvement suivant l'impression qu'elle

avoit

avoit & vers la même part où elle alloit, lors qu'elle se mouvoit sur le plan : Mais qu'à l'arrivée d'une nouvelle impression que sa propre gravité lui communique & dont l'effet étoit auparavant arrêté par le plan, Elle sera contrainte de se detourner de la droiture de sa direction, & de s'abbaisser insensiblement dans la suite de son mouvement.

Ainsi elle décrira dans son passage une ligne formée par ces deux mouvements, dont l'un est égal & uniforme qui lui vient de la premiere impression, c'est à dire de l'impulsion du corps qui la poussée ; & l'autre est uniformement acceleré qui lui est communiqué par sa propre pesanteur.

Et comme les espaces parcourus dans un mouvement égal sont en même proportion que les temps, au lieu que ceux qui sont parcourus dans un mouvement acceleré sont en raison sous doublée des mêmes temps ; il naît de la composition de ces deux mouvemens la même proportion qui se rencontre, comme nous avons dit cy devant, entre les portions de l'axe & les ordonnées de la Parabole, qui par consequent est la nature de la ligne courbe que cette boule decriroit dans son passage, ou tout autre mobile qui seroit jetté horizontalement.

Comme si nous comprenons que le corps qui a été jetté horizontalement suivant la ligne de

178 L'ART DE JETTER LES BOMBES.

Liv. II.
Chap. V.
La ligne de la projection horizontale est parabolique.

direction AB, a parcouru dans le premier moment de temps l'espace AC par le mouvement égal de l'impulsion, & l'espace CF par le mouvement acceleré de sa pesanteur; il est constant que dans le second moment, il parcourra l'espace CD égal au premier AC par le mouvement égal, & l'espace OG triple de CF par l'acceleré; Et que la toute DG ou AL sera quadruple de CF ou AK. Ainsi dans le trosiéme moment il passera l'espace DE égal à AC par le mouvement égal, & l'espace PH quintuple de CF par l'acceleré; Et la ligne EH ou AM sera à CF ou AK comme 9 à 1. Enfin dans le quatriéme moment il parcourra l'espace EB égal à AC par le mouvement égal, & QI septuple de CF par l'acceleré; Et BI ou AN sera à CF ou AK comme 16 à 1. & ainsi des autres.

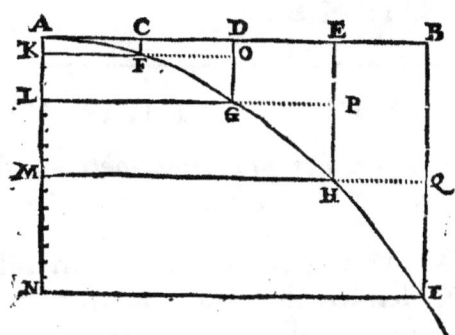

Et comme le mobile au premier moment se trouve par ces deux mouvements au point F, au point G dans le second, au point H dans le troisiéme, & au point I dans le quatriéme; il paroît que la courbe AFGHI sera decrite par son passage, dans laquelle la ligne AN étant à AK comme 16 à 1; & à AB à AC, c'est à dire NI à KF, comme 4 à 1; Le diametre ou l'axe AN, est à sa portion AK en raison doublée de celle de l'ordonnée NI à l'ordonnée KF. Ainsi la raison de AM à AK qui est de 9 à 1, est doublée de celle de MH à KF, c'est à dire de AE à AC qui est de 3 à 1. Et celle de AL à AK qui est de 4 à 1, doublée de celle LG à KF, c'est à dire de AD à AC qui est de 2 à 1. Et partant que la courbe AFGHI decrite par le passage du mobile jetté horizontalement, est celle que l'on appelle *ligne Parabolique*, dont le sommet est A, l'axe est à AN, & les ordonnées sont KF: LG:MH:NI.&c.

CHAPITRE VI.

Les lignes des projections obliques sont aussi paraboliques.

NOus pouvons avec un raisonnement semblable faire voir que les projections qui se font obliquement & suivant des directions inclinées entre l'horizontale & la perpendiculaire, decrivent des lignes Paraboliques

180 L'ART DE JETTER LES BOMBES,

LIV. II.
CHAP. VI.
Les lignes des projections obliques sont aussi paraboliques.

aussi bien que les projections horizontales.

Car nous fervant de la même figure, si nous menons la droite IP continuée depart & d'autre qui touche la parabole A G I en I, & coupe son axe N A prolongé en P. Il est premierement constant, (parce que nous avons remarqué cy-

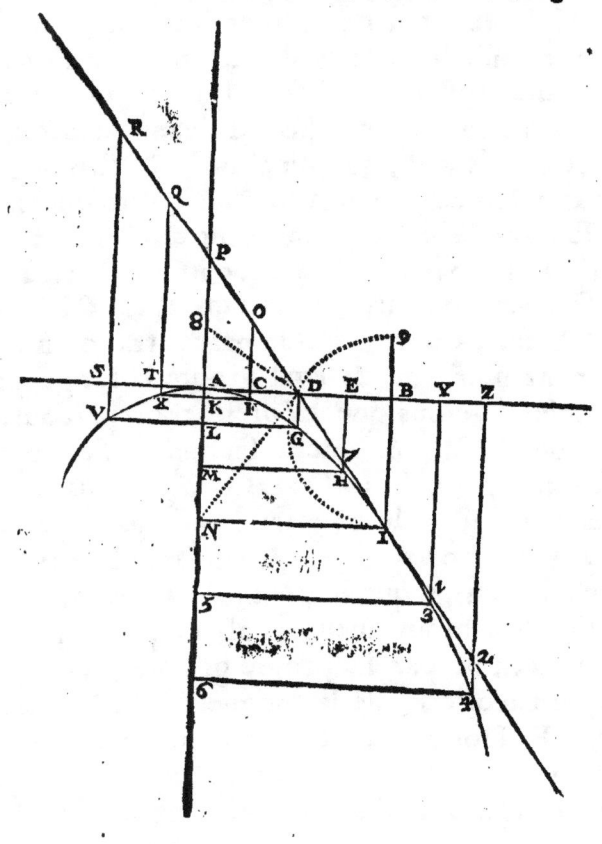

TROISIEME PARTIE.

devant pour une des principales proprietez de la ligne Parabolique,) que la ligne A P sera égale à A N ou B 1, & la droite A D égale à D B, & continuant F C en O, la droite I P sera coupée en portions égales aux points 7 : D : O, comme la droite A B l'est aux points C : D : E.

Liv. II. Chap. VI. Les lignes des projections obliques sont aussi paraboliques.

Maintenant si nous entendons qu'un mobile soit poussé suivant la direction de la ligne I P par une puissance qui soit d'autant plus grande que celle qui le poussoit suivant la direction horizontale A B, que l'inclinée I P est plus grande que l'horizontale A B; C'est à dire que la vitesse imprimée à ce second mobile, soit à la vitesse imprimée au premier, comme I P est à A B : Il sera vray de dire, en faisant abstraction de la pesanteur, que ce mobile parcourra, d'un mouvement uniforme & égal, toute la longueur I P au même temps que le premier à parcouru la longueur A B, & que le second passera par les espaces égaux I 7 : 7 D : D O : O P : dans les mêmes temps que le premier à passé par les espaces égaux de l'horizontale A C : C D : D E : E B. Mais dans le temps que le premier de ces mobiles à passé d'un mouvement égal l'espace A C, Il est descendu par sa propre gravité, d'un mouvement acceleré, de la longueur de la ligne A K ou C F ; Donc, dans le temps que ce second mobile passera d'un mouvement égal par l'espace I 7, il descendra d'un mouvement acceleré de la

Z iij

182 L'Art de Jetter les Bombes.

Liv. II.
Chap. VI.
Les lignes des projections obliques font aussi paraboliques.

même hauteur perpendiculaire A K ou 7 H. Et en deux temps parcourant d'un mouvement égal les deux espaces I D, il descendra, par le mouvement acceleré de sa pesanteur, à la hauteur perpendiculaire A L ou D G. Ainsi en trois temps il passera également les trois espaces I O, & l'es-

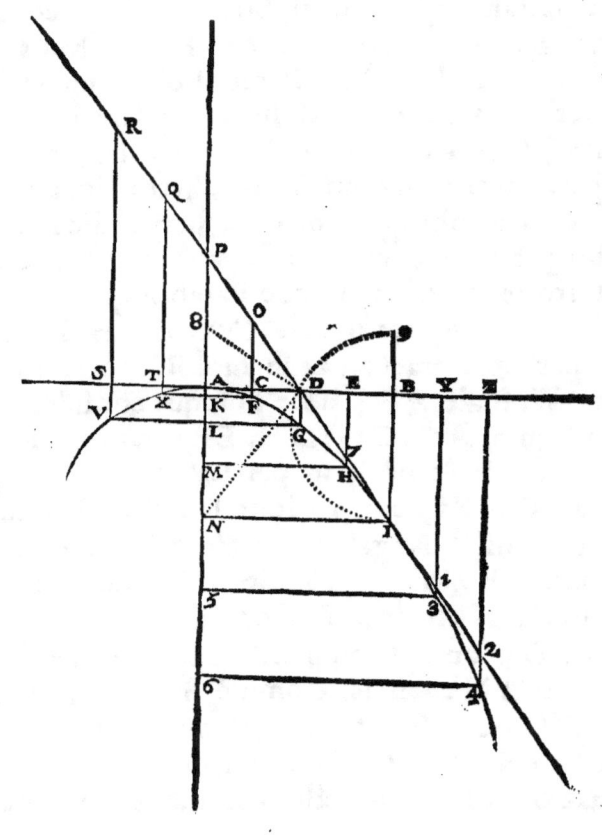

pace AM ou OF par l'acceleré. Et en quatre temps les quatre espaces IP par le mouvement égal, & l'espace AN ou AP par l'acceleré. C'est à dire que l'espace perpendiculaire 7 H égal à AK étant 1; DG égal à AL sera 4; OF égal à AM sera 9; AP égal à AN sera 16; &c. Et partant ce second mobile decrira par ces deux mouvemens la ligne courbe IHGA. Mais cette courbe est la même Parabolique que le premier des mobiles porté horizontalement, à decrite, (ainsi que je vay le faire voir.) Donc la ligne decrite par un mobile jetté suivant une direction oblique entre la perpendiculaire & l'horizontale, comme suivant la direction de la droite IP, est une ligne Parabolique.

Pour conoitre que la Courbe IHGFA est la parabole tracée par le mobile porté suivant l'horizontale AB; il ne faut que considerer que les lignes AC : CD : DE : EB : étant égales, la droite AP étant de 16 parties, CO sera de p. 8. Mais OF est de p. 9; donc le reste CF sera de p. 1. Ainsi BI égal à AP est aussi de p. 16, & partant E7 est de p. 8; Et 7 H étant de p. 1; la toute EH est de p. 9. Donc CF ou AK étant p 1; DG ou AL est p. 4; EH ou AM p. 9, & BI ou AN est p. 16. Comme AC ou KF étant 1; AD ou LG est 2; AE ou MH est 3; & AB ou NI est 4. Où l'on voit que les portions de l'axe AN sont entr'elles comme les quarrez des

Liv. II.
Chap. VI.
Les lignes des projections obliques sont aussi paraboliques.

184 L'Art de Jetter les Bombes.

Liv. II.
Chap. VI.
Les lignes des projections obliques sont aussi paraboliques.

ordonnées ; Et que la courbe parabolique IH GFA, decrite par le second mobile suivant la direction oblique IP, est la même que la courbe parabolique AFGHI, decrite par le premier des mobiles suivant la direction horizontale AB. Ce qu'il falloit demontrer.

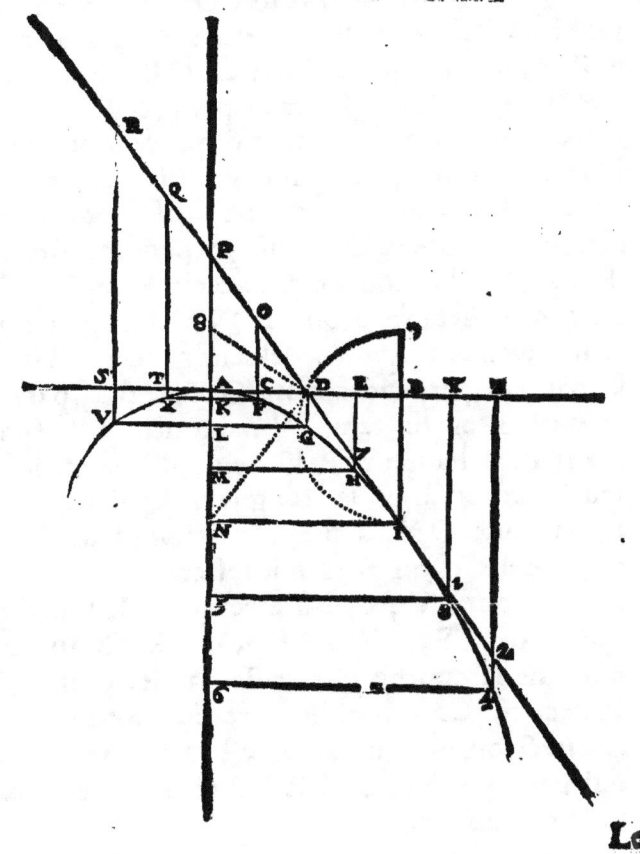

TROISIEME PARTIE.

Le sommet de l'une & de l'autre de ces paraboles étant en A, l'on pourra faire voir que la projection oblique suivant IP étant continuée, décrira la même parabole de l'autre part. Car prenant les espaces PQ : QR égaux à PO : OD & menant les droites QTX : RSV paralleles à l'axe AP; les portions AT, TS seront aussi égales aux portions AC, CD; & la droite AP étant de p. 16, QT sera de p. 24, & RS de p. 32.

Liv. II. Chap. VI. Les lignes des projections obliques sont aussi paraboliques.

Maintenant si l'on entend que le mobile partant du point I ait passé en quatre temps la droite IP par le mouvement égal, & soit descendu de toute la longueur perpendiculaire PA de p. 16 par le mouvement acceleré de sa pesanteur; il passera la droite IQ en cinq temps par le mouvement égal & descendra cependant de la hauteur perpendiculaire QX de p. 25 par l'acceleré; & en six temps il parcourra IR également & la hauteur RV de p. 36 par sa pesanteur. Otant donc la longueur QT ou p. 24, de la toute QX de p. 25, & la longueur RS ou p. 32 de RV ou p. 36; il restera p. 1 pour TX & p. 4 pour SV; c'est à dire que TX sera égale à AK ou CF, SV à AL ou DG. Ce qui marque que la courbe qui passe par les points X & V decrite par le mobile jetté du point I suivant la direction oblique IPR, est la même que celle qui passe par F & G c'est à dire la même parabole continuée.

186 L'ART DE JETTER LES BOMBES.

LIV. II.
CHAP. VI.
Les lignes des projections obliques sont aussi paraboliques.

Posons maintenant que le mobile partant du point I suivant la direction P I, est porté en bas vers I.2 ; je dis que la ligne courbe I.3.4 qu'il décrira par son passage, est aussi la même parabolique A F G I continuée.

Car prenant dans la ligne P I continuée en

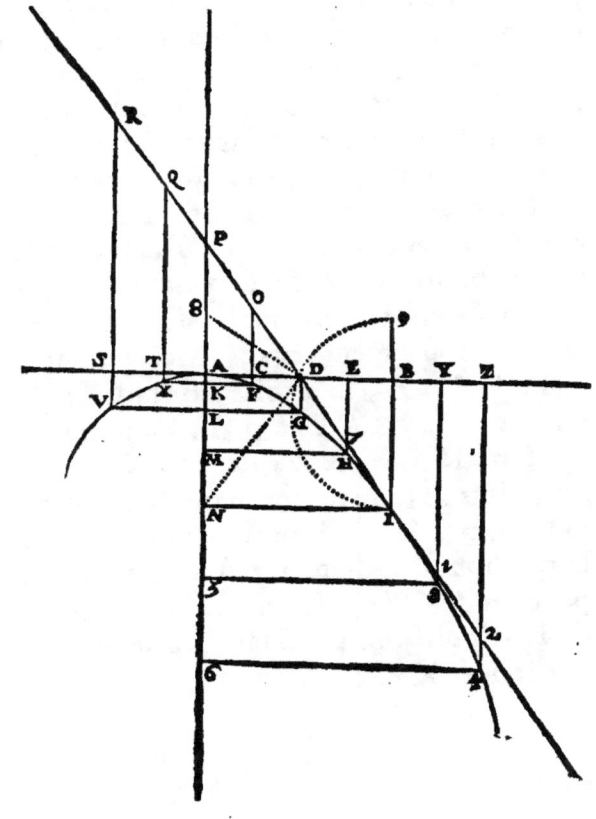

TROISIEME PARTIE.

bas les espaces I. 1 , 1. 2 égaux à I 7, 7 D, & menant les droites 3. 1. Y : 4. 2. Z paralleles à I B c'est à dire à l'axe A N, qui couperont l'horizontale A B prolongée, & feront les portions B Y, Y Z égales aux portions B E, E D. Il est constant que le mobile poussé avec la même force en bas, parcourra d'un mouvement égal les espaces I. 1, 1. 2 en même temps qu'il a parcouru en haut les espaces égaux I 7, 7 D ; & que lors qu'il aura passé le premier espace I 1 par le mouvement égal, il sera descendu par le mouvement acceré de sa gravité, de la hauteur perpendiculaire 1. 3 égale à 7 H où A K de p. 1, & qu'il descendra de la hauteur 2. 4 égale à D G ou A L de p. 4 par le mouvement de la pesanteur, quand il aura passé en deux temps les deux espaces I. 1, 1. 2 par le mouvement égal. Maintenant dans le triangle D 2 Z, la droite I B étant de p. 16, Y 1 sera de p. 24 ; & Z 2 de p. 32 ; Et partant la toute Y 3 sera de p. 25, & Z 4 de p. 36. C'est à dire que les points I : 3 : 4 : seront dans la parabole A F G H I continuée, puisque la droite Z 4 c'est à dire la portion du diametre A 6 de p. 36, est à la portion A K de p. 1, comme le quarré de A Z ou de l'ordonnée 6. 4, est au quarré de A C ou de l'ordonnée K F.

LIV. II.
CHAP. VI.
Les lignes des projections obliques sont aussi paraboliques.

CHAPITRE VII.
Maniere de mesurer les differents degrés de la force imprimée au mobile jetté.

IL paroît par tout ce raisonnement que les paraboles ont d'autant plus d'étenduë que la force ou la vitesse imprimée au mobile porté suivant une direction horizontale, est plus grande. Et comme cette vitesse peut être plus grande en une infinité de manieres differentes ; Galilée n'a point trouvé de moien plus asssûré pour les reduire sous des mesures conuës, qu'en supposant que le mobile a aquis cette force ou ce degré de vitesse en tombant d'une certaine hauteur. Car puis qu'un mobile en tombant aquiert à chaque moment de sa chûte un nouveau degré de vitesse, il n'y a point de vitesse si grande, à laquelle le mobile ne puisse arriver, supposé qu'il n'y ait point d'empêchement du dehors; Ainsi la difference des degrez de vitesse peut-être commodement entenduë par la difference des hauteurs d'où l'on peut supposer que le mobile est tombé.

Pour bien entendre cecy, il faut dans la figure dont nous nous sommes servis, mener les droites ND & D8 ensorte que l'angle ND8 soit droit, afin que AD soit moïenne Geometrique

TROISIEME PARTIE. 189

entre A 8 & A N, & 8 D moïenne entre 8 A & 8 N. Ceci posé Galilée dit que si l'on entend que le mobile soit tombé perpendiculairement du point 8 en A, & que son mouvement soit ensuite converti en mouvement égal suivant la direction horizontale A B, avec le degré de vitesse

Liv. II.
Chap. VII.
Maniere de mesurer les differens degrez de la force imprimée au mobile jetté.

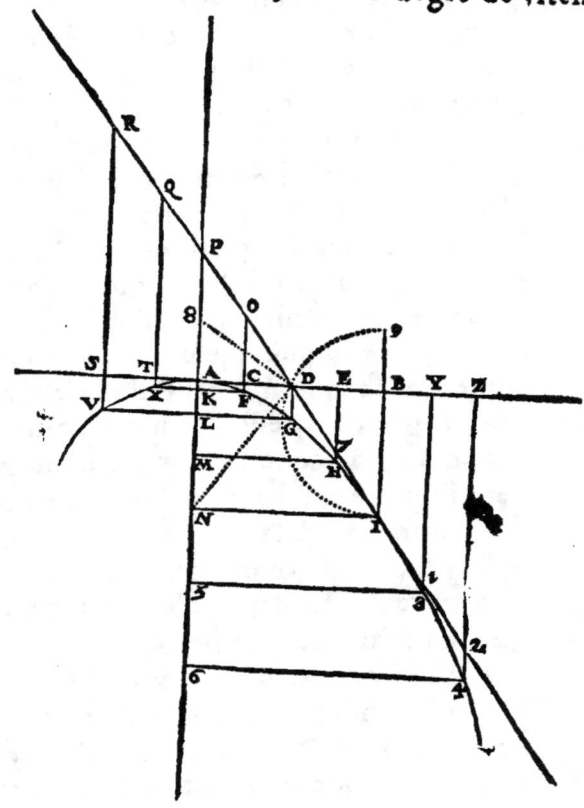

A a iij

Liv. II.
Chap. VII.
Maniere de mesurer les differens degrez de la force imprimée au mobile jetté.

aquis par sa chûte; il decrira par son passage la parabole AFGHI.

Car comme les espaces parcourus par un mobile tombant sont entr'eux en raison doublée de celle des temps de leur chûte; Si nous prenons la droite 8 A pour mesure du temps que le mobile à employé à passer l'espace 8 A en descendant du point du repos 8 : Cette ligne sera à celle qui est la mesure du temps que le mobile employera à passer l'espace AN en descendant du point de repos A, en raison doublée de celle que la même ligne 8 A a, à la droite A N : c'est à dire que le quarré de la droite 8 A sera au quarré de cette droite, comme la même 8 A est à AN. Mais comme 8 A est à AN, ainsi le quarré de 8 A est au quarré de AD.; Donc la la droite AD sera la mesure du temps du passage du mobile par l'espace AN.

Maintenant comme il a été demontré par Galilée, qu'un mobile porté d'un mouvement égal avec un degré de vitesse aquis en tombant de quelque hauteur, parcourt dans un temps égal à celui de sa chûte, un espace double de celui qu'il a parcouru en tombant : c'est à dire que le mobile porté d'un mouvement égal suivant la direction AB, avec le degré de vitesse aquis par sa chûte du point de repos 8 en A, parcourt dans le temps 8 A un espace double de la droite 8 A ; il s'ensuit que dans le temps AD il

TROISIEME PARTIE. 191

parcourra avec la même vitesse un espace double de la droite A D ; c'est à dire l'espace A B où N I. Mais nous venons de faire voir que le même mobile partant du point de repos A, passoit en descendant l'espace A N dans le même temps A D. Donc dans le temps qu'il par-

Liv. II.
Chap. VII.
Maniere de mesurer les differens degrez de la force imprimée au mobile jetté,

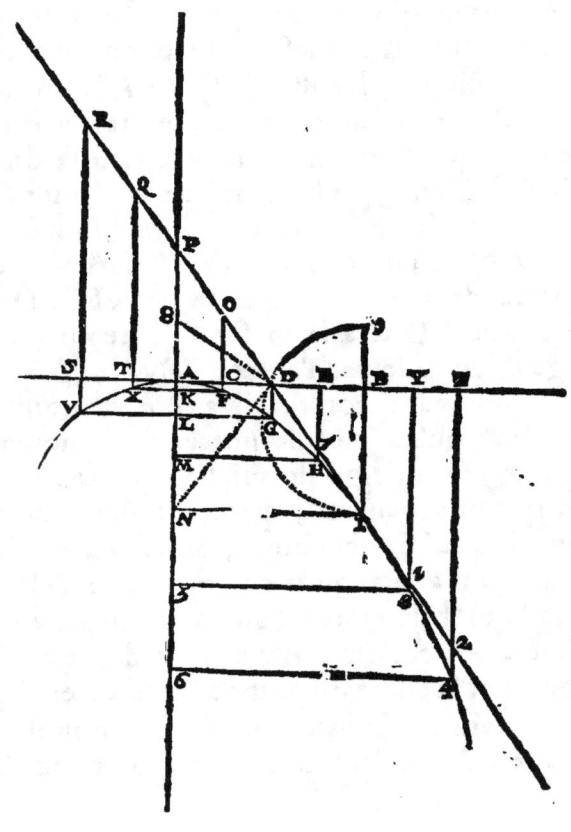

Liv. II.
Chap VII.
Maniere de mesurer les differens degrez de la force imprimée au mobile jetté.

courra horizontalement la droite AB d'un mouvement égal, il descendra de toute la hauteur AN du mouvement acceleré ; Et par la composition de ces deux mouvemens il decrira la Parabole AFGHI ; car on ne sçauroit mener d'autre parabole que celle-la qui passe par les point A & I.

Où l'on voit que les vitesses ou les forces aquises ou imprimées êtant entr'elles en même raison que les temps, la vitesse ou la force aquise par la chûte 8 A, c'est à dire la force ou la vitesse du mouvement horizontal êtant mesurée par la droite A 8, la mesure de la force ou de la vitesse aquise au point N par la chûte AN sera la droite AD.

Nous avons dit cy-devant qu'une force ou vitesse qui seroit à la force ou vitesse horizontale comme la touchante IP est à la touchante AB ou NI ; c'est à dire comme DP est à DA ; porteroit le mobile en montant ou en descendant suivant la direction IP par les points de la même parabole AFGHI. Pour determiner Quelle est cette force, supposé que l'horizontale AB soit mesurée par la droite A 8 ? il faut raisonner en cette maniere.

La droite AN étant égale à AP, les deux DP & DN sont aussi égales ; & partant AD est à DN, comme la vitesse horizontale AB est à la vitesse suivant la touchante IP ; Mais comme

TROISIEME PARTIE. 193

me A D est à D N, ainsi A 8 est à 8 D; Donc A 8 est à 8 D, comme la force horizontale est à l'inclinée par I P. Maintenant posant la droite A 8 pour mesure de l'espace que le mobile à parcouru en tombant pour acquerir la force horizontale A 8, elle sera à l'espace qu'il faudra

LIV. II.
CHAP. VII.
Maniere de mesurer les differens degrez de la force imprimée au mobile jetté.

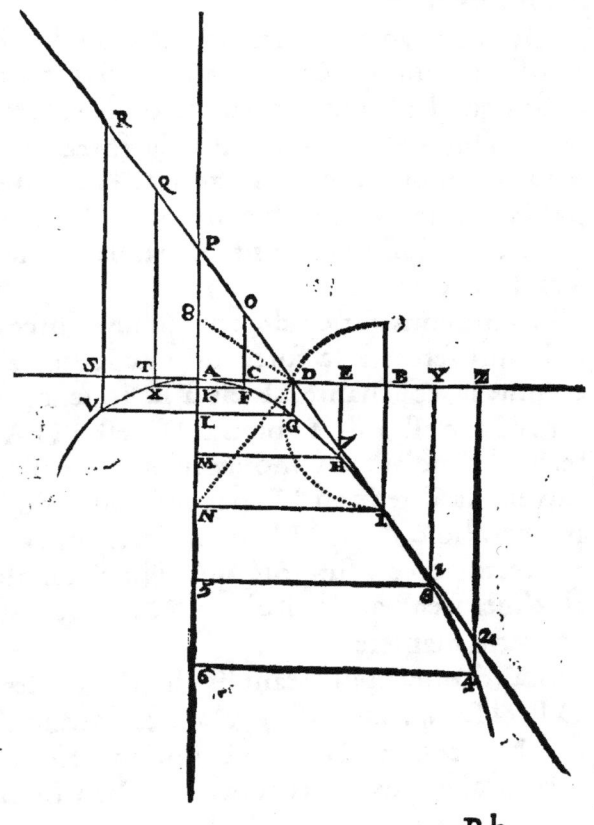

Bb

194 L'ART DE JETTER LES BOMBES.

Liv. II.
CHAP. VII.
Maniere de mesurer les differens degrez de la force imprimée au mobile jetté.

qu'il parcoure pour aquerir la force inclinée 8 D, en raison doublée de la ligne A 8 à 8 D, c'est à dire comme A 8 est à 8 N ; Et partant l'étenduë 8 N sera celle de la chûte du mobile pour aquerir la force ou la vitesse 8 D. Donc la force horizontale A B ayant êté aquise par la chûte 8 A, la force inclinée I P sera aquise par la chûte 8 N.

Galilée appelle dans cette parabole A F G H I, la droite A N *la hauteur*, N I *la moitié de son amplitude*, & 8 A *la sublimité* : Où l'on voit que la hauteur & la sublimité jointes ensemble font la mesure de l'espace qu'il faut que le mobile parcoure en tombant pour aquerir la force qu'il doit avoir pour decrire la même parabole suivant la tangente menée à l'extremité de son amplitude. L'on voit deplus que la moïenne Geometrique entre la hauteur & la sublimité d'une parabole est égale au quart de son amplitude.

Ainsi continuant la droite I B jusqu'en 9, ensorte que B 9 soit égale à A 8 comme B D est égale à A D ; la droite B D sera moïenne entre I B & B 9 ; Et le demi cercle fait sur le diametre I 9, passera par le point D ; & dans ce demicercle, B 9 sera la sublimité de la même parabole, decrite suivant la direction horizontale, B I sera la hauteur, & B D le quart de l'amplitude. Et le diametre entier I 9 sera la sublimité de la même parabole décrite suivant la direction de la touchante I P.

CHAPITRE VIII.

Proportion des amplitudes des paraboles & des sinus du double des angles de leurs touchantes.

CECI posé: soit un demi cercle ADB, sur le diametre perpendiculaire AB, dont le centre est C ; lequel soit touché en A par la

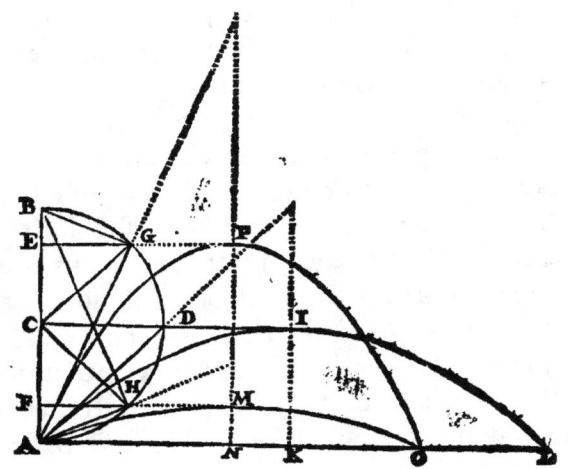

ligne horizontale AL. Et soient menées dans le demi-cercle les droites AH: AD: AG du point A; & les droites HF, DC, EG perpendiculaires au diametre AB. Ensuite soit decrite la parabole AMO dont la hauteur NM soit

Liv. II.
Chap. VIII. Proportion des amplitudes des Paraboles & des Sinus du double des angles de leurs touchantes.

égale à la droite AF & l'amplitude AO soit quadruple de la droite FH; la parabole AIL, dont la hauteur KI soit égale à AC, & l'amplitude AL quadruple de la droite DC; & enfin la parabole APO, dont la hauteur NP soit égale à AE, & l'amplitude AO quadruple de la droite EG. Puis soient menées dans le demi-cercle les lignes HC : HB : & GC : GB.

Il est manifeste parce que nous avons démontré cy-devant que la ligne BF est la sublimité & AF ou NM la hauteur de la parabole AMO; c'est à dire qu'un mobile porté d'un mouvement égal du point M horizontalement avec une force aquise par la chûte BF decrira la parabole AMO. Ainsi la sublimité de la parabole AIL est BC & sa hauteur à AC ou KI; comme la sublimité de la parabole APO est BE & sa hauteur AE ou NP. D'où il s'ensuit que les mêmes paraboles seront decrites par des mobiles portés également avec une force aquise par la chûte BA suivant les differentes inclinations des touchantes AH : AD : AG. C'est à dire que la parabole AMO sera decrite par le mobile porté également suivant la touchante AH avec la vitesse qu'il aura aquise en tombant du point B en A. Et la parabole AIL sera decrite par le mobile porté également suivant la touchante AD avec la même vitesse BA. Et enfin la parabole APO par le mobile suivant la tou-

TROISIEME PARTIE. 197

chante AG, avec la même force ou vitesse BA. Et comme les amplitudes de chacune des paraboles sont quadruples des droites FH : CD : EG :, il s'ensuit

---

CHAPITRE IX.
Suites de cette Proportion.

1. QUE de toutes les paraboles faites avec une même impression de vitesse, la plus grande est celle dont le mobile est porté suivant la direction d'un angle demy droit ou de 45 degrez ; Ce qui a été premierement remar-

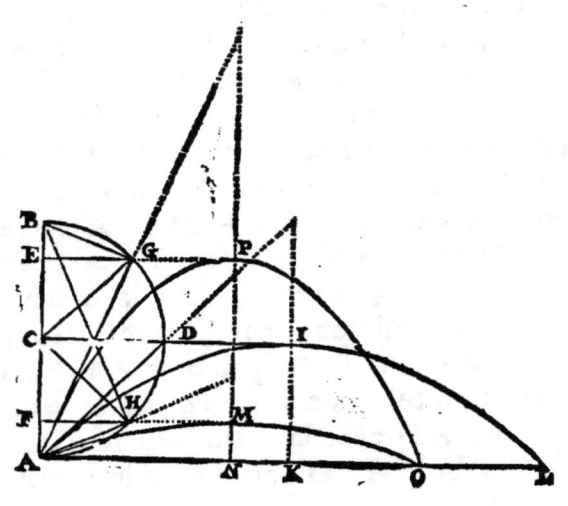

Liv. II.
Chap. IX.
Suites de cette proportion.

qué par Tartaglia, ainsi que nous l'avons dit cy-devant. Car si nous supposons que l'angle LAD, qui est l'inclination suivant laquelle la parabole AIL a été faite, est de 45 degrez ; la ligne DC perpendiculaire au diametre AB, sera égale au demi diametre du même Cercle ADB ; Et par conséquent elle sera plus grande qu'aucune autre perpendiculaire au même diametre comme HF ou GE ; d'où il arrive que le quadruple de CD, c'est à dire l'amplitude AL de la Parabole AIL, sera plus grande que le quadruple d'aucune autre perpendiculaire comme FH ou GE, c'est à dire que l'amplitude d'aucune autre Parabole comme AMO ou APO.

2. Que les Paraboles decrites suivant des inclinations également élognées au dessus ou au dessous de l'angle de 45 degrez sont égales d'amplitude. Ce qui a été remarqué par plusieurs & particulierement par Diego Ufano, comme nous l'avons fait voir cy-devant. Car supposant que les arcs DH & DG soient égaux, les droites HF & GE seront aussi égales, & leurs quadruples AO ; c'est à dire l'amplitude de la Parabole AMO & de la parabole APO faites sur les inclinations AH & AG.

3. Comme les perpendiculaires sur le diametre du cercle vont toûjours en augmentant depuis le point A jusqu'en D, & que dela elles vont toujours en diminuant jusqu'au point B ; il s'ensuit

TROISIEME PARTIE.

LIV. II.
CHAP. IX.
Suites de cette proportion.

que les Paraboles produites par les mobiles portés d'une même vitesse suivant les inclinations depuis l'horizontale A L jusqu'à celle de l'angle demi droit A D, vont toujours en augmentant d'amplitude ; comme au contraire celles qui se font suivant les inclinations depuis l'angle demi droit A C, jusqu'à la perpendiculaire A B vont toûjours en diminuant.

4. La droite H F est le sinus de l'angle au centre A C H, double de l'angle à la circonference A B H qui est égal à celui de l'inclination L A H. Ainsi la droite C D est le sinus de l'angle droit double de celui de l'inclination L A D. Et la droite G E est le sinus de l'angle au centre A C G double de l'angle à la circonference

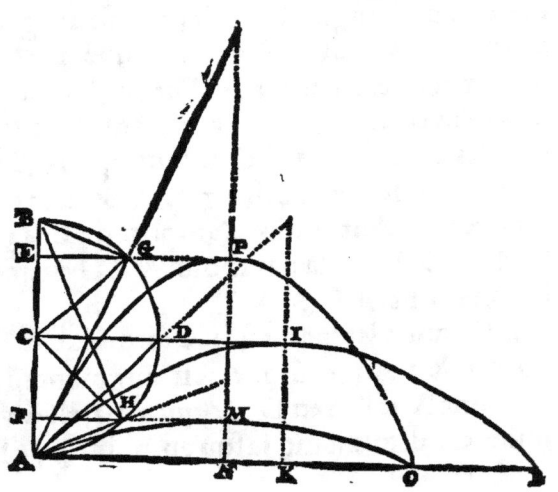

L. IV. II.
C H A P. IX.
Suites de cette proportion.

ABG qui est égal à celui de l'inclination LAG. Et comme les amplitudes AO, AL, des Paraboles AMO, APO, AIL, sont entr'elles comme les lignes FH, CD EG dont elles sont quadruples ; il s'ensuit que les amplitudes des Paraboles faites par un mobile porté d'une égale impression de vitesse, suivant des angles differents d'inclination, sont entr'elles comme les sinus du double des mêmes angles. Ainsi l'amplitude AL de la Parabole AIL faite suivant l'angle demi droit LAD, est à l'amplitude AO de la parabole AMO faite avec la même impression de force suivant l'angle LAH; comme la droite CD sinus de l'angle droit, double du demi droit LAB, est à la droite FH sinus de l'angle ACH, double de l'angle LAH. Et la même amplitude AL de la Parabole AIL est à l'amplitude AO de la parabole APO, comme la droite CD sinus du double de l'angle LAD, est à la droite EG sinus du double de l'angle LAG, & ainsi des autres.

LIV. III.

LIVRE TROISIE'ME.

Demonstration des pratiques de l'Art de jetter les Bombes. Et premierement pour les jets dont l'étenduë est au niveau des Batteries, & par le moïen des sinus.

CETTE proposition est le fondement de la plûpart des Pratiques que nous avons expliquées dans la deuxiéme partie de ce Livre, & que nous allons maintenant examiner l'une aprés l'autre.

CHAPITRE PREMIER.
Pour trouver l'étenduë d'un coup sur une élevation donnée.

LA premiere de toutes est claire d'elle-même : Car supposant que l'on ait fait l'épreuve d'une piece ou d'un mortier sous un angle d'élevation conuë, & conoissant exactement sa portée ; pour conoître celle de la même piece ou du même mortier avec la même charge sous un autre élevation ; Il ne faut, suivant la pratique expliquée au premier Chapitre du premier Livre de la seconde Partie, que faire une regle

Cc

202　L'Art de Jetter les Bombes.

Liv. III.
Chap. I
Pour trouver
l'étenduë d'un
coup sur une
élevation
donnée.

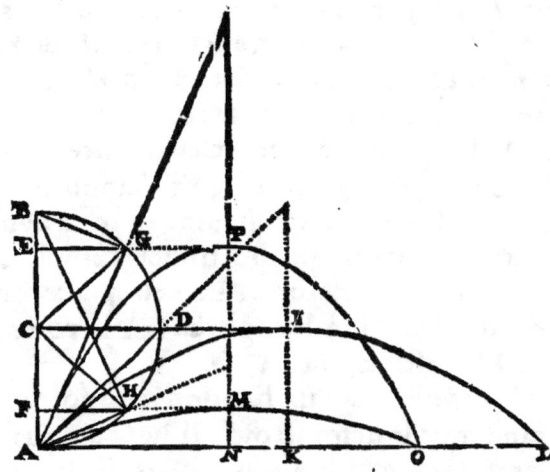

de Trois dont le premier terme soit le sinus du double de l'angle de l'élevation sur laquelle on a fait l'épreuve, le second soit le sinus du double de l'angle de l'élevation proposée, & le troisiéme soit la portée conuë par l'épreuve ; Et par la regle, le quatriéme proportionel sera l'étenduë de la portée que l'on demande. Comme si l'épreuve ayant été faite sous l'angle de l'inclination L A H de 30 degrez vous avez 1000 toises, ou 1000 autres mesures pour la portée de vôtre piece, c'est à dire pour l'amplitude A O de la parabole A M O ; Pour sçavoir quelle sera la portée de la même piece élevée à l'angle L A D de 45 degrez, c'est à dire pour conoître l'amplitude A L de la parabole A I L ; Il ne faut que

TROISIÈME PARTIE. 203

Liv. III.
Chap. I.
Pour trouver l'étenduë d'un coup sur une élevation donnée.

prendre pour premier terme le sinus du double de l'angle LAH c'est à dire le sinus de l'angle ACH ou la droite FH qui est de 8660 parties, supposé que le sinus total soit CD de 10000 parties; pour second terme la droite CD de 10000 parties c'est à dire le sinus du double de l'angle LAD; Et l'amplitude AO de 1000 toises pour troisiéme; afin d'avoir pour quatriéme terme proportionel l'amplitude AL de 1155 to. ou mesures; Et cela parce que l'amplitude AO est à l'amplitude AL comme le sinus HF est au sinus CD.

Si l'angle de l'inclination proposée est plus grand que le demi droit, il ne faut pas le doubler pour avoir le sinus, mais il faut prendre le sinus du double de son complement à l'angle droit. Comme si l'on a proposé l'élevation de la piece ou du mortier à l'angle LAG de 50 degrez : il faut prendre EG sinus de 80 degrez double de 40 deg. complement à l'angle droit du proposé de 50 degrez.

CHAPITRE II.
Pour trouver l'angle de l'élévation pour une étendüe donnée.

SI l'on propose une étendüe qui ne soit pas plus grande que celle de la piece élevée à 45 deg.; il faut, comme il a été dit au second Chapitre du premier livre de la seconde partie, prendre pour premier terme de la regle de Trois l'étendüe de la portée conuë par l'épreve, pour second terme l'êtendüe que l'on demande, & pour troisième le sinus du double de l'angle de l'inclination sur laquelle l'êpreuve a été faite ; afin d'avoir pour quatriéme proportionel le sinus du double de l'angle qu'il faudra donner à la piece. Ainsi pour avoir la portée, c'est à dire l'amplitude A Q de 800 mesures ; il faut prendre pour premier terme l'amplitude A O de la parabole A M O de 1000 mesures faite suivant l'angle O A H de 30 degrez, pour second terme l'amplitude A Q de 800 mesures que l'on demande ; la droite F H sinus du double de l'angle O A H de 8660 parties pour troisième terme ; afin d'avoir pour quatrième proportionel, la droite C D de 6928 parties sinus de l'angle A L C de 43. 52' double de ce-que l'on demande Q A C de 21. 56', ou de son

TROISIEME PARTIE.

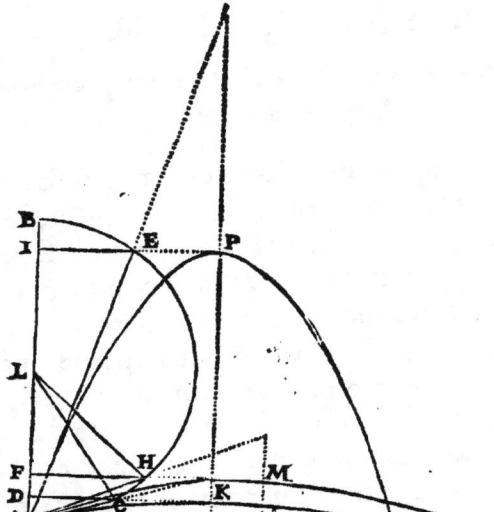

complement à l'angle droit Q A E de 68 4'. Car la piece ou le mortier élevé en l'un ou en l'autre de ces deux angles donnera la même amplitude proposée A Q des Paraboles A K Q ou A P Q. Et par tout l'on voit que ces amplitudes A O & A Q sont entr'elles comme les droites F H & D C.

CHAPITRE III.

Demonſtration de la Table des Sinus ſervants au jet des Bombes.

LA Table qui ſuit, & qui eſt rapportée au troiziéme Chapitre du premier Livre de la ſeconde partie, n'eſt que pour ſoulager ceux qui auroient peine à rechercher en toutes rencontres les ſinus du double des angles propoſés pour l'élevation du mortier ou de la piece; puis qu'elle contient les mêmes ſinus qui repondent aux angles propoſés, ſans qu'il ſoit beſoin de rien doubler. Ce qui a été nettement expliqué dans le diſcours de la conſtruction de la table, ou j'ay dit que les nombres qui y repondent à chaque degré étoient ceux qui ſe trouvent dans la table ordinaire des ſinus au droit des angles doubles de ceux-ci; & que le nombre par exemple de 349 repondant au premier degré dans cette Table, étoit celui qui repondoit à 2 degrez dans celle des ſinus; Et le nombre 698 repondant dans celle-ci à 2 deg., étoit le ſinus de 4 degrez; Ainſi le nombre 6428 repondant à 20 degrez eſt le ſinus de 40 degrez, & ainſi des autres.

Ce qui fait que propoſant un angle & prenant le nombre qui lui repond dans cette table, vous prenez tout d'un coup le sinus de son double. Ce qui se conoît par les exemples rapportés sur ce sujet, dans lesquels les nombres sont par tout les mêmes que ceux qui sont trouvés par la pratique des sinus. Ce qui n'a point be-de plus longue explication.

Il en est de même de la table qui repond à celle que j'ay expliquée dans la premiere partie de ce Traitté sur la doctrine de Diego Ufano; car j'ay calculé cette table sur celle-ci, ensorte que tous les nombres de l'une sont proportionels aux nombres de l'autre.

CHAPITRE IV.
Demonstration de la Table des hauteurs des jets poussez d'une même force.

IL n'est pas plus malaisé de demontrer la Construction & l'usage de la Table que nous avons rapportée au sixiéme Chapitre du premier Livre de la seconde partie sous le nom de *Table des hauteurs des jets poussez d'une méme force dont la plus grande portée est* 10000; & dont les nombres sont, ainsi que nous avons dit, chacun égal au quart des sinus verses du double des angles de l'inclination du mortier. Car si dans cette figure, nous considerons que la hauteur NM de la demiparabole AM, faite sous

Liv. III.
Chap. IV.
Demonstration de la Table des hauteurs des jets pouſſés d'une même force.

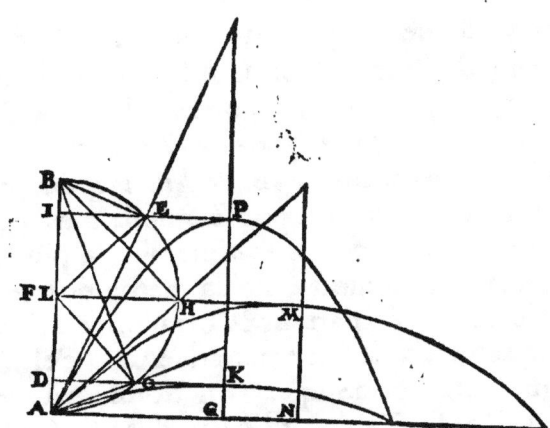

l'angle de l'inclination N A H & avec la force aquiſe par la chûte depuis le point B, eſt égale à la droite A F, qui dans le demi-cercle fait ſur le diametre A B eſt le ſinus verſe l'angle au centre A L H double de l'angle à la circonference A B H égal à celui de l'inclination N A H : Que la hauteur G K de la demi-parabole A K faite ſous l'inclination G A C avec la même force aquiſe par la chûte du point B, eſt égale à la droite A D qui dans le même demi-cercle eſt le ſinus verſe de l'angle A L C double de celui de l'inclination G A C : Et qu'enfin la hauteur G P de demi-parabole A P faite ſous l'inclination G A E avec la même force, eſt égale à la droite A I

ſinus

sinus verse de l'angle au centre, ALE double de celui de l'inclination GAE, & ainsi des autres. Nous pouvons dire que *les hauteurs des jets poussez de même force sont entr'elles comme les sinus verses du double des angles de leur inclination*; Et comme nous avons supposé que la plus grande portée estoit 10000, il s'ensuit que la plus grande hauteur AB moitié de la même portée n'est que de 5000; Et partant AL rayon ou sinus total de cette Table seulement de 2500, c'est à dire le quart de 10000 que l'on donne au même rayon dans la Table ordinaire des sinus. Ce qui fait que nous avons eu raison de dire que tous les nombres de la Table des hauteurs sont chacun le quart de ceux des sinus verses du double des angles de l'inclination du mortier.

CHAPITRE V.

Demonstration de la Table des hauteurs & sublimitez des jets de même étenduë, & de celle de la force qu'il faut donner aux jets de même étenduë en toutes sortes d'élevation.

POur bien entendre la construction de l'autre Table que nous avons raportée dans le même Chapitre sous le nom de *Table des hauteurs & des sublimitez des jets dont l'étenduë en toutes sortes d'élevation est toujours la même*, posée de

Liv. III.
Chap. V.
Demonstration de la Table des hauteurs & sublimitez des jets de même étendue, & de celle de la force qu'il faut donner aux jets de même étendue en toutes sortes d'élevation.

10000 *parties* ; & dont les nombres sont, ainsi que nous avons dit, pour les hauteurs chacun égal au quart des Tangentes des angles d'élevation marquées dans la Table ordinaire des sinus, & pour les sublimitez chacun égal au quart des Tangentes de complement des mêmes angles. Il faut premierement dans cette figure, où l'étenduë horizontale donnée AB est partagée également en C, & AC aussi également en D, mener des points A, D, C, des droites comme AN, DL, CQ, perpendiculaires à AB. Puis ayant pris sur AN la droite AG égale à AD, faire du centre G & intervalle GA, le cercle KHA qui touchera la ligne DC au bout H du rayon

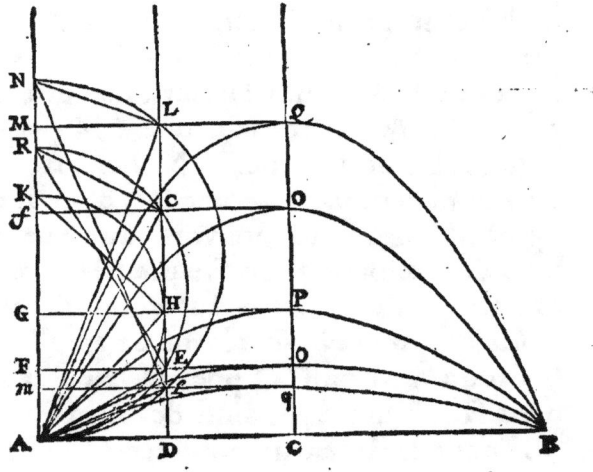

GH parallele à AC; Et si l'on mene la droite AH; l'angle CAH sera de 45 deg., & la parabole du point A suivant la direction AH avec la force mesurée par AK aura la droite AB pour amplitude, AG ou CP pour sa hauteur & KG pour sa sublimité; Car toutes ces choses ont été demontrées ci-devant. Par la même raison si menant du point A une autre droite AE faisant l'angle de l'inclination BAE, je tire la droite ER perpendiculaire à AE & coupant AN en R; j'aurai AR diametre du cercle AER qui passera par le point E, d'où menant FEO parallele à AB, l'amplitude de la parabole decrite par le mobile poussé du point A suivant l'inclination BAE & avec la force imprimée par la chûte du point R, sera la même AB quadruple de AD, sa hauteur sera AF ou CO, & sa sublimité RF. Ainsi faisant une autre inclination BAL & menant la droite LN perpendiculaire à AL, nous aurons AN diametre d'un cercle qui passera par le point L, d'où menant la ligne MLQ, nous pouvons dire que la parabole decrite par un mobile poussé suivant l'inclination BAL avec la force imprimée par la chûte du point N, aura la même amplitude AB, la droite AM ou CQ pour sa hauteur, & NM pour sa sublimité; & ainsi des autres.

Il faut maintenant considerer dans le triangle rectangle AHK, que posant la droite GH

Liv. III.
Chap. V. Demonstration de la Table des hauteurs & sublimitez des jets de même étendue, & de celle de la force qu'il faut donner aux jets de même étendue en toutes sortes d'élévation.

LIV. III.
CHAP. V.
Demonstration de la Table des hauteurs & sublimitez des jets de même étendue , & de celle de la force qu'il faut donner aux jets de même étendue en toutes fortes d'élevation,

ou AD pour finus total, la ligne AG hauteur de la parabole APB fera la Tangente de l'angle GHA qui eft celui de l'inclination ; Et la ligne KG fublimité de la même, fera la tangente de l'angle GHK complement de celui de l'inclination GHA, ou BAH. Ainfi dans le triangle rectangle AER, pofant la droite EF égale à AD pour finus total, la ligne AF ou CO hauteur de la parabole AOB fera la tangente de l'angle de l'inclination AEF ou BAE; Et la ligne RF fublimité de la même, fera la tangente de l'angle REF complement de celui de l'inclination AEF. Enfin dans le triangle rectangle ALN, pofant la droite LM égale à AD pour

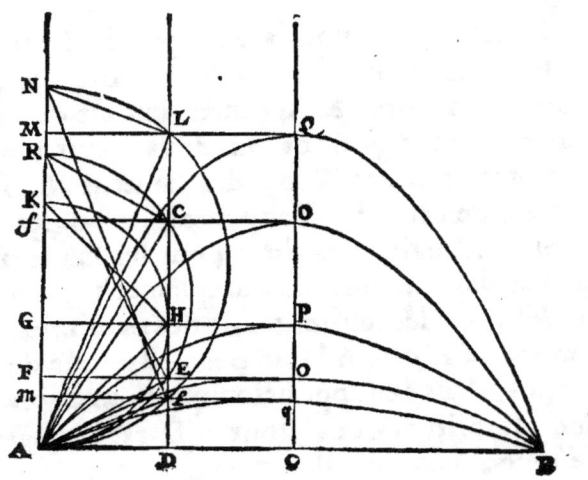

sinus total, la droite AM ou CQ hauteur de la parabole AQB est la tangente de l'angle ALM ou de son égal l'angle de l'inclination BAL; Et la droite NM sublimité de la même, est la tangente de l'angle MLN complement de MLA ou BAL. Et comme on peut faire le même raisonnement sur tous les Angles d'inclination possibles; il est aisé de faire voir que, la même droite AD pouvant toujours estre posée pour sinus total, toutes les hauteurs des paraboles de même amplitude seront les tangentes de tous les angles égaux à ceux de l'inclination; Et toutes les sublimitez des mêmes paraboles seront les tangentes de complement des mêmes angles.

Liv. III.
Chap. V.
Demonstration de la Table des hauteurs & sublimitez des jets de même étendue & de celle de la force qu'il faut donner aux jets de même étendue en toutes sortes d'élévation.

Desorte que si nous avions pris la droite AD égale au sinus total de la Table ordinaire des sinus, tangentes & secantes qui est de 10000 parties, nous aurions pû nous servir pour les nombres de nôtre Table des hauteurs & sublimitez, de ceux des Tangentes des angles de la Table ordinaire des sinus pour les hauteurs, & de ceux des tangentes de complement des mêmes angles pour les sublimitez de nos paraboles. Mais comme la droite AD ne peut estre que de 2500 parties, dans la supposition que nous avons faite que l'amplitude AB, dont AD est le quart, est de 10000 parties; Il paroit que toutes les tangentes des angles d'inclination, c'est à dire tou-

Dd iij

214 L'ART DE JETTER LES BOMBES.

**Liv. III.
Chap. V.
Demonstration de la Table des hauteurs & sublimitez des jets de même étendue & de celle de la force qu'il faut donner aux jets de même étendue en toutes sortes d'élevation.**

tes les hauteurs des paraboles, & les tangentes de leurs complements, c'est à dire toutes les sublimitez des mêmes, doivent estre ici chacune un quart de celles de la Table ordinaire des sinus ; ainsi que nous l'avons pratiqué dans la Table des mêmes hauteurs & sublimitez, ou celle de l'angle de 45 deg. égale au sinus total, n'est que de 2500 parties.

Au reste comme l'arc NL dans le cercle ALN est égal à l'arc A*l*, la droite NM est aussi égale à A*m*, & AM à N*m*; Où l'on voit que AM ou CQ hauteur de la parabole AQB, est égale à N*m* ou Q*q* sublimité de la parabole A*q*B ; Et NM sublimité de la parabole AQB égale à A*m*

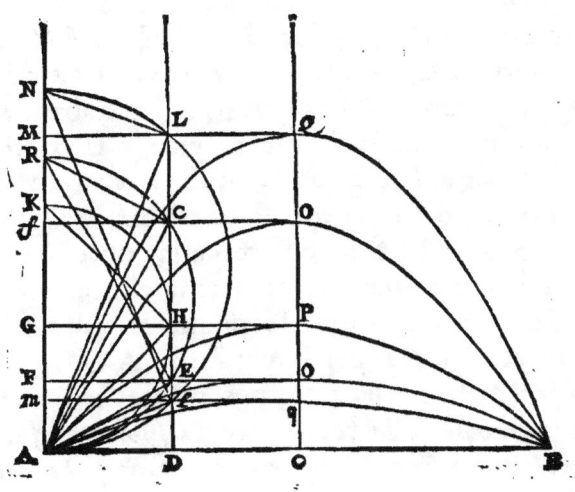

TROISIEME PARTIE. 215

hauteur de la parabole A q B. Par la même raison nous ferons voir que AF ou CO hauteur de la parabole A O B est égale à R f sublimité de la parabole A o B & RF sublimité de la parabole A O B égale à A f hauteur de la parabole A o B. Mais les paraboles A Q B, A q B ; aussi-bien que les paraboles A O B, A o B, sont celles que l'on peut appeller *reciproques*, êtant faites sous des directions également élognées de celle de 45 deg., & dont la force de l'impulsion & l'amplitude sont égales : l'on peut donc conclure, ce que nous avons dit ci-devant, *Qu'aux paraboles de même étenduë sous même force, les hauteurs & les sublimitez sont reciproquement égales.*

LIV. III. CHAP. V. Demonstration de la Table des hauteurs & sublimitez des jets de même étenduë & de celle de la force qu'il faut donner aux jets de même étenduë en toutes sortes d'élévation.

Enfin comme la hauteur CP ou AG de la parabole A P B, jointe à sa sublimité KG fait la toute AK mesure de la force qui l'a décrite : Que la hauteur CO ou AF de la parabole A O B & sa sublimité RF font ensemble la toute AR mesure de la force qui l'a pû décrire : Que la hauteur CQ ou AM de la parabole A Q B & sa sublimité NM font ensemble la toute AN d'où le mobile tombant auroit par sa chûte aquis assez de force pour porter le même mobile suivant la direction AL par la parabole A Q B à la distance AB. Nous pouvons inferer *qu'en toutes les paraboles, la hauteur & la sublimité font ensemble la mesure de la force qu'il faut pour les décrire*. Et ceci est le fondement de la derniere Ta-

**LIV. III.
CHAP. V.**
Demonstration de la Table des hauteurs & sublimitez des jets de meme étendue & de celle de la force qu'il faut donner aux jets de meme étendue en toutes sortes d'élevation.

ble que nous avons rapportée au septiéme Chapitre du premier Livre de la seconde partie, sous le nom de *Table de la force qu'il faut donner aux jets de même étenduë en toutes sortes d'élevation*; ce qui n'a point besoin de plus grande explication.

LIV. IV.

LIVRE QUATRIEME.

Demonstration des pratiques pour les jets dont l'étenduë est au niveau des batteries & par le moyen des instrumens.

CHAPITRE PREMIER.
Demonstration de l'Equerre des Canoniers rectifiée.

L'EQUERRE de douze points faite à l'imitation de celle de Tartaglia raportée au premier Chapitre du second livre de la seconde partie a un peu plus de difficulté, quoy qu'elle soit sur un même principe. Pour la bien entendre il faut se souvenir de ce que nous avons expliqué dans la pratique, tant au sujet de la construction que de l'usage, dont je raporteray seulement ici, que les points de l'Equerre y ont entr'eux la même proportion que les portées d'une piece élevée suivant les angles qu'ils font sur l'Equerre. C'est à dire que la portée d'une piece élevée au quatriéme point est double de la portée de la même piece élevée au second, & quadruple de la portée au premier point, comme le nombre 4 est double du nombre 2,

218 L'Art de Jetter les Bombes.

Liv. IV.
Chap. I.
Demonstration de l'Equerre des Canoniers rectifiée.

quadruple de 1. Et ainsi des autres.

Voila les termes dont je me suis servi dans la seconde partie de ce Livre. Et par la disposition de la figure on voit que le bras A E de l'Equerre étant mis dans la piece, si le plomb attaché par le filet en A tombe sur le point 6, on peut dire que la piece est élevée suivant l'angle 6 A C; ainsi le plomb tombant sur le

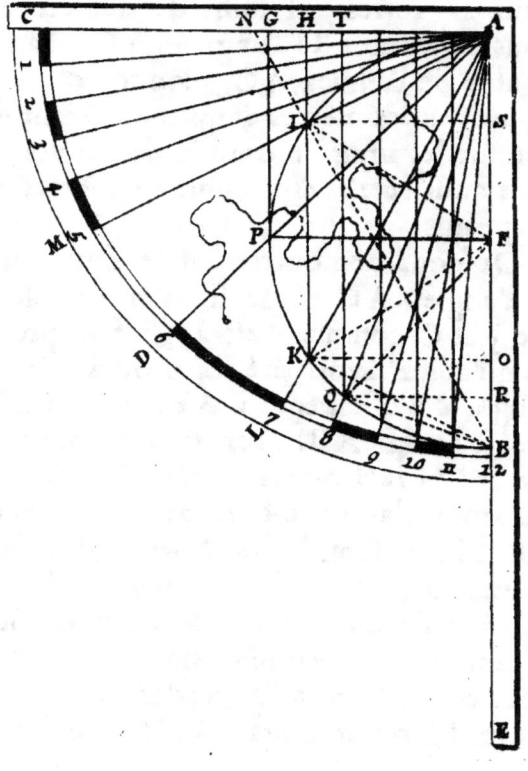

TROISIEME PARTIE.

point 5, la piece sera élevée suivant l'angle 5 A C; Et suivant l'angle 8 A C si le plomb tombe sur le point 8. Et ainsi du reste.

LIV. IV.
CHAP. I.
Demonstration de l'Equerre des Canoniers rectifiée.

Pour faire donc voir que la portée, c'est à dire que l'amplitude de la parabole faite au point 6, ou suivant l'angle 6 A C, est à l'amplitude de la parabole faite au point 5, ou suivant l'angle 5 A C, comme le nombre 6 est au nombre 5; Et ainsi des autres; il suffit de demontrer que le sinus du double de l'angle 6 A C est au sinus du double de l'angle 5 A C, comme 6 à 5; car par ce moyen les mêmes amplitudes étant entr'elles comme les sinus du double des angles, elles seront aussi entr'elles comme les mêmes nombres des points.

Or pour demontrer que le sinus du double de l'angle 6 A C est au sinus du double de l'angle 5 A C comme 6 est à 5; il faut prendre garde qu'aprez avoir tiré les droites BP & BIN, l'angle 6 A C est égal à ABP, & l'angle 5 A C égal à l'angle ABI; car dans le triangle rectangle BAN la droite A I tirée de l'angle droit A, perpendiculaire à la baze BN, fait les triangles ABI, IAN semblables, & les angles ABI, IAN égaux. Et partant si l'on mene la droite FI du centre du demi cercle, & IS parallele à FP, posant la même FP pour sinus total, c'est à dire sinus du double de l'angle demi-droit ABP, la droite IS ou son égale AH sera le sinus de l'an-

E e ij

220 L'ART DE JETTER LES BOMBES.

Liv. IV.
Chap. I.
Demonſtration de l'Eſquerre des Canoniers rectifiée.

gle A F I double de l'angle A B I. Mais F P ou ſon égale A G eſt à A H comme 6 à 5: Et partant le ſinus du double de l'angle A B P ou de ſon égal 6 A C, eſt au ſinus du double de l'angle A B I ou de ſon égal 5 A C, comme 6 à 5. Nous pouvons faire le même raiſonnement à l'égard des autres angles 4 A C, 3 A C, &c., & demontrer que le ſinus du double de l'angle 4 A C eſt au

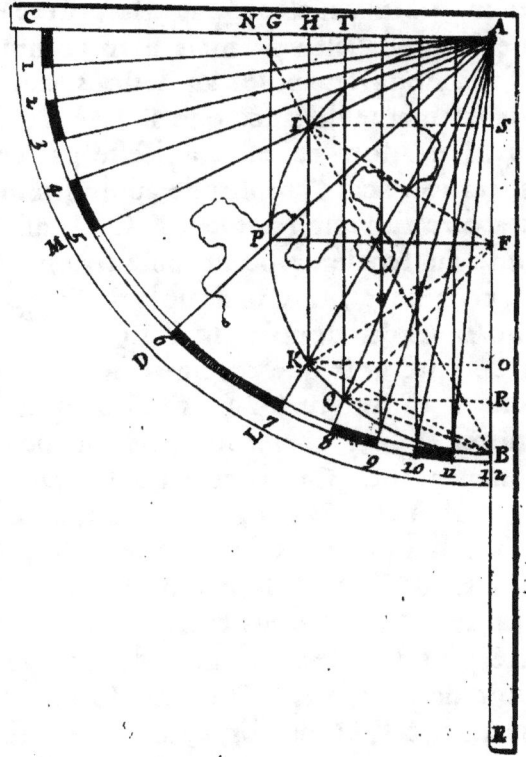

TROISIEME PARTIE.   221

sinus du double de l'angle 3 A C, comme 4 à 3. Et ainsi des autres.

Nous avons fait remarquer dans la pratique que les portées faites sur des inclinations au dessus du sixiéme point, n'étoient pas entr'elles comme les nombres de leurs points, mais bien comme ceux qui sont également élognez au dessous du sixiéme : C'est à dire que la portée au huitiéme point, n'estoit pas à la portée du septiéme comme 8 est à 7 ; mais bien comme 4 à 5, qui sont nombres posez au dessous du sixiéme point en même distance que 8 & 7 le sont au dessus. La raison en est manifeste par cette demonstration : car l'amplitude au huitiéme point c'est à dire suivant l'angle 8 A C, étant à l'amplitude au septiéme point ou suivant l'angle 7 A C, comme le sinus du double de l'angle 8 A C, est au sinus du double de l'angle 7 A C ; il est aisé de faire voir que ces sinus ne sont pas entr'eux en raison de 8 à 7, mais bien en celle des nombres 4 à 5 correspondans au dessous du sixiéme point. Car l'angle 8 A C étant égal à l'angle A B Q, & l'angle 7 A C égal à l'angle A B K ; si l'on mene les droites F K, F Q du centre F, & K O, Q R paralleles à P F ; prenant toujours F P pour sinus total, la droite R Q ou son égale A T sera le sinus de l'angle A F Q double de l'angle A B Q ou de son égal 8 A C ; Et la droite K O ou son égale A H, sera le si-

Ee iij

222 l'Art de Jetter les Bombes.

LIV. IV.
CHAP. I.
Demonstration de l'Esquerre des Canoniers rectifiée.

nus de l'angle AFK double de l'angle ABK ou de son égal 7 AC. Mais AT par la construction est à AH comme 4 à 5: Donc le sinus du double de l'angle au huitiéme point est au sinus du double de l'angle au septiéme comme 4 à 5.

Je ne parleray point des minutes, car c'est par tout le même raisonnement, puis qu'elles se

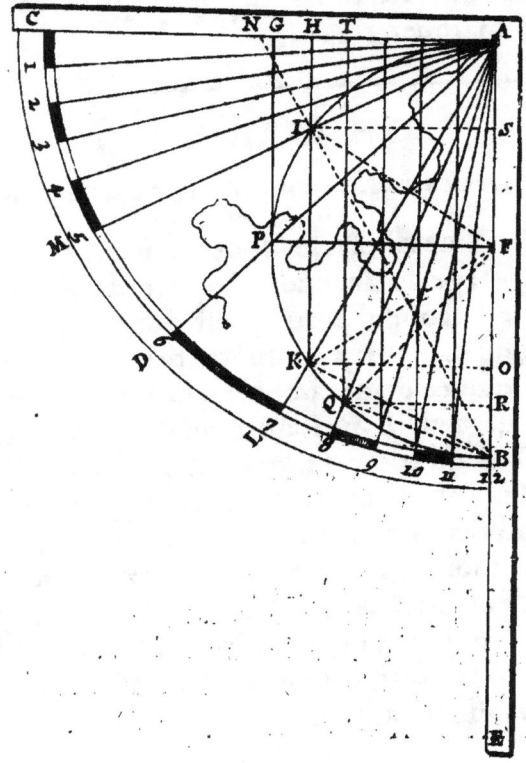

marquent sur le bord du Quart de cercle en divisant chacune des portions G H, H T &c. de la droite A G, en 12 parties égales, & tirant de chaque point de la division des droites parelleles au diametre A B, qui couperont le demicercle chacune en deux points, par où l'on tire du centre A du quart du cercle, des droites qui tracent les minutes sur son bord en la même maniere que les 12 points principaux y ont esté marquez.

Liv. IV. Chap. I. Demonstration de l'Equerre des Canoniers rectifiée.

CHAPITRE II.
Demonstration du demi cercle de Torricelli.

LE demi cercle dont nous avons décrit l'usage au second Chapitre du second Livre de la seconde partie, est fondé sur le même principe. Pour le comprendre il faut se souvenir que la demi circonference ACB contenant 180 degrez, & n'estant divisée sur son limbe exterieur qu'en 90 parties; il paroît que chacune de ses parties contient deux degrez, & que les nombres marquez sur chacun des arcs sont égaux à la moitié de ceux des degrez contenus dans le même arc. Ainsi l'arc marqué A 30, c'est à dire l'angle A D 30 est de 60 degrez; l'arc A 40, c'est à dire l'angle A D 40 est de 80 degrez: Et ainsi des autres.

Chap. II. Demonstration du demi cercle de Torricelli.

224 L'ART DE JETTER LES BOMBES.

LIV IV,
CHAP. II.
Demonstration du demicercle de Torticelli.

Maintenant si l'on pose le bras AE dans la piece, le plomb pendant en A marquera son élevation, Qui sera par exemple de 30 degrez, si le plomb tombe sur le point 30 du limbe exterieur; comme elle sera de 40 deg., s'il tombe sur le nombre 40. Car cet angle de l'élevation de la piece lors que le plomb tombe sur le nombre 30, n'est autre chose que l'angle A B 30; comme l'angle A B 40 est celui de l'élevation lors que le plomb se trouve sur le nombre 40. Et comme l'angle à la circonference A B 30, n'est que la moitié de l'angle au centre A D 30, & l'angle A B 40 moitié de l'angle A D 40; il

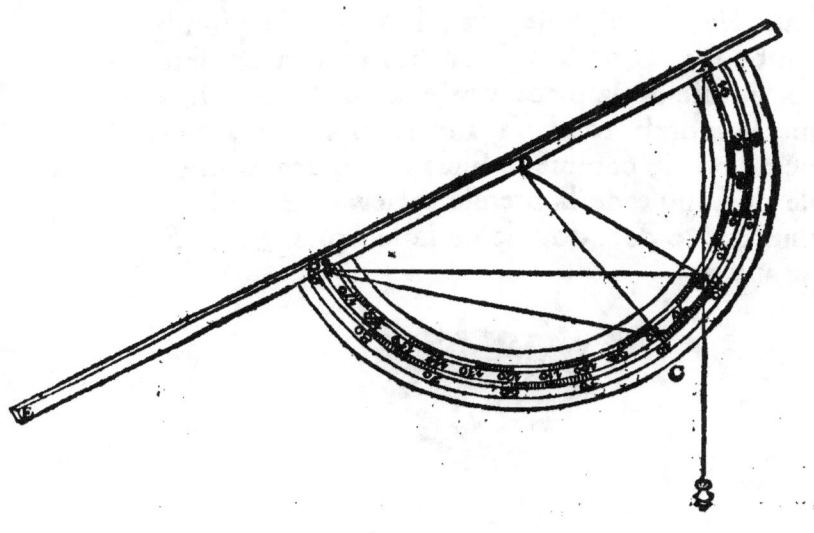

paroît

paroît que l'angle A D 30 étant de 60 degrez, celui de l'inclination A B 30 ne sera que de 30 degrez; Ainsi l'angle au centre A D 40 étant de 80 deg., l'angle de l'élevation ne sera que de 40 degrez. Et ainsi du reste.

<small>Liv. IV Chap. II. Demonstration du demi-cercle de Torricelli.</small>

Quant à l'usage il est tout a fait conforme à la Theorie que nous avons établie. Il ordonne de faire les portées proportionelles aux sinus des degrez marqués sur le limbe interieur, dont les nombres étant partout doubles de ceux qui leur repondent sur l'exterieur: Il paroît que c'est toûjours faire les amplitudes des Paraboles proportionelles aux sinus du double des angles de leurs inclinations. Ainsi la portée de la piece étant élevée de 30 degrez, lors que le plomb tombe sur le nombre 30 du bord exterieur, sera à la portée de la piece élevée à 40 degrez, lors que le plomb tombera sur le nombre 40 du même bord, comme le sinus de 60 degrez double de l'angle de la premiere élevation, est au sinus de 80 deg. double de la seconde. Et ainsi des autres.

Ff

226 L'ART DE JETTER LES BOMBES.

Liv. IV.
Chap. III.
Demonstration d'un autre instrument sans le besoin des sinus.

CHAPITRE III.

Demonstration d'un autre instrument sans le besoin des Sinus.

ENFIN pour avoir une conoissance parfaite de la derniere Equerre ou pour mieux dire du dernier demi-cercle de Torricelli dont nous avons cy-devant expliqué la construction & l'usage au troisiéme Chapitre du second livre de la premiere partie, sous le nom d'un *instrument sans le besoin de sinus*. Il faut se souvenir qu'aprés avoir divisé son demi-cercle seulement en 90 parties égales comme le precedent, de chacune lesquelles il mene des lignes paralleles au diametre qu'il appelle des Guides ; & aprés avoir partagé le demi-diametre perpendiculaire en un tres grand nombre de parties ; il dit que les amplitudes des Paraboles tirées sous les angles repondans aux degrez marquez dans le limbe, sont entr'elles comme les nombres des parties du demi-diametre perpendiculaire comprises entre le centre du cercle & les Guides qui viennent des degrez de l'élevation. C'est à dire que l'amplitude de la Parabole tirée sous l'angle de 20 degrez est à l'amplitude de celle qui est faite sous l'angle de 30 deg., comme 128 $\frac{1}{2}$, qui est le nombre des

TROISIEME PARTIE.

LIV. IV.
CHAP. III.
Demonstration d'un autre instrument sans le besoin des sinus.

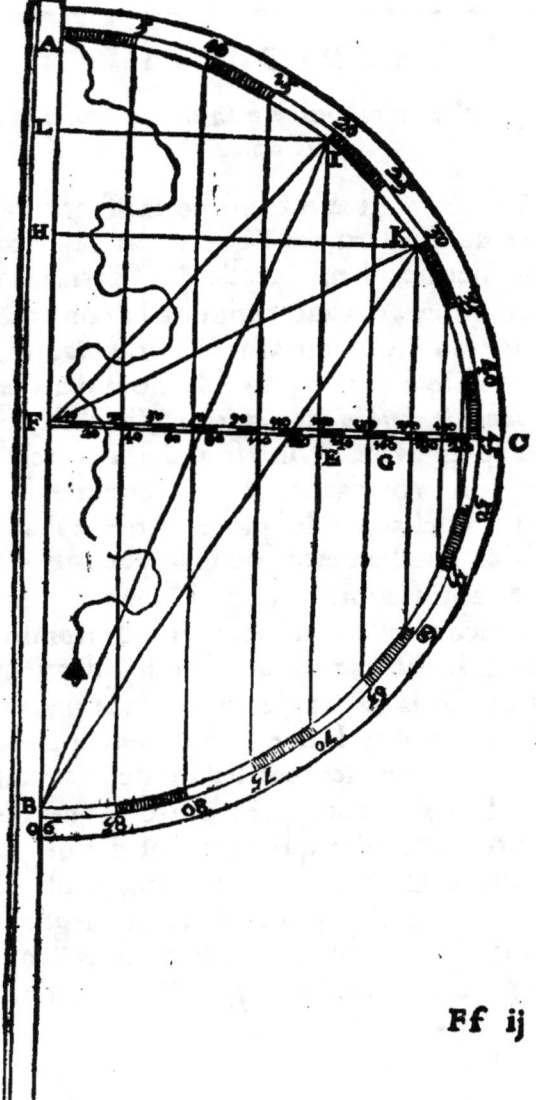

LIV. IV.
CHAP. III.
Demonstration d'un autre instrument sans le besoin des sinus.

parties du demi-diametre FC divisé en 200, comprises entre IE guide des 20 degrez du limbe & le centre F, est à 172 nombre des mêmes parties comprises entre KG guide des 30 degrez du même limbe & le même centre F.

Maintenant si nous faisons voir que les parties contenuës dans l'étenduë EF sont aux parties contenuës dans l'étenduë GF, comme le sinus du double de l'angle de l'élevation de 20 deg. est au sinus du double de celui de 30 degrez; Nous pourrons dire que les amplitudes seront comme les sinus du double des angles de leur élevation.

Pour le demontrer il ne faut que considerer que le plomb tombant du point A sur I où il y a 20 deg., la piece est élevée suivant l'angle ABI; Ainsi lors qu'il tombe sur le point K où il y a 30 degrez, elle est élevée selon l'angle ABK. Et que la droite IL tirée parallele à FC est le sinus de l'angle AFI double de l'angle ABI, supposé que le demi-diametre AF ou FC soit le sinus total; Ainsi la droite KH est le sinus de l'angle AFK double de l'angle ABK. Ces droites donc IL, KH ou leurs égales EF, GF, sont les sinus du double des angles des élevations ABI & ABK; Et partant les parties égales comprises dans la droite EF, sont aux parties égales contenuës dans GF, comme les mêmes sinus. Mais nous avons supposé que l'amplitude de la

LIV. IV.
CHAP. III.
Demonstration d'un autre instrument sans le besoin des linéaux.

230 L'Art de Jetter les Bombes.

Liv. IV.
Chap. III.
Demonstration d'un autre instrument sans le besoin des sinus.

Parabole faite sur l'angle A B I de 20 degrez, estoit à l'amplitude de la Parabole faite sur l'angle A B K de 30 degrez, comme le nombre des parties égales de la droite E F, est à celui des parties de la ligne G F. Donc ces mêmes amplitudes sont entr'elles comme les sinus du double des angles de leurs inclinations.

LIVRE CINQUIEME.

Demonstration des pratiques pour les jets dont l'étenduë n'est pas au niveau des batteries.

JE ne m'arrêteray point d'avantage sur ce sujet ; Car ce principe étant une fois bien entendu, tout ce qui se dit dans les pratiques sur le sujet des portées horizontales en toutes sortes de cas, lui peut estre facilement rapporté : Mais pour celles qui se font sur des plans inclinez au dessus ou au dessous de l'horizon, il faut y faire d'autres raisonements, avant que d'entrer dans l'explication des pratiques que nous avons enseignées dans la seconde partie de ce Livre.

CHAPITRE I.

Pour la portée sur un plan incliné d'une piece pointée sous un angle donné.

GALILE'E n'a rien dit de particulier sur cette matiere ; Mais Torricelli considerant que l'on a quelque fois besoin pour l'usage de l'Artillerie, de sçavoir à quelle distance un coup peut porter sur un plan incliné, ou à Quel

432 L'ART DE JETTER LES BOMBES.

Liv. V.
Chap. I.
Pour la portée sur un plan incliné d'une piece pointée sous un angle donné.

point d'une hauteur perpendiculaire, un coup de Canon ou de Bombe peut arriver suivant une élevation determinée ? à raisonné de cette maniere.

Soit, dit-il, AD l'amplitude horizontale d'une Parabole ACD decrite par un boulet ou par une Bombe tirée suivant l'angle de l'inclination DAB; Et soit le plan incliné sur l'horizon AE. Pour sçavoir à quel point le boulet rencontrera le plan incliné comme en C, & conoître la longueur AC & la hauteur perpendiculaire CF; il faut du point D élever la perpendiculaire DH, à laquelle la ligne FCB doit être parallele, passant par le point C, où l'on propose que le plan incliné AE est rencontré par la ligne parabolique ACD; puis mener la droite EF, laquelle par ce qui a esté demontré par Archimede, sera parallele à AH tangente de la Parabole au point A. Et partant AD sera à DF, comme HD à DE; Mais les trois lignes AD, HD, DE sont conuës; car AD est l'amplitude de la Parabole donnée ACD; HD & DE sont les tangentes des angles donnés DAH qui est celui de l'inclination du mortier ou de la piece, & DAE qui est celui de l'inclination du plan AE; Et partant la droite DF sera aussi donnée, aussi bien

TROISIEME PARTIE. 233

bien que la ligne A F. Et partant dans le triangle rectangle A F C le côté A F & l'angle aigu F A C étant conûs, tout le reste est aussi conû : car A F est à F C comme le sinus total est à la tangente de l'angle F A C ; Et A F à A C comme le même sinus total est à la secante du même angle.

Liv. V. Chap. I. Pour les portées sur un plan incliné, d'une piece pointée sous un angle donné.

Où l'on voit la raison des pratiques que nous avons enseignées au second Chapitre du troisiéme livre de la seconde partie, lors que pour trouver la longueur inclinée A C ou la hauteur perpendiculaire F C à laquelle le boulet arriveroit poussé suivant l'inclination D A B, nous avons fait deux regles de Trois. Dans la premiere le premier terme étoit la tangente de l'angle de l'inclination de la piece D A H c'est à dire D H, le second étoit la tangente de l'angle de l'inclination du plan D A E c'est à dire D E, le troisiéme étoit l'amplitude A D de la Parabole donnée ; Et pour quatriéme nous avons eu la longueur D F, laquelle étant ôtée de la toute A D, nous a fait conoître le reste A F. L'autre regle de Trois avoit pour premier terme le sinus total, pour second la secante de l'angle de l'inclination du plan, & la longueur horizontale A F pour troisiéme ; afin d'avoir pour quatriéme la longueur du plan incliné A C que nous demandions.

Si au lieu de la secante de l'angle de l'inclination du plan F A C, nous avions pris pour second terme de nôtre seconde regle de Trois,

Gg

234 L'ART DE JETTER LES BOMBES.

LIV. V.
CHAP. I.
Pour la portée sur un plan incliné d'une piece pointée sous un angle donné.

la tangente du même angle, nous aurions eu pour quatriéme terme la hauteur perpendiculaire FC, à laquelle la bombe ou le boulet seroit arrivé.

C'est presque le même raisonnement pour les coups qui portent sur des plans inclinez au dessous de l'horizon. Comme si A D est l'amplitude de la parabole faite sous l'inclination D A B & continuée en C où elle rencontre le plan A E incliné sous l'horizon A D; il ne faut que mener par les points D & C des perpendiculaires à l'horizon BDE coupant AE en E, & HFC coupant A D continuée en F; & joindre la droite E F, laquelle

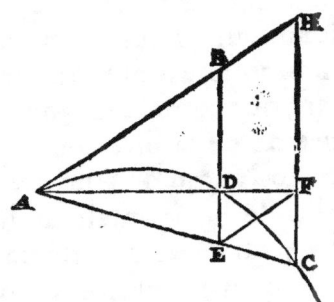

sera parallele à A H tangente de la Parabole A D C parce qui a été demontré par Archimede; Et partant dans les triangles semblables A D B & E D F la droite B D tangente de l'angle donné D A B qui est celui de l'inclination de la piece, est à D E tangente de l'angle aussi donné D A E de l'inclination du plan A E, comme A D qui est l'amplitude horizontale de la Parabole donnée A D C & par consequent aussi donnée, est à D F, laquelle ajoutée à A D don-

TROISIEME PARTIE.

Liv. V. Chap. I. Pour la portée sur un plan incliné d'une piece pointée sous un angle donné.

ne la toute A F. Maintenant A F étant à A C comme le sinus total est à la secante de l'angle donné F A C: & A F à F C comme le même sinus total est à la tangente du même angle ; il paroît que la longueur A C du plan incliné à laquelle le boulet ou la bombe arrivera, est donnée, aussi bien que la profondeur perpendiculaire F C.

Ce raisonnement est le fondement de nôtre pratique dans laquelle : Pour trouver les mêmes longueurs, nous avons fait deux regles de Trois, la premiere pour trouver la droite A F ; en faisant que comme la tangente de l'angle de l'inclination de la piece ou du mortier est à la tangente de l'angle de l'inclination du plan, ainsi l'amplitude horizontale de la parabole est à une autre : car cette quatriéme quantité étant ajoutée à la même amplitude, nous donne la longueur horizontale A F. Dans la seconde regle de Trois, nous avons fait que comme le sinus total est à la secante de l'angle de l'inclination du plan, (pour trouver la longueur du plan incliné ;) ou à la tangente du même Angle, (pour avoir sa profondeur perpendiculaire ;) Ainsi la longueur horizontale A F est à une autre : car au premier cas il vient la longueur A C, & au second cas la hauteur perpendiculaire F C, pour quatriéme terme.

CHAPITRE II.

Pour la portée de but en blanc d'une piece élevée au dessus du plan horizontal.

LA pratique nous avons enseignée au premier Chapitre du troisiéme Livre de la seconde partie, pour conoître la portée sur le niveau d'une piece plus haute que l'horizon, & pointée comme on dit de but en blanc, laquelle n'est autre par cette methode que le double

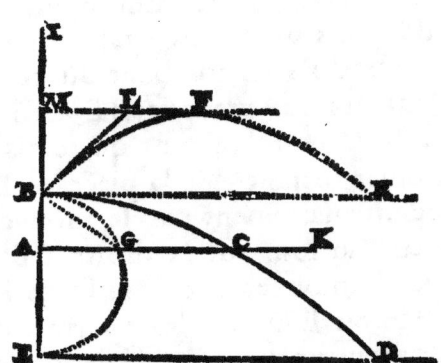

de la moïenne Geometrique entre la moitié de la plus grande portée & la hauteur perpendiculaire de la piece, depend de cette proposition.

Soit la piece en B au dessus de l'horizon A K

à la hauteur perpendiculaire AB, & pointée suivant la direction horizontale BH. Si nous concevons que la force de l'impulsion du boulet soit mesurée par une perpendiculaire comme BI, ensorte que cette force soit la même que celle que le boulet auroit aquise en B en tombant du point I ; l'on sçait par ce qui a été demontré par Galilée que le boulet tombé du point I en B, changeant le mouvement perpendiculaire & acceleré de sa chûte en mouvement horizontal & égal comme par la droite BH, fera au long de cette droite, avec le degré de vitesse aquise en B, un chemin comme BH double de BI dans un temps égal à celui qu'il a mis à parcourir BI en tombant du point de repos I. Ainsi si nous prenons BE au dessous de B égale à BI, nous verrons que dans le temps que le boulet sortant, de la piece en B descendra perpendiculairement par le mouvement de sa pesanteur au long de la droite BE, il parcourra par le mouvement de la force imprimée l'espace BH ou ED double de la même BE ; Et que par le mouvement composé des deux impressions, il decrira la ligne Parabolique BCD, dont l'ordonnée ED sera double de l'axe EB. Et cette Parabole coupant l'horizontale AK au point C, le Quarré de l'ordonnée ED sera au quarré de l'ordonnée AC, comme EB, c'est à dire la moitié de ED, est à hauteur perpendicu-

Liv. V.
Chap. II.
Pour la portée de but en blanc d'une piece élevée au dessus du plan horizontal.

Gg iij

laire A B. Mais prenant B G moïenne Geometrique entre E B & B A, le quarré E B est au quarré B G, comme la même E B est à A B; Donc le quarré E D est au quarré A C comme le quarré E B est au quarré G B, & la ligne E D à A C comme E B à B G & en permutant; c'est à dire que E D étant double de E B; A C sera aussi double de B G. Mais E D est égale à la plus grande portée de la piece; Car si l'on éleve la piece posée en B suivant l'angle demi droit H B L, la portée sera B H double de B I ou B E. Et partant pour avoir la longueur horizontale A C, il ne faut que decrire un cercle sur le diametre B E égal à la moitié de la plus grande portée, & mener B G au point G ou le cercle coupe l'horizontale A K; car le double de B G sera la droite A C que l'on demande. Pour avoir la même longueur

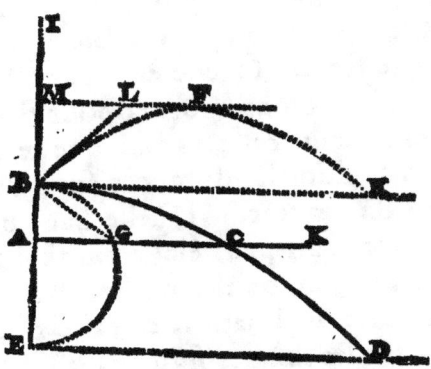

TROISIEME PARTIE.

en nombres, il faut multiplier la moitié de la plus grande portée par la hauteur perpendiculaire de l'ame de la piece au dessus du niveau de la campagne, & prendre le double de la racine quarrée.

CHAP. II. Pour la portée de but en blanc d'une piece élevée au dessus du plan horizontal.

CHAPITRE III.
Sentiment du R. P. de Challes pour les portées sur des plans inclinez.

VOILA tout ce que Torricelli nous enseigne sur cette matiere. Mais le R. P. de Challes Jesuite raisonant dans sa Pyrotechnie sur la doctrine de ce Geometre que nous venons d'expliquer au sujet des portées qui se font sur des plans inclinez, dit avec raison qu'en fait d'Artillerie la proposition de Torricelli n'est pas d'un usage si necessaire ni si frequent que sa converse. C'est à dire que l'on a bien plus souvent besoin de sçavoir Quelle élevation l'on doit donner à la piece ou au mortier pour tirer dans des lieux plus hauts ou plus bas que le niveau des batteries & dont les distances sont conuës? que l'on n'a de sçavoir à Quelle hauteur ou à Quelle distance d'un plan élevé ou abaissé sous le même niveau, un boulet ou une bombe tirée suivant une inclination donnée peut fraper? Ainsi dans les mêmes figures de Torricelli,

CHAP. III. Sentiment du R. P. de Challes pour les portées sur des plans inclinés.

240 L'ART DE JETTER LES BOMBES.

Liv. V.
Chap. III.
Sentiment du R. P. de Challes pour les portées sur des plans inclinés.

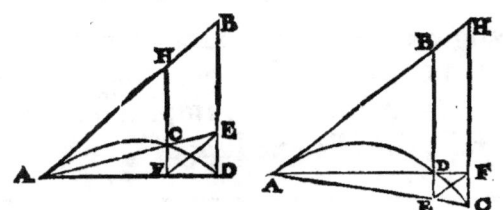

il est souvent à propos de sçavoir Quel doit être l'angle de l'élevation de la piece ou du mortier D A B pour faire passer la bombe ou le boulet par le point C élevé ou abaissé sous l'horizon A D dans une distance conuë. Ce qui au raport du R. P. de Challes est tres facile.

Car supposant que l'on conoisse les lignes A F : F C : & l'angle F A C. Il ne faut, dit-il, que prendre pour l'élevation de la piece ou du mortier tel angle que l'on jugera par l'estime être le plus approchant de celui que l'on demande; Et sur cette position rechercher par la regle de Torricelli, c'est à dire par les proportions des tangentes, quelle est la longueur de la ligne A D ? Qui se trouvant conforme à l'amplitude de la Parabole qui se fait sous l'angle de l'inclination que l'on a prise, & que l'on trouve dans les tables de Galilée ou de Torricelli; fait voir que c'est justement sous cet angle que la piece ou le mortier doit être êlevé. Mais si cette longueur se trouve plus grande ou moindre que cette amplitude, il faut augmenter ou diminuer cet

cet angle d'inclination tant de fois que la longueur AC par le calcul des tangentes devienne à la fin la même que l'amplitude de la Parabole faite sous l'angle supposé.

CHAPITRE IV.
Probleme proposé pour les portées sur les plans inclinez.

MAIS comme cette maniere de chercher en tatonant est peu Geometrique, j'ay travaillé moy-même sur ce probleme: Et quoy que j'en aye trouvé assez facilement la resolution par l'analyse; Parce neanmoins qu'il y a des manieres plus élegantes les unes que les autres, j'ay bien voulu le proposer dans nôtre Academie Royalle des Sciences en ces termes.

Le Triangle A B C, dont la base AB est parallele à l'horizon, étant donné, & la demi ellipse AFD donnée, dont le petit Axe A D perpendiculaire à AB est égal à la moitié du grand axe EF. Trouver la Parabole qui passe par les points donnez A & C, & dont le sommet soit dans la ligne elliptique AFD, C'est à dire qu'ayant à jetter une bombe du point A sur le point C êlevé sur l'horizon A B ou abaissé au dessous; il faut trouver l'angle de l'inclination du mortier qui, la chassant, lui fasse decrire une parabole qui passe

242 L'ART DE JETTER LES BOMBES.

Liv. V. Chap. IV. Probleme proposé pour les portées sur les plans inclinés.

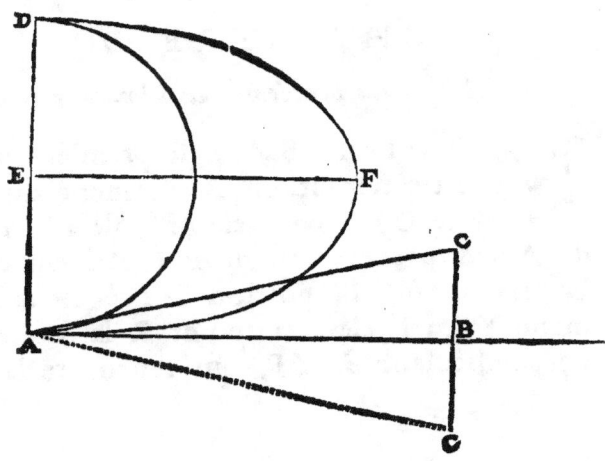

par le point C. Et comme l'on supose que la charge du mortier est toûjours la même, & qu'il a été demontré ailleurs que toutes les paraboles, partant d'un même point avec même force en toutes sortes d'êlevation, ont leur sommet dans une ellipse dont le grand axe est quadruple du petit; l'on voit la raison que j'ay euë de proposer ce probleme comme il est dans la simplicité de ses conditions.

TROISIEME PARTIE. 243

CHAPITRE V.
Resolution du probleme par Monsieur Buot.

MOnsieur Buot à le premier apporté cette resolution. Ayant mené du point D la droite DR, parallele & égale à la moitié de AB & partagée en deux également en V; Et pris sur AD la portion DY égale à BC & mené YR; Il êleve au point R la droite RQ perpendiculaire à YR qui rencontre la ligne

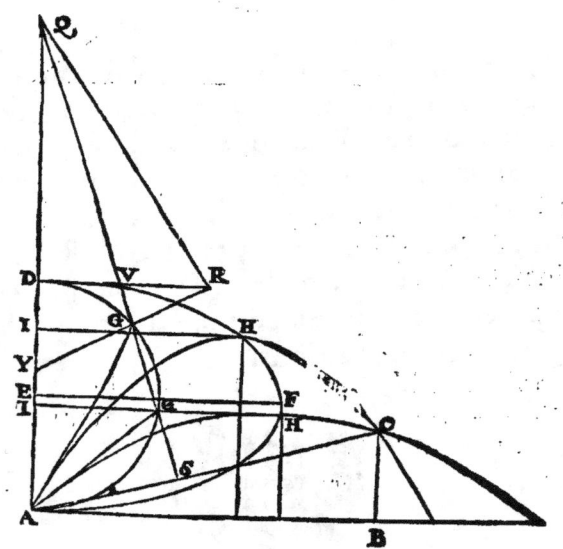

Hh ij

LIV. V.
CHAP. V.
Resolution du
probleme par
Mr Buot.

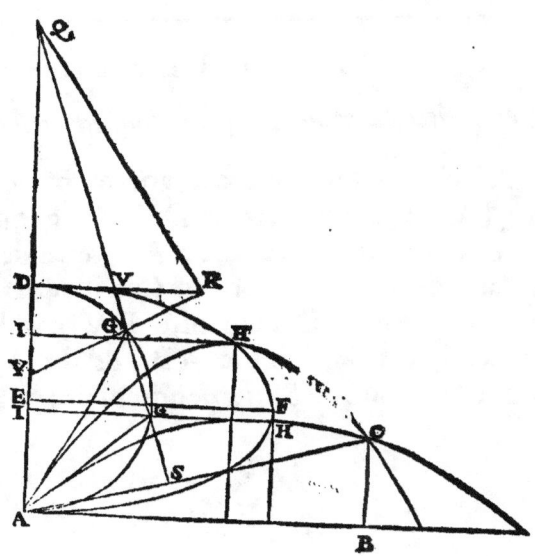

AD prolongée en Q ; D'où par le point V, il tire la droite QGS laquelle touchera ou coupera le demi-cercle, fait sur le diametre AD, aux points GG si le probleme est possible, par lesquels menant les droites IGH paralleles à AB & rencontrant l'Ellipse en H ; Elles donneront les points HH pour Sommets des Paraboles qui passeront par A & C & dont le parametre sera le quadruple de la ligne ID.

CHAPITRE VI.
Resolution du probleme par Monsieur Rômer.

MONSIEUR Rômer voïant par cette figure que la droite DV est le quart de AB, & VS perpendiculaire à AC; en a de beaucoup abregé la construction. Car il ne fait que mener du point D la droite DV parallele & égale au quart de la ligne AB, & du point V abaisser la droite VS perpendiculaire sur AC;

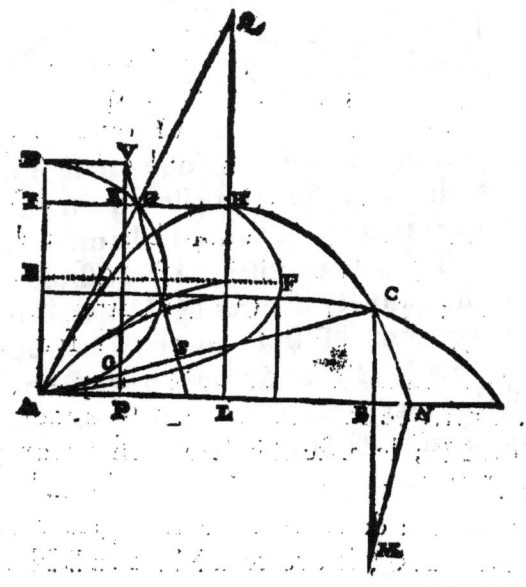

Hh iij

Liv. V.
Chap. VI.
Resolution du problème par Mr Römer.

Car cette droite touchera ou coupera le demi-cercle dont le diametre est A D en des points comme G, par lesquels en menant des paralleles à A B jusqu'à l'Elipse, elles y marqueront en H le sommet des Paraboles.

Sa demonstration est fort aisée ; supposant la Parabole decrite A H N dont le sommet est H & l'axe H L, auquel du point V il mene V P parallele coupant I G H en K, A C en O & A B en P ; Et continuant la droite C B, il prend B M, égale au quadruple de I D & mene la ligne M N. Puis il dit, l'axe de l'ellipse E F étant double du demi-diametre du cercle E D, la droite I H ou A L sera aussi double de I G ; & le quarré de A L quadruple du quarré de I G, c'est à dire du rectangle A I D ; Et partant le quarré de A L sera égal au rectangle sous A I ou H L & B M quadruple de I D. Maintenant les deux triangles rectangles V S O : V K G : ayant l'angle V commun, sont semblables ; aussi bien que les deux triangles rectangles V S O : A P O qui ont les angles egaux au sommet O ; Et partant les deux V K G, A P O ou A B C sont aussi semblables: Deplus comme la toute A N est quadruple de I G, ainsi que la retranchée A P quadruple de D V ou I K ; le reste B N sera aussi quadruple du reste K G. Et comme B M est aussi quadruple de I D ou K V : dans les deux triangles rectangles M B N, V K G, la droite B M sera à B N comme

TROISIEME PARTIE. 247

VK à KG. Mais comme VK est à KG, ainsi AB est à BC; Donc AB est à BC comme BM est à BN. Et partant les deux rectangles ABN, CBM sont égaux. Mais nous avons fait voir que le quarré AL c'est à dire le rectangle ALN estoit aussi égal au rectangle HL, BM: Donc en permutant le rectangle ALN sera au rectangle ABN, comme le rectangle HL, BM est à CBM, c'est à dire comme la droite HL est à CB; Et partant, comme il a été demontré par Archimede, la parabole AHN dont le sommet est dans l'Ellipse en H & le parametre quadruple de

LIV. V.
CHAP. VI.
Resolution du probleme par Mr Rôme..

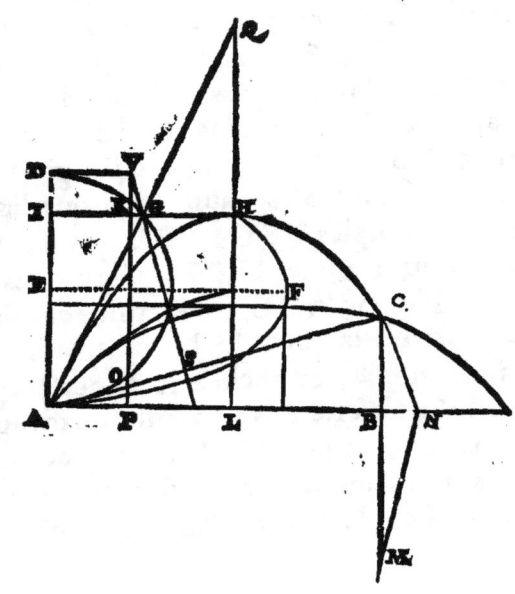

248 L'ART DE JETTER LES BOMBES.

la ligne ID, passera par le point donné C.

L'on peut voir que AG est la touchante en A de la même Parabole AGN. Car étant continuée en Q, où elle rencontre l'axe LH prolongé, HG étant égale à IG dans les triangles semblables QHG, AIG; AI ou HL sera aussi égale à HQ.

CHAPITRE VII.
Resolution du probleme par Monsieur de la Hire.

MONSIEUR de la Hire aprés avoir vû par les termes de la proposition que la droite donnée AD est égale à l'axe HL ou AI de la Parabole que l'on cherche & au quart de son parametre, a envoyé cette élégante & facile solution à l'Academie.

Ayant du point D, mené la droite DG parallele à AB & rencontrant la droite BC prolongée en G, puis du point A & de l'intervalle AD decrit un arc de cercle DM*m*, & du point C & de l'intervalle CG un autre arc GM*m*, (qui se couperont en deux points comme M*m* si le probléme a deux solutions, ou se toucheront s'il n'en a qu'une, ou ne se rencontreront point s'il est impossible.) Il dit que les points de leur rencontre M*m*, seront les foyers des Paraboles que l'on demande; Ensorte que menant

TROISIEME PARTIE. 249

LIV. V.
CHAP. VII.
Resolution du
probleme par
Mr de la Hire.

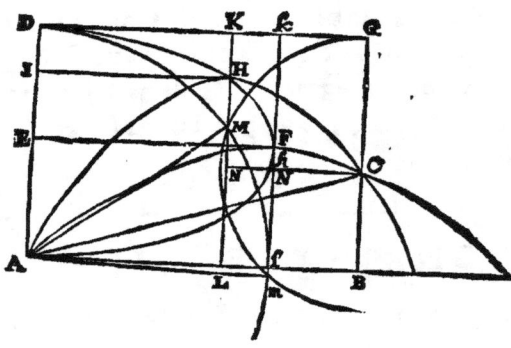

nant par ces points les droites KML, *kml* paralleles à AD, & coupant KM, *km* en deux également en H, *h* ; ces points seront les sommets
des paraboles AHCO, A*h*C*o* qui du point A
passeront par C & auront le quadruple de KH:
kh : pour parametres.

Quoy que cette proprieté de la Parabole ait
été demontrée par d'autres ; à cause neanmoins
que la demonstration peut donner une conoissance plus parfaite de cette matiere, j'ay bien
voulu la raporter en cet endroit. Parce que la
droite tirée du point A en M, où les cercles se
coupent, est égale à AD, leurs quarrez seront
aussi égaux ; Mais le quarré AD où KL est égal
aux deux quarrez KM, ML, & à deux fois le
rectangle KML ; & le quarré AM est égal aux
deux quarrez AL, ML. Otant le quarré ML

Ii

commun ; le quarré AL sera égal au quarré KM, c'est à dire à quatre quarrez HM, & à deux rectangles KML c'est à dire à quatre rectangles HML ; Mais quatre quarrez HM & quatre rectangles HML sont égaux à quatre rectangles LHM ou LHK ; Donc le quarré AL est égal à quatre rectangles LHK. Par la même raison nous démontrerons que le quarré de l'ordonnée CN au même axe HL est égal à quatre rectangles NHK ; Et partant dans la Parabole dont le sommet est H, l'axe HL égal à AI, & les ordonnées AL & CN : Le parametre est quadruple de KH ou ID.

Je dis deplus que coupant l'arc DM en deux

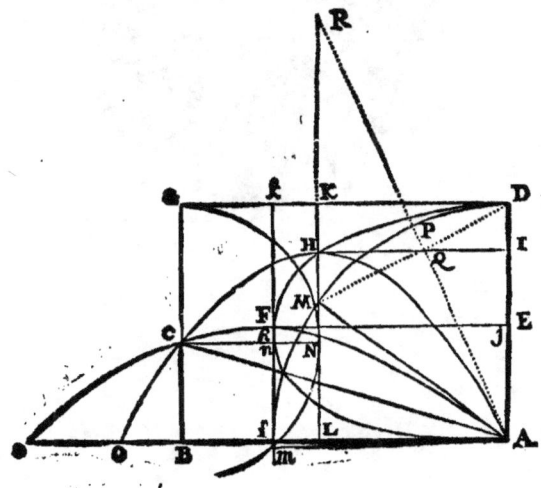

également en P, la droite APR sera la tangente en A de la Parabole AHO. Car ayant mené la corde du meme arc DM elle sera coupée en deux également en Q tant par la droite HI, (à cause des triangles semblables DQI, HQM & de l'égalité des côtez DI ou KH & HM,) que par la droite AP : & partant AP passera par le point Q où elle coupera HI en deux parties égales : & dans les triangles semblables AQI : RQH, la droite AI ou HL sera égale à HR.

Liv V
Chap. VII.
Resolution du probleme par Mr de la Hire.

LIVRE SIXIÉME.

Demonstration des pratiques par les Sinus.

CHAPITRE PREMIER.
Demonstration de la premiere pratique par les sinus.

POUR venir maintenant à l'explication des pratiques que nous avons enseignées dans la seconde partie de ce Livre au sujet des portées qui se font sur des plans inclinez au dessus ou au dessous du niveau des Batteries ; Nous dirons que la premiere de toutes, raportée au quatriéme Chapitre du troisiéme livre de la seconde partie, est celle qui se fait en divisant le quarré de la moitié de la distance horizontale par la hauteur perpendiculaire & ajoutant au quotient le quart de la plus grande portée, pour faire ensuite par une regle de Trois que comme ce quart est à cette somme, ainsi le sinus de l'inclination du plan est à une autre ; laquelle nous donnera le sinus d'un angle, auquel si nous ajoutons le même angle de l'inclination du plan ; la moitié de la somme des deux nous donnera l'angle de la position du mortier que nous demandions.

TROISIEME PARTIE.

Cette premiere pratique, dis-je, est fondée sur la figure de Mr Buot dont nous avons parlé cy-devant, dans laquelle la droite DR étant la moitié de la distance horizontale AB, & DV moitié de DR; la ligne DV est le quart de AB; Et le rectangle ABDV est égal au quarré DR : Mais l'angle YRQ étant droit, le même quarré DR est égal au rectangle YDQ, c'est à dire au rectangle QD : BC :, (car

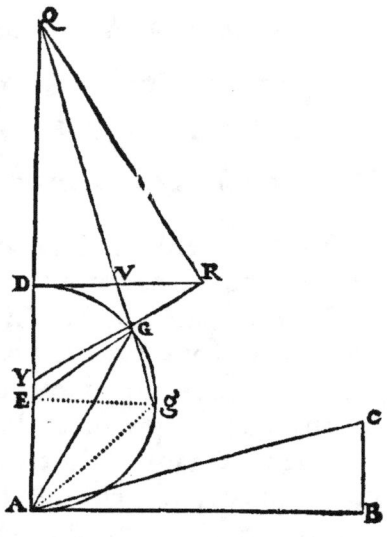

DY a êtê prise égale à BC;) Donc les deux rectangles AB, DV, & QD, BC sont égaux, & partant AB est à BC comme QD est à DV; Et les angles aux points D & B étant droits, les triangles ABC : QDV sont semblables, & l'angle DQV égal à l'angle du plan BAC.

Maintenant le quarré DR étant égal au rectangle QD, BC ; si je divise le quarré DR moitié de la longueur horizontale AB par la hauteur perpendiculaire BC ; j'auray la droite QD;

LIV. VI.
CHAP. I.
Demonstration de la premiere pratique par les figur.

Liv. VI.
Chap. I.
Demonstration de la première pratique par les sinus.

A quoy si j'ajoute la longueur E D, qui est le quart de la plus grande portée, il me viendra la toute E Q ; & faisant dans le triangle Q E G que comme E G le quart de la plus grande portée est à la toute E Q, ainsi le sinus de l'angle E Q G égal à l'angle du plan est à un autre, j'auray le sinus de l'angle E G Q, qui avec l'angle du plan E Q G est égal à l'angle A E G ; Et celui-ci, étant au centre, est double de l'angle à la circonference A D G ou de son égal B A G ; il paroit donc qu'il ne faut que prendre la moitié de la somme des deux angles D Q G & E G Q pour avoir l'angle B A G qui est celui de la position du mortier que l'on recherche.

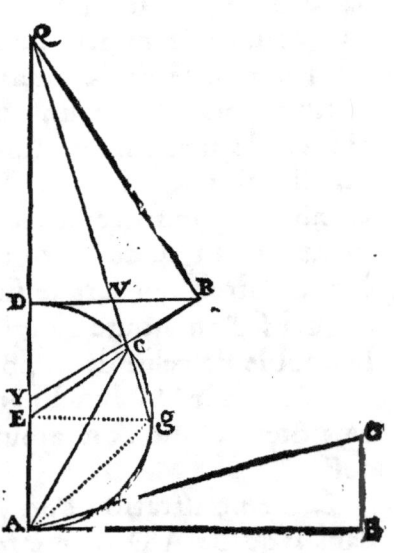

CHAPITRE II.

Demonstration de la seconde pratique par les sinus.

LA seconde est de Mr Rômer raportée au cinquiéme Chapitre du troisiéme livre de la seconde partie. Elle ordonne que l'on fasse que comme la moitié de la plus grande portée est à la moitié de la distance horizontale, ainsi le sinus total soit à un autre ; Auquel il faut ajouter la tangente de l'angle du plan lors que l'inclination est sur l'horizon. Puis faire que comme le sinus total est au sinus du complement de l'angle du plan, ainsi cette somme soit à une autre, qui sera le sinus d'un autre angle ; auquel si l'on ajoute l'angle du plan, l'on aura le double de celui de la position du mortier que l'on demande. Si l'inclination est au dessous il faut ôter ce que l'on ajoute lors qu'elle est au dessus.

La demonstration s'en voit dans cette figure, dans laquelle A D diametre du cercle perpendiculaire à l'horizon est toûjours la moitié de la plus grande portée, D V le quart de la distance horizontale, & V G coupe le cercle en G, desorte que l'angle B A G est celui de la position du mortier. Il faut mener le diametre O R faisant avec D A l'angle O E D égal à celui du plan

256 L'Art de Jetter les Bombes.

Liv. I.
Chap II.
Demonstration de la seconde pratique pour les sinus.

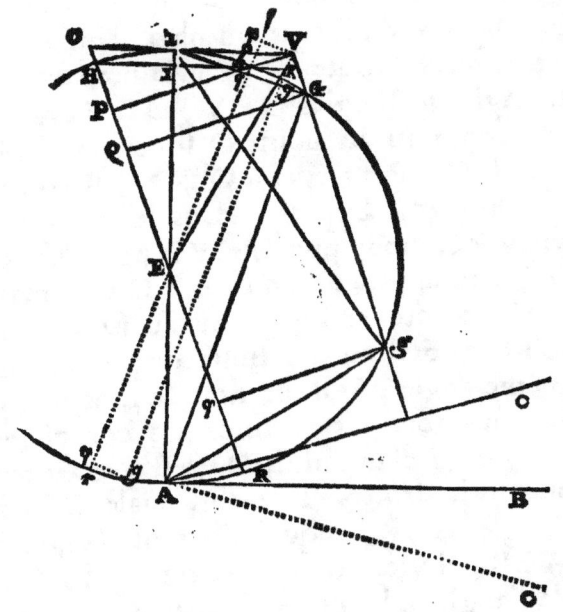

BAC & continuer la droite VD en O, & mener VP, GQ perpendiculaires à OR. Cela posé ED est à DV comme AD moitié de la plus grande portée est au double de DV c'est à dire à la moitié de la distance horizontale : Si donc l'on fait que comme la moitié de la plus grande portée est à la moitié de la distance horizontale, ainsi le sinus total ED est à un autre ; Nous aurons la droite DV en parties égales à celles

des

des sinus, & ajoutant la droite DO c'est à dire la tangente de l'angle du plan, l'on a en parties des sinus la toute OV. Maintenant les deux triangles rectangles OPV, ODE ayant un angle commun au point O sont semblables, & l'angle OVP est égal à OED c'est à dire à l'angle du plan. Deplus si dans le triangle rectangle VPO nous prenons VP pour sinus total, VO sera la secante de l'angle OVP ; mais comme la secante d'un angle est au sinus total, ainsi le sinus total est au sinus du complement du même angle ; Si donc nous faisons que comme le sinus total est au sinus du complement de l'angle du plan ; ainsi OV est à un autre, nous aurons la droite VP & son égale GQ sinus de l'angle GER ; auquel ajoutant l'angle du plan AER, il vient l'angle du centre AEG double de l'angle à la circonference ADG ou de son égal BAG qui est celui que l'on recherche.

Si le plan étoit incliné sous l'horizon, il faudroit mener la droite *o* E *r* de l'autre part, & lui tirer les perpendiculaires V*p* : & *gq* : Puis ayant trouvé la droite DV en ôter D*o* tangente de l'angle du plan DE*o*, & par le moïen du reste *o* V trouver la droite V*p* ou *g q* sinus de l'angle *r* E *g* ; d'où ôtant le même angle du plan AE*r*, il reste l'angle AE*g* double de BA*g* : que l'on recherche pour la position du mortier.

CHAPITRE III.

Demonstration de la troisiéme Pratique par les sinus.

LA troisiéme est aussi de M^r. Rômer raportée au sixiéme Chapitre du troisiéme livre de la seconde partie. Par laquelle il faut multiplier le sinus du complement de l'angle du plan par la distance horizontale, & diviser le produit par la plus grande portée, pour avoir au quotient un certain nombre ; Puis ajoutant à ce nombre le sinus du même angle du plan s'il est incliné sur l'horizon, ou l'ôtant s'il est au dessous, l'on aura le sinus d'un angle ; après quoi il faut à cet angle ajouter ou ôter l'angle du plan, pour avoir le double de celui de la position du mortier que l'on demande.

En voici la demonstration dans la même figure ; Aprés avoir mené la droite H I K parallels à V O, si l'on pose E D sinus total, H I sera le sinus de l'angle du plan H E I, & E I le sinus de son complement. Et comme E D est un quart de la plus grande portée, ainsi que D V le quart de la distance horizontale ; Il paroit que D E est à D V comme la plus grande portée est à la distance horizontale ; Mais comme D E est à D V, ainsi E I est à I K, il s'ensuit que la plus grande portée, la distance horizontale, le sinus du complement de l'angle du plan, & la droite IK en parties égales à celles des sinus, sont quatre quantitez continuellement proportionelles; Et pour avoir IK, il ne faut que multiplier la distance horizontale par le sinus du complement de l'angle du plan, & diviser le produit par la plus grande portée. Deplus si l'on ajoute à IK la droite IH, c'est à dire le sinus du même angle du plan (si l'inclination est sur l'horizon,)

Liv. VI.
Chap. III.
Demonstration de la troisiéme pratique par les sinus.

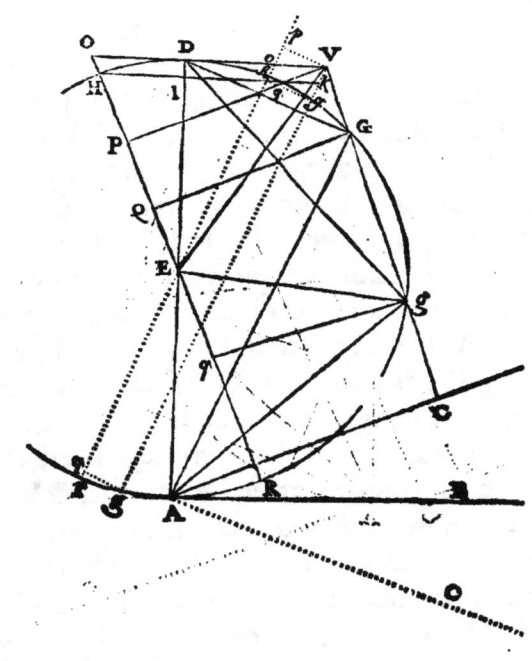

**Liv. VI.
Chap. III.**
Demonstration de la troisiéme pratique par les sinus.

l'on aura la toute HK; laquelle est égale à VP, car OV est à HK comme DE ou HE est à EI; Mais comme HE est à EI, ainsi OV est à VP, à cause que les triangles HEI ou OED & OVP sont semblables ; Donc OV a même raison à HK & à VP ; Et partant HK est égale à VP c'est à dire à GQ: gq : sinus de l'angle REG: REg: auquel angle si l'on ajoute l'angle du plan AER, l'on aura l'angle AEG, AEg double

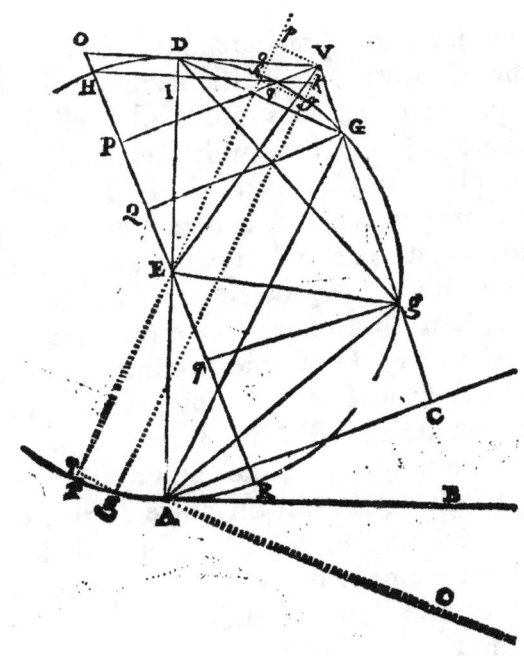

de BAG, BAg qui est celui de la position du mortier que l'on demande. C'est la même demonstration lors que l'inclination du plan est au dessous de l'horizon.

CHAPITRE IV.
Demonstration de la quatriéme pratique par les sinus.

LA quatriéme pratique raportée au septiéme Chapitre du troisiéme Livre de la seconde partie veut, lors que le plan est incliné sur l'horizon, que l'on multiplie la différence entre la plus grande portée & la hauteur perpendiculaire par la même hauteur, & que le produit soit divisé par la longueur du plan incliné ; Puis ôtant le Quotient de la même longueur, il faut ajouter la moitié du reste au même quotient, & faire que comme cette somme est à la moitié de la plus grande portée, ainsi le sinus total est à un autre ; Qui sera la secante d'un angle, auquel ajoutant ou ôtant l'angle du plan, il vient un autre angle ; lequel ajouté ou ôté de l'angle droit, produit le double du complement de celui de la position du du mortier que l'on demande.

Elle est fondée sur la proposition de Monsieur de la Hire. Soit dans sa figure prolongée

262 L'ART DE JETTER LES BOMBES.

LIV. VI. CHAP. III. Demonstration de la quatriéme pratique par les sinus.

la droite AH jusqu'en O, ensorte que HO soit égale à AH ; Puis du point H comme centre & de l'intervalle HC, soit fait le cercle KCLM qui coupera AC en L & AO en M & K ; Puis du point H soit menée HI perpendiculaire à AC. Cela posé : comme AO est double de AD ou BG, & MK double de HC ou CG; les droites AM, KO sont chacune égale à BC. De plus AD étant le plus grand jet perpendiculaire, AO

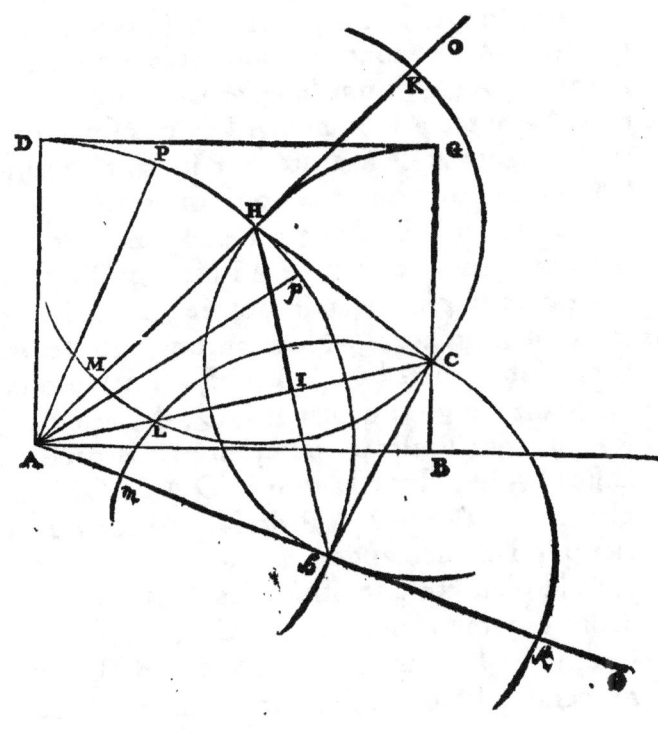

TROISIEME PARTIE. 263

double de AD sera égale à la plus grande portée, & AK la différence entre la plus grande portée & la hauteur perpendiculaire BC. Mais comme les deux rectangles KAM CAL sont égaux, CA est à AK comme AM où son égale BC est à AL ; Et partant multipliant KA différence entre la plus grande portée & la hauteur perpendiculaire, par la même hauteur perpendiculaire AM ou BC, & divisant le produit par AC longueur du plan incliné ; Nous aurons la droite AL, laquelle étant ôtée de la même longueur AC, donne le reste LC ; dont la moitié LI ajoutée à la même AL, nous fait conoître la droite AI. Maintenant si dans le triangle IAH nous prenons AI pour sinus total, AH sera la secante de l'angle IAH ; Et partant si nous faisons que comme AI est à AH ou AD moitié de la plus grande portée, ainsi le sinus total est à un autre ; Nous aurons cette secante, & par son moïen l'angle IAH, auquel ajoutant ou ôtant l'angle du plan BAC, il vient l'angle BAH, qui soustrait ou ajouté au droit BAD, laisse HAD, dont la moitié DAP est le complement de l'angle BAP de la position du mortier que l'on demande.

Si le plan étoit incliné sous l'horizon, il faudroit, comme nous avons dit, multiplier la somme de la plus grande portée & de la hauteur perpendiculaire par la même hauteur, & diviser

LIV. VI.
CHAP. IV.
Demonstration de la quatriéme pratique par les sinus.

264 L'ART DE JETTER LES BOMBES.

**LIV. VI.
CHAP. IV.**
Demonstration de la quatriéme pratique par les finus.

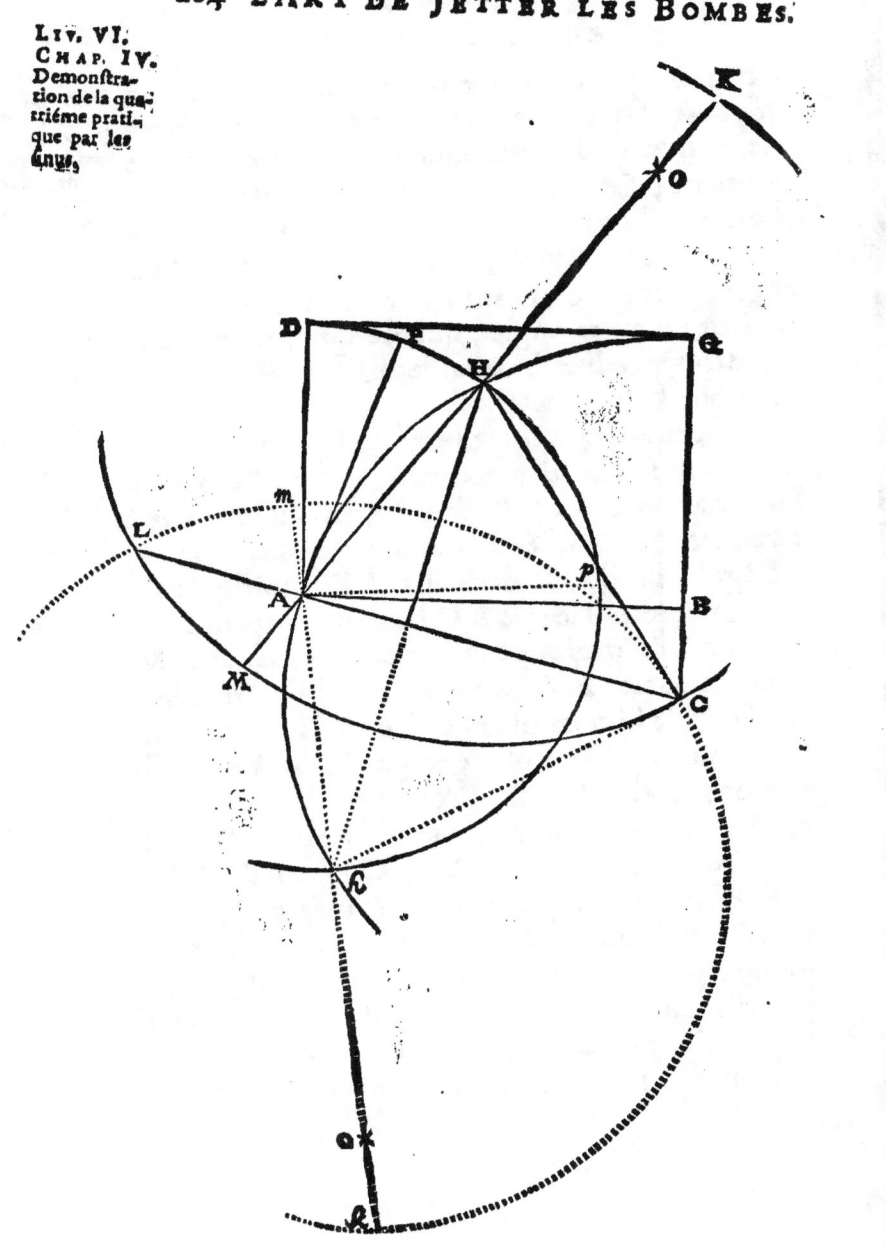

le produit par la longueur du plan incliné ; Puis ajoutant le quotient à la même longueur, prendre la moitié de leur somme & en ôter le même quotient ; Et faire que comme le reste est à la moitié de la plus grande portée, ainsi le sinus total soit à un autre, qui sera la secante d'un angle ; Duquel ôtant ou ajoutant l'angle du plan, il vient un autre angle, qui ôté ou ajouté à l'angle droit produit le double du complement de celui que l'on recherche.

La demonstration est presque la même que la precedente ; Car dans cette figure où l'angle de l'inclination B A C est sous le niveau des batteries, & où C G demi-diametre de l'arc G H h est égal à la somme des deux A D moitié de la plus grande portée & B C hauteur perpendiculaire : ayant prolongé la droite A H de part & d'autre, & pris H O égale à H A, il faut du centre H & de l'intervalle H C decrire l'arc K C M L qui coupera C A prolongée en L, & A H aussi prolongée en M & K. D'où il paroît que A K est la somme de la plus grande portée A O & de la hauteur perpendiculaire O K ou B C ; Et qu'à cause de l'égalité des rectangles K A M, C A L ; si multipliant A K somme de la plus grande portée & de la hauteur perpendiculaire par la même hauteur A M ou B C, l'on divise le produit par la longueur du plan incliné A C, l'on aura la longueur A L ; laquelle ajoutée à la

L l

266 L'ART DE JETTER LES BOMBES.

Liv. VI.
Chap. IV.
Demonstration de la quatriéme pratique par les sinus.

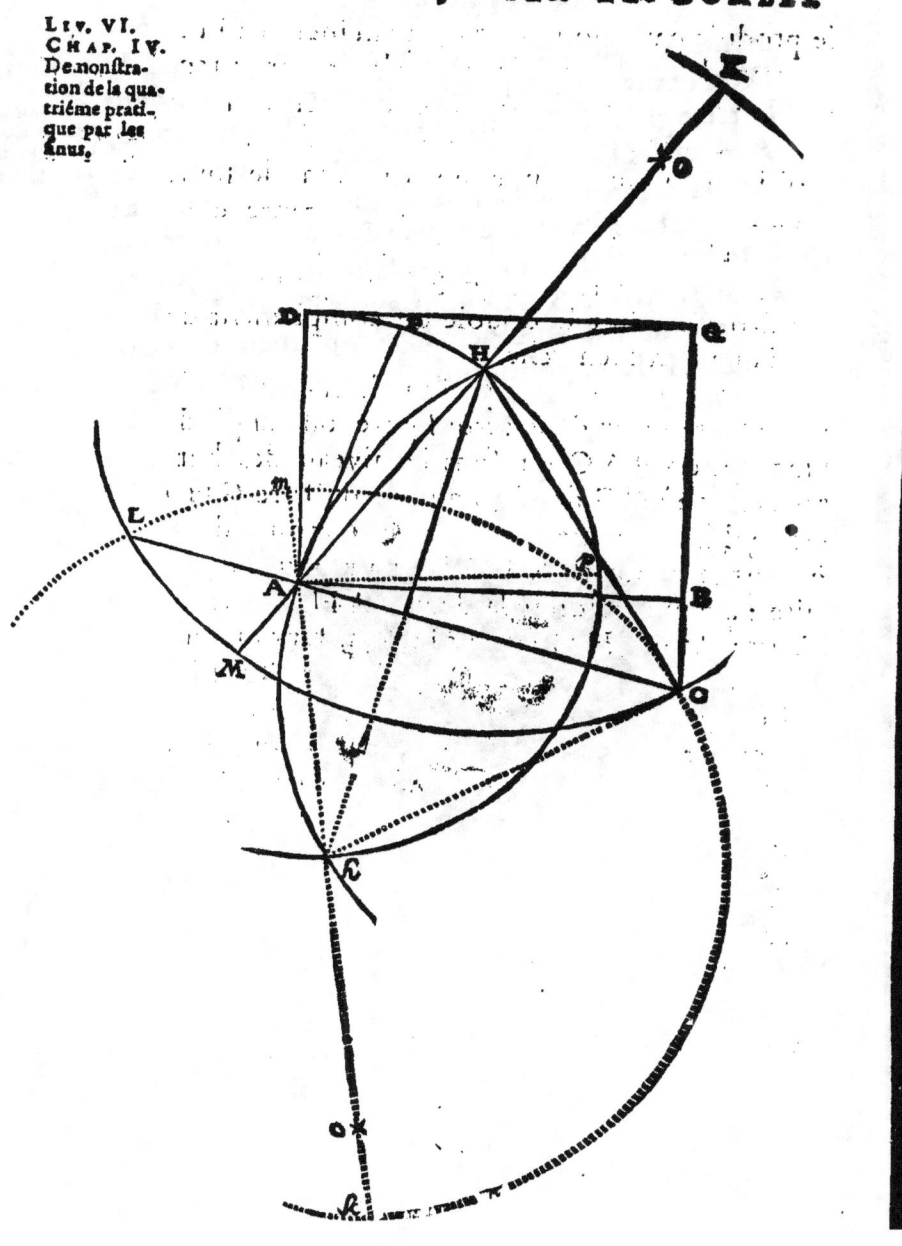

même AC donne CL, dont la moitié est LI; D'où ôtant la même AL, il reste AI qui, dans le triangle AIH, étant prise pour le sinus total, AH ou AD moitié de la plus grande portée sera la secante de l'angle IAH; duquel ôtant ou ajoutant l'angle du plan BAC, le reste où la somme est BAH, qu'il faut ôter ou ajouter à l'angle droit BAD pour avoir l'angle DAH, dont la moitié DAP est le complement de l'angle BAP de la position du mortier que l'on demande.

Liv. VI.
Chap. IV.
Demonstration de la quatriéme pratique par les sinus.

LI ij

LIVRE SEPTIÉME.

Demonstration des pratiques par les instruments.

CHAPITRE PREMIER.
Demonstration de la premiere pratique par le demi-cercle de Torricelli rectifié.

LA cinquiéme pratique, raportée au huitiéme Chapitre du troisiéme livre de la seconde partie est l'usage du demi-cercle de Torricelli, auquel Mʳ Rômer à seulement ajouté au point inferieur du diametre D, une regle DB égale, semblablement divisée, & parallele au demi-diametre EF, avec un filet qui coulant au long de la même DB, puisse s'étendre par tout le demi-cercle. L'usage est tel; il faut du point A conter sur le limbe le nombre de degrez contenus dans l'angle donné de l'inclination du plan, comme l'arc AM, & apliquant le filet du point D en M, voir qu'il coupe le demi-diametre EF comme en H, & conter le nombre des parties contenuës depuis le centre E jusqu'en H. Ensuite il faut prendre sur DB la longueur DV, ensorte que comme la plus grande portée est à la distance horizontale proposée, ainsi EF

TROISIEME PARTIE. 269

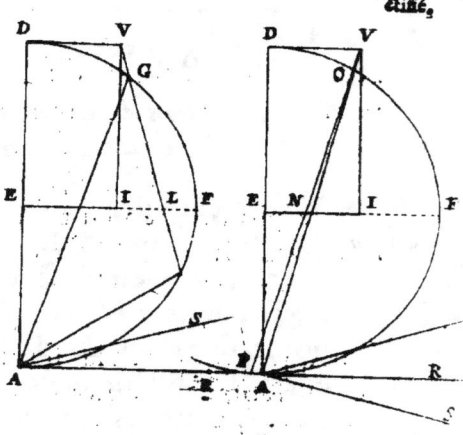

LIV. VII.
CHAP. I.
Demonstration de la premiere pratique par le demi-cercle de Torricelli rectifié.

LI iij

ou DB soit à DV, & ayant pris sur EF la longueur EI égale à DV, y ajouter la longueur IL égale à EH pour avoir la toute EL, (si l'inclination du plan est sur l'horizon,) ou en ôter la même longueur IN pour avoir le reste EN (si elle est sous l'horizon.) Enfin du point V il faut faire passer le filet par les points L ou N & l'étendre sur le limbe du demi-cercle, qu'il coupera en des points comme en G, Q, (lors que l'inclination est au dessus,) ou en O, P, (lors qu'elle est au dessous;) qui sont ceux où il faut que le plomb pendant en A tombe, quand le bras DC est dans l'ame du mortier pour le faire porter au lieu ordonné.

Pour l'intelligence de cette pratique, il ne faut que comparer la figure de la proposition de Mr Rômer que nous avons expliquée cy-devant avec ce demi-cercle de Torricelli; Dans lequel comme il n'y a que 90 degrez marquez dans toute la circonference AFD qui en contient 180, il paroît que chacun en vaut deux, c'est à dire que l'angle AEM à deux fois plus de degrés qu'il n'y en a de marquez dans l'arc AM: Mais l'angle ADM est la moitié de AEM; Et partant les degrés marqués dans l'arc AM sont ceux de l'angle ADM, Qui par ce moïen est égal à celui de l'inclination du plan proposé. Et comme dans les deux triangles semblables DEH, VIL ou VIN, les deux côtez DE, EH sont

TROISIEME PARTIE. 271

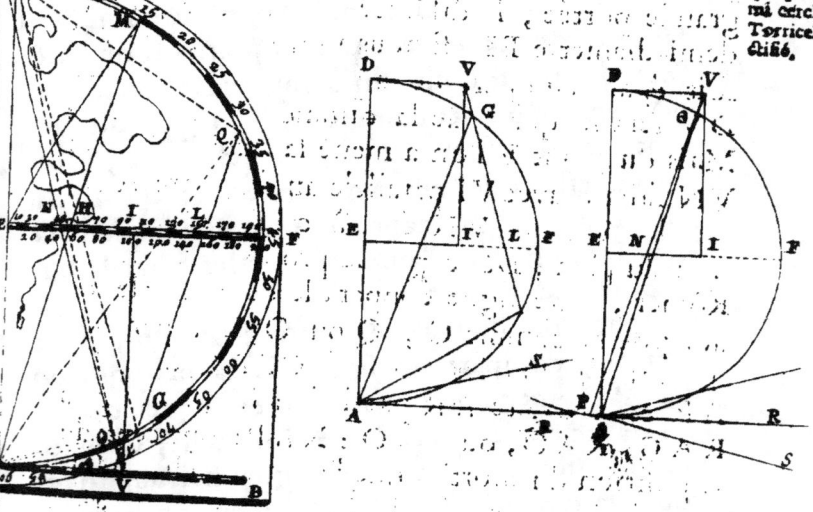

LIV. VII.
CHAP. I.
Demonstration de la premiere pratique par le demi cercle de Torricelli penché.

LIV. VII.
CHAP. I.
Démonstration de la premiere pratique par le demi-cercle de Torricelli rectifié.

égaux au deux VI, IL ou VI, IN; il s'enfuit que les angles EDH, IVL ou IVN font égaux.

Maintenant comme DV eft quatriéme proportionelle à ces trois quantités fçavoir, La plus grande portée, la diftance horizontale, & le demi-diametre EF, fi nous fuppofons, que FE foit égale au quart de la plus grande portée, DV fera le quart de la diftance horizontale : Mais du point V l'on a mené la droite VL ou VN faifant avec VI parallele au diametre AD, l'angle IVL ou IVN égal à celui de l'inclination du plan ; Donc par la propofition de Mr Rômer, cette ligne coupera le demi-cercle en des points comme G, Q ou O, P, par lefquels fi on mene les droites AG, AQ ou AO, AP. & la droite AR parallele à EF, les angles RAG, RAQ, ou RAO : RAP font ceux de la pofition du mortier que l'on recherche. Mais dans le demi-cercle de Torricelli les angles RAG, RAQ, ou RAO, RAP font égaux refpectivement aux angles ADG, ADQ, ou ADO, ADP qui font ceux de l'inclination du mortier, lors que le plomb tombe du point A fur les points G, Q, ou O, P ; Et partant le mortier difpofé de cette maniere chaffera la bombe au lieu ordonné.

CHAP. II.

TROISIEME PARTIE. 273

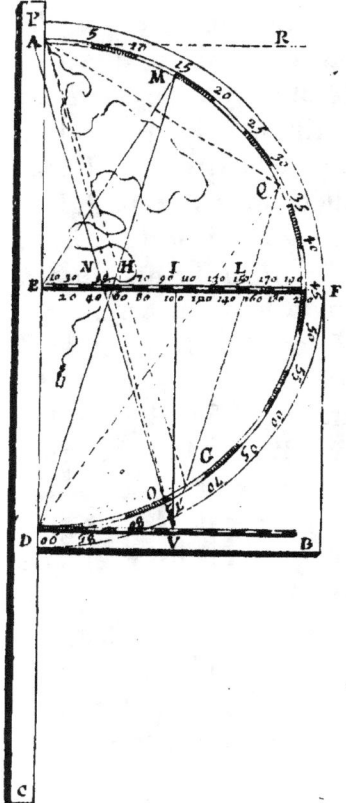
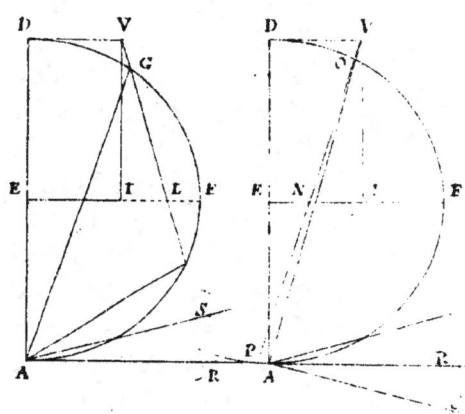

Liv. VII.
Chap. I.
Demonstration de la premiere pratique par le demi cercle de Torricelli rectifié.

Mm

CHAPITRE II.

Demonſtration des pratiques par un inſtrument pour toutes ſortes de jets.

LA ſixiéme pratique raportée au premier Chapitre du Quatriéme Livre de la ſeconde partie eſt d'un autre inſtrument dont nous avons decrit la conſtruction & l'uſage tant pour les portées qui ſe font ſur le niveau des batteries, que pour celles qui ſe doivent faire au deſſus ou au deſſous du même niveau. Elle eſt fondée ſur la propoſition de Mr de la Hire que nous avons expliquée cy-devant.

CHAPITRE III.

Pour les jets qui ſont au niveau des batteries.

POur la bien entendre nous parlerons premierement des coups étendus ſur le niveau des batteries rapportés au ſecond Chapitre du même livre: Comme ſi conoiſſant la portée d'une piece ou d'un mortier, par exemple, de 400 toiſes ſur l'élevation de 21 degrez; l'on veut ſçavoir Quelle ſera la portée ſous l'élevation d'un autre angle, comme ſous celle de 30 deg.? il faut oûvrir le compas commun de la grandeur du demi-diametre F A du demi-cercle, & posant un de ses pieds sur le point 21 degrez marquez sur le limbe interieur, voir où de l'autre il coupera la droite F G, qui sera, par exemple, où elle a 266 parties ; Puis posant le même pied sur le point de 30 degrez marquez au même limbe & tenant le compas ainsi ouvert, voir où de l'autre pied il rencontrera la même F G, (Qui sur cette hypothese sera où elle a 346 parties.) Ensuite faisant que comme 266 est à 346, ainsi la longueur de 400 to. est à une autre, l'on aura 520 to. pour la portée que l'on cherche sous l'élevation de 30 degrez.

Ce qui est facile à concevoir si l'on se souvient que par la proposition de Mr de la Hire, le demi-cercle & l'arc fait du centre 346, ayant un même rayon, le point de leur intersection, qui est 30 degrez, est le foyer d'une Parabole qui passera du point F à celui de 346, & aura pour Touchante la droite F 15, ou l'arc A 30 est divisé en deux également ; Ainsi par la même raison le point 21 degrez de l'intersection du même demi cercle & de l'arc fait du centre 266, est le foyer d'une autre Parabole dont l'amplitude est la droite F 266, & la touchante F 10 $\frac{1}{2}$ deg., où l'arc A 21 deg. est divisé en deux également. C'est à dire que supposant que le mortier posé suivant la direction de la touchante F 10 $\frac{1}{2}$ degrez qui est suivant l'angle

Liv. VII.
Chap. III.
Pour les jets qui sont au niveau des batteries.

Mm ij

276 L'Art de Jetter les Bombes.

Liv. VII.
Chap. III.
Pour les jets
qui sont au
niveau des
batteries.

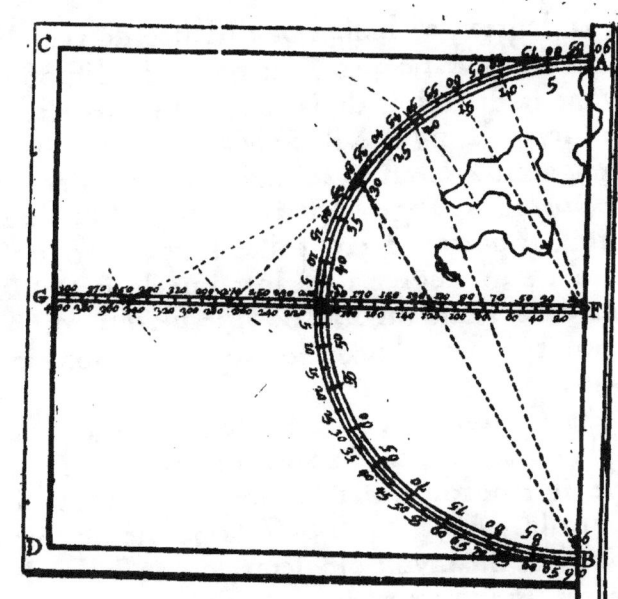

AB 21 degrez, a chaſſé à la diſtance de 266 ; il chaſſera à celle de 346, quand on le diſpoſera ſuivant la direction de la touchante F 15, c'eſt à dire ſuivant l'angle AB 30 : Mais comme 266 eſt à 346, ainſi 400 eſt à 520 to. ; Donc s'il a chaſſé à 400 to. ſous l'angle AB 21, c'eſt à dire de 21 degrez, il portera à 520 toiſes ſous AB 30, c'eſt à dire de 30 degrez ; où lors que le bras BX étant dans l'ame du mortier, le plomb tombe du point A ſur celui de 30 degrez du bord interieur.

Mais ſi poſant la portée de 400 toiſes ſous l'angle de 21 degrez, l'on vouloit ſçavoir à quel angle il faudroit poſer le mortier pour chaſſer à 520 toiſes? Aprés avoir poſé la pointe du compas ouvert du rayon du demi-cercle ſur 21 degrez du limbe interieur, & vû que de l'autre pointe il coupe la droite FG au point 266 ; il faut faire que comme 400 eſt à 266, ainſi 520 à une autre, qui ſera 346, qu'il faut prendre ſur la même FG, & y mettre la pointe du compas toûjours ouvert de la grandeur du rayon FA, pour voir où il coupera de l'autre pointe le demi-cercle, qui ſera au point 30 du limbe interieur ; Ce qui marque que le mortier doit être poſé ſuivant l'angle de 30 deg. pour le faire chaſſer à 520 toiſes. Car les deux points du bord interieur 21 : 30 : ſont les foyers de deux Paraboles dont les amplitudes ſont les longueurs

278 L'Art de Jetter les Bombes,

**LIV. VII.
CHAP. III.**
Pour les jetz
qui sont au
niveau des
batteries.

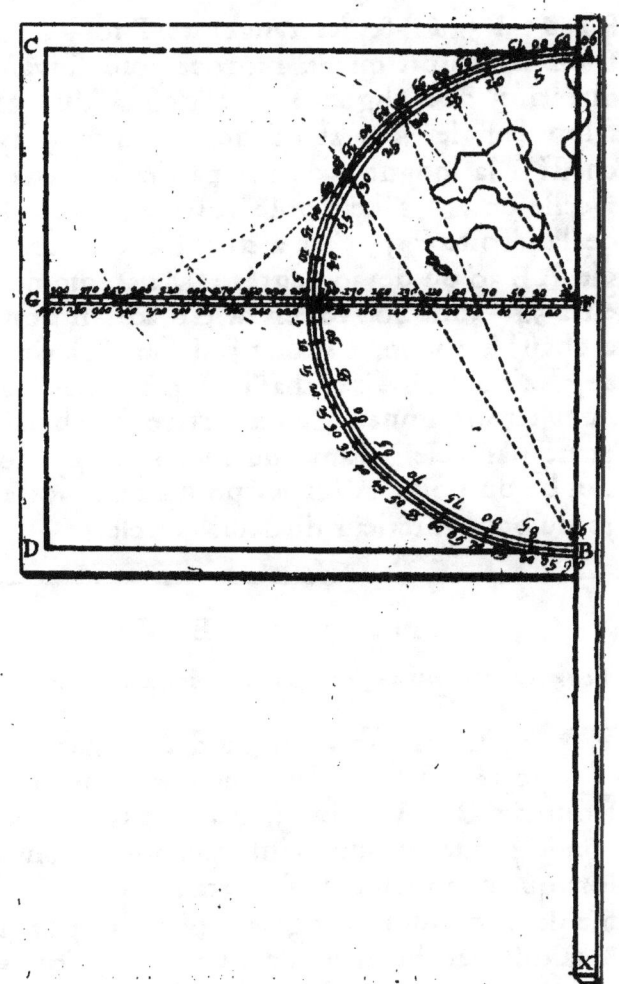

F 266 : F 346 : & les tangentes F 10 $\frac{1}{2}$, F 15; D'où il s'ensuit que le mortier posé suivant la direction de la ligne F 10 $\frac{1}{2}$ c'est à dire élevé selon l'angle A B 21 où de 21 degrez, ayant chassé à la longueur de 266 parties; il chassera à celle de 346 s'il est posé suivant la direction de la droite F 15, c'est à dire élevé selon l'angle A B 30 ou de 30 degrés; Mais comme 266 est à 346 ainsi 400 to. est à 520 to.; si donc il a chassé à 400 to. à 21 deg.; il faut l'élever à 30 degrez pour le faire chasser à 520 toises, ainsi qu'il est ordonné. Ce qui arrive si le bras B X étant parallele à l'ame du mortier, le plomb tombe du point A sur les points marquez 21 & 30 du bord interieur du demi-cercle.

CHAPITRE IV.
Pour les jets qui ne sont pas au niveau des batteries.

POUR s'en servir à la determination des portées sur les plans inclinez raportées au troisiéme Chapitre du quatriéme Livre de la seconde partie; il faut, ainsi que nous avons dit, lors que conoissant la plus grande portée comme de 600 toises, l'angle du plan de 15 degrez, & la distance horizontale de 310 to., l'on veut conoître à Quel angle il faut élever la piece ou le mortier pour le faire porter au lieu ordon-

**L I V. VII.
CHAP. IV.**
Pour les jets
qui ne sont
pas au niveau
des batteries.

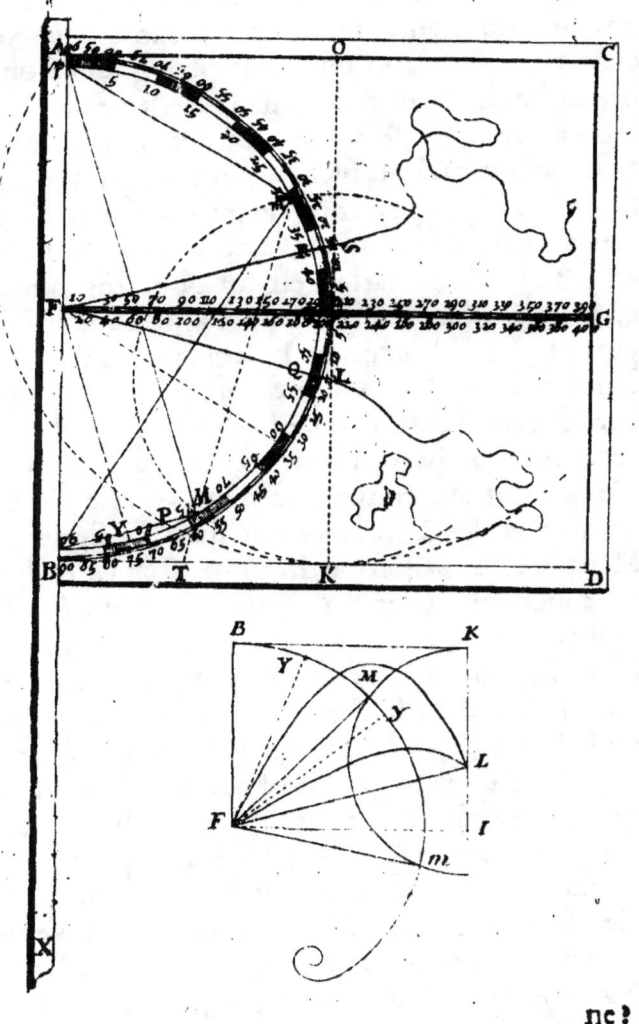

ne? faire ainsi que nous avons fait au quatriéme chapitre du même livre, que comme 600 to. est à 310, ainsi 400 qui est le plus grand nombre des parties contenuës dans la droite FG est à un autre, qui sera 206 repondant au point I; Puis faisant passer le filet du centre F par le point Q ou les 15 degrez sont marquez sur le bord exterieur du demi-cercle à conter du point H vers B, (si l'inclination est sur l'horizon,) marquer où il coupe la guide O I K passant par le point I, qui est au point L; lequel doit servir de centre à l'arc K M m dont le rayon est L K égal à la difference du demi-diametre F B ou I K & de la hauteur perpendiculaire I L : car les points M m où cet arc coupera le demi-cercle, seront les foyers des Paraboles qui dans la figure de Mr de la Hire passeront du point F en L, & dont les touchantes sont F Y : F y : ainsi qu'il a êté demontré cy-devant. Où l'on voit qu'un mortier élevé suivant la direction de l'angle I F Y, I F y, c'est à dire dans le demi-cercle O A M, O A m ou de leurs égaux A B M, A B m portera sur un lieu élevé de 15 degrez sur l'horizon à la distance horizontale F I de 206 parties, lors que la plus grande portée F G est de 400 parties ; Et partant à celle de 310 to., si la plus grande portée est de 600 to. Mais le mortier est élevé suivant la direction de ces angles, lors que le bras B X étant parallele à l'ame, le plomb tombe du

**Liv VII.
Chap. IV.**
Pour les jets
qui ne sont
pas au niveau
des batteries.

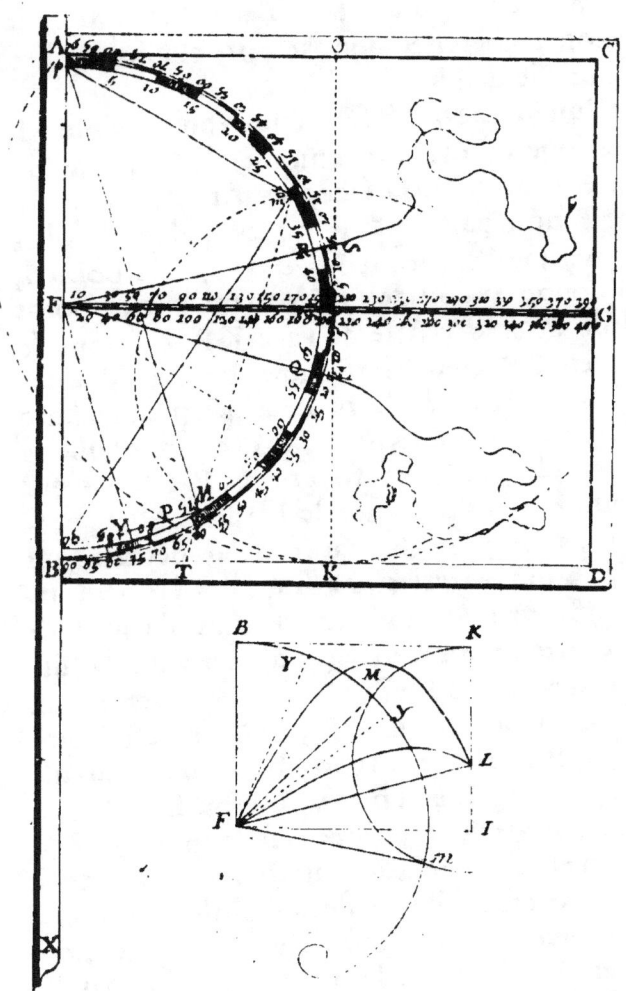

point A sur les points M ou *m* ; L'on a donc la position recherchée pour le faire chasser au lieu que l'on demande.

Liv. VII.
Chap. IV.
Pour les jets qui ne sont pas au niveau des batteries.

Si l'inclination est sous l'horizon, comme en la pratique raportée au cinquiéme Chapitre du quatriéme livre de la seconde partie ; le filet du point F doit passer par R où les 15 deg. du plan sont marquez du point H vers A ; & le point S, où il coupe la Guide O K passant par le point I, doit être le centre de l'arc K P *p*, dont le rayon est S K égal à la somme du demi diametre F B ou I K & de la hauteur perpendiculaire I S : & les deux points P : *p*, où cet arc coupe le demi-cercle, sont les foyers des Paraboles qui du point F, dans la figure de Mr de la Hire, passeront par le point S abaissé de 15 degrez sous l'horizon des batteries, ainsi qu'il a été demontré cy-devant ; & leurs touchantes seront F Z : F*z*. Desorte qu'un mortier posé suivant la direction des angles I F Z, I F *z* ou de leurs égaux dans le demi-cercle O A P, O A *p* : c'est à dire A B P, A B *p*; chassera la bombe au lieu S abaissé de 15 degrez sous l'horizon I F à la distance horizontale de 206 parties, si la plus grande portée n'est que de 400 parties ; Et partant à celle de 310 to. si elle est de 600 toises ; Et comme le mortier est disposé suivant la direction de ces angles, lors que le bras B X étant parallele à l'axe de l'ame, le plomb pendant en A

LIV. VII.
CHAP. IV.
Pour les jets
qui ne font
pas au niveau
des batteries.

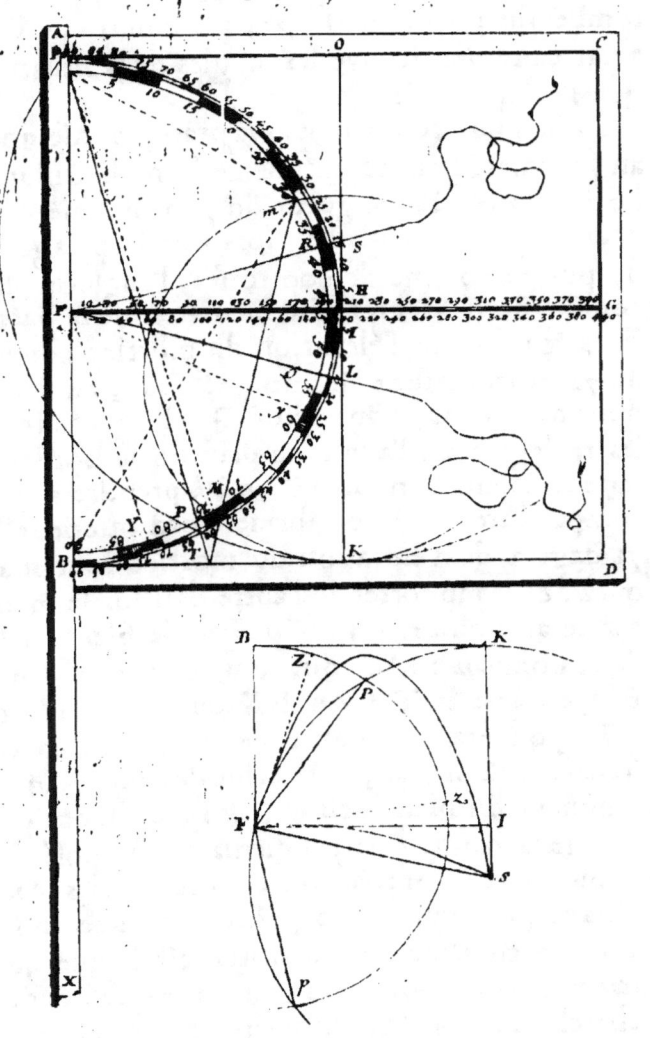

TROISIEME PARTIE.

tombe sur les points P:p:; Il s'enſuit que l'on a par ce moïen trouvé les angles de la ſituation que l'on demande.

Enfin pour conoître, par la pratique enſeignée au ſixiéme Chapitre du même livre, la diſtance horizontale, la longueur du plan incliné & la hauteur perpendiculaire, lors que la plus grande portée comme de 600 toiſes, l'angle du plan comme de 15 degrez ſur le niveau de la batterie, & celui de l'élevation du mortier comme de 72 degrez, ſont donnez; Il faut, ainſi que nous avons dit, du point Q où ſe terminent les 15 degrez de l'angle du plan ſur le bord exterieur depuis le point H vers B, prendre avec le compas l'arc QM, où ſur le bord interieur les 72 degrez de l'élevation du mortier ſont marquez, & le rapporter de l'autre part ſur le même cercle au point *m*; Puis paſſant le filet par les deux points *m* : M : voir où il coupe la droite BD comme en T; car BK ou FI double de BT, donnera le nombre des parties de la diſtance horizontale, FL celui des parties de la longueur du plan incliné, & IL celui des parties de la hauteur perpendiculaire; ſuppoſé que la plus grande portée ſoit de 400 parties : Ainſi faiſant que comme 400 parties eſt à 600 toiſes, ainſi chacune de ces quantitez eſt à une quatriéme, Nous aurons les grandeurs que nous recherchons. La demonſtration en eſt aiſée : car

LIV. VII.
CHAP. IV.
Pour les jets qui ne ſont pas au niveau des batteries.

286 L'ART DE JETTER LES BOMBES.

Liv. VII.
Chap. IV.
Pour les jets qui ne sont pas au niveau des batteries.

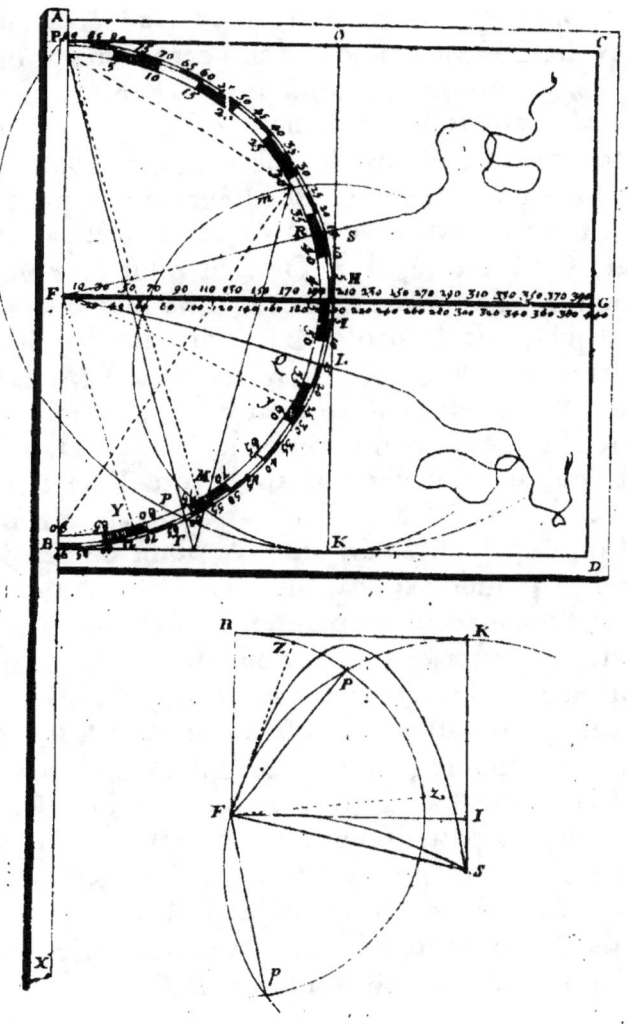

TROISIEME PARTIE.

supposant que l'arc decrit du centre L & de l'intervalle LK ait coupé le demi-cercle aux points M : m :, qui sont, comme nous avons dit, les foyers des Paraboles recherchées ; si l'on mene une droite M m T par les mêmes points, la droite M m sera coupée en deux également par FL qui joint les centres des deux cercles, & partant l'arc QM sera égal à Q m. Et pour faire voir que BK est double de BT, il ne faut que remarquer que la droite BK touchant les deux cercles en B & en K, le rectangle m TM dans l'arc KM m est égal au quarré de la touchante TK ; Et dans le demi-cercle le même rectangle est égal au quarré de la touchante TB : D'où il s'enfuit que TK & TB sont égales, & BK ou FI double de BT. Le reste n'a point de besoin de plus grande explication.

Si l'inclination du plan est au dessous du niveau des batteries, nous pourrons par le même raisonement faire voir que la droite p P qui passe par les points de l'intersection de l'arc KP p & du demi-cercle, est coupée en deux également par la droite FS qui joint les centres des deux cercles ; Et partant que l'arc RP est égal à l'arc R p ; & le rectangle p TP dans l'arc KP p est égal au quarré de la touchante KT & au quarré de la touchante BT dans le demi-cercle ; Et qu'ainsi BK ou FI est double de BT.

CHAPITRE V.
Demonstration des pratiques par le Compas de proportion.

LA septiéme & derniere pratique est celle qui se fait par le moïen du compas de proportion, dont l'usage se reduit à ce seul cas; qui est à trouver une quatriéme proportionelle à trois quantitez données. Ce qui se fait avec facilité prenant sur la ligne des parties égales la grandeur de la premiere & lui appliquant de travers la longueur de la seconde, ensorte qu'elle fasse sur le compas ouvert la base d'un triangle Isoscelle dont les côtez égaux sont chacun de la grandeur de la premiere quantité; Puis ayant pris sur les mêmes parties égales la longueur de la troisiéme, considerer Quelle en est la transversale sur le compas ainsi ouvert? car cette grandeur est la quatriéme que l'on demande.

Comme s'il falloit trouver une quatriéme proportionelle aux trois grandeurs A, B, C; je prendrois sur les côtés DE, DF du compas de proportion sur la ligne des parties égales, la longueur DG:DH égale à A: & j'ouvrirois le compas de telle sorte que la droite GH qui fait la base du triangle Isoscelle GDH fut égale à la seconde quantité B. Puis aïant mesuré sur les

mêmes

TROISIEME PARTIE. 289

mêmes côtez DE : DF
la longueur DI : DK
égale à la troisiéme C ;
je prendrois sur la même
ouverture du compas
la transversale IK, qui
seroit la quatriéme que
je recherche. Car dans
les triangles semblables

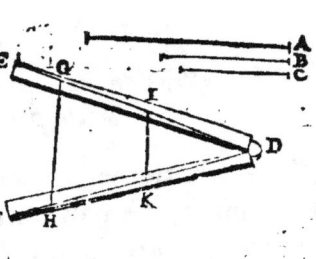

LIV. VII.
CHAP. V.
Demonstration des pratiques par le compas de proportion.

DGH, DIK, la droite DG est à GH, c'est
à dire A à B, comme DI ou C est à la droite IK.

Il faut de plus considerer que les parties de la ligne que l'on appelle des angles, sont les longueurs des cordes ou soutendantes des arcs de cercle à toutes les ouvertures des angles depuis un degré jusqu'à 180 ; ainsi 60 parties sur cette ligne font l'étenduë de la corde d'un arc de 60 degrez ou du demi-diametre du cercle : 45 parties font celle de la corde de l'angle de 45 deg. : 72 celle de 72 deg. : 180 parties font le diametre entier qui est la corde du demi-cercle. Et comme la corde d'un arc est le double du sinus de la moitié de l'angle du même arc, il s'ensuit que les sinus ont entr'eux même proportion que les cordes du double des angles dont ils sont les sinus ; Et qu'ainsi l'on peut prendre les uns pour les autres.

CHAPITRE VI.

Pour les portées qui sont au niveau des batteries.

CEci posé : Reprenant la figure de Torricelli, il n'est pas mal aisé de comprendre la raison de nos pratiques : Car dans la premiere expliquée au premier Chapitre du cinquiéme livre de la seconde partie où, par exemple, la portée d'un mortier étant donnée suivant un angle donné, l'on demande Quelle sera celle du même mortier suivant un autre angle ? comme si le mortier élevé suivant l'angle QAC de 21 deg., a chassé à la longueur AQ de 400 to., l'on veut sçavoir Quelle est la longueur AO, à laquelle il chassera s'il est posé suivant l'angle QAH de 30 degrez ? D'autant que les portées AQ & AO sont entr'elles comme les lignes CD :

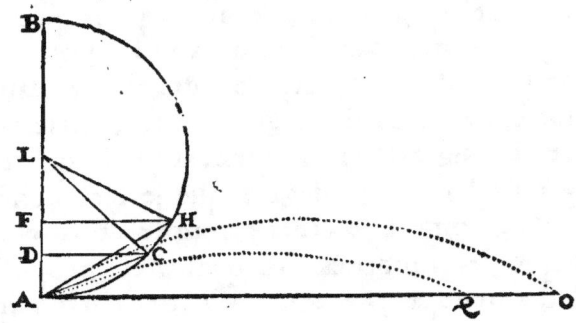

SECONDE PARTIE. 291

HF : c'est à dire comme les sinus des angles ALC, ALH doubles de ceux de la position du mortier QAC, QAH ; Elles seront aussi entr'elles comme les doubles des mêmes lignes CD, HF, c'est à dire comme la corde du double de l'angle ALC est à la corde du double de l'angle ALH, ou comme la corde du quadruple de l'angle QAC, à la corde du quadruple de l'angle QAH ; Et partant si nous prenons la corde de 84 deg. quadruple du premier angle donné de 21 degrez pour premier terme ; Pour second la corde de 120 deg. quadruple du second angle donné de 30 degrez ; Et pour troisiéme les 400 toises de la portée donnée AQ : En cherchant sur le compas à ces trois quantitez une quatriéme proportionelle, nous trouverons 520 to. pour la portée AO que l'on demande.

LIV. VII.
CHAP. VI.
Pour les portées qui sont au niveau des batteries.

Ainsi pour sçavoir à quel angle il faut élever le mortier pour le faire chasser à la longueur de 520 to., supposé qu'à 21 degrez de l'élevation il ait porté à 400 to. ; je prens pour premier terme 400 to. ; pour second 520 to. ; pour troisiéme la corde de 84 deg. quadruple de l'angle donné 21 deg. ; Et il me vient pour quatriéme la corde de l'angle de 120 degrez, dont le quart est l'angle QAH de 30 degrez que je recherche.

Il est, comme je crois, inutile de dire que lors que les nombres des quantités proposées ou leurs étendües, excedent celui des parties éga-

Oo ij

les marquées sur le compas : il faut en prendre telle partie que l'on veut pourveu qu'elle soit moindre que celles du compas, & s'en servir pour trouver vôtre quatriéme proportionelle, qui sera la même portion de celle que vous cherchez, que celle dont vous vous êtes servi, l'est du nombre donné. Ainsi parce que le nombre de 400 to. est plus grand que celui de 200 contenu dans les parties égales du compas, je me sers du quart qui est 100 pour premier terme, & il me vient 130 au quatriéme, dont le quadruple 520 est celui que je demande. Si le premier nombre êtoit le tiers du donné, celui qui viendroit par la pratique seroit aussi le tiers de celui que l'on recherche, & ainsi du reste.

CHAPITRE VII.

Pour les portées qui ne sont pas au niveau des bàtteries.

MAINTENANT pour bien entendre l'usage du compas de proportion raporté au second Chapitre & aux suivans du cinquiéme livre de la seconde partie, pour les portées sur les plans inclinez; il faut reprendre la figure par laquelle j'ay expliqué la troisiéme pratique, ou ED est à DV c'est à dire EI à IK comme la

TROISIEME PARTIE. 293

plus grande portée est à la distance horizontale; & EI étant le sinus de l'angle EHI complement de l'angle du plan; le double de EI sera la corde du double du même angle EHI; Et partant comme la plus grande portée est à la distance horizontale, ainsi cette corde sera au double de IK, à quoy ajoutant ou ôtant le double de HI, c'est à dire la corde du double de

Liv. VII.
Chap. VII.
Pour les portées qui ne sont pas au niveau des batteries.

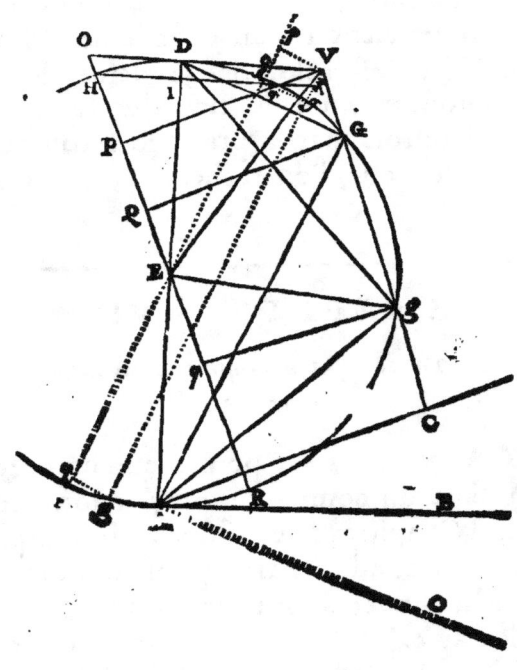

294 L'ART DE JETTER LES BOMBES.

Liv. VII. Chap. VII. Pour les portées qui ne font pas au niveau des batteries.

l'angle du plan HEI, nous aurons le double de la droite HK ou de son égale GQ, c'est à dire la corde du double de l'angle GER; auquel angle & à son complement à deux droits, si l'on ajoute l'angle du plan AER, l'on aura l'angle AEG double de ADG ou de son égal BAG que l'on demande;

Or l'on voit que pour trouver le double de

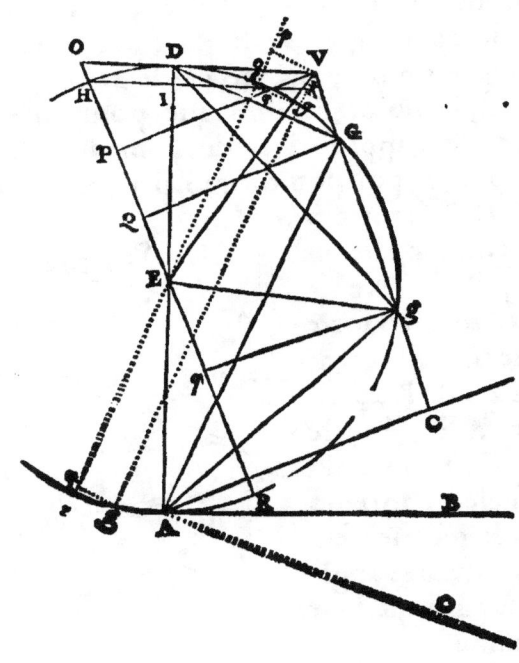

TROISIEME PARTIE. 295

IK nous avons cherché fur le compas la quatriéme proportionelle aux trois quantitez fçavoir la plus grande portée, la diftance horizontale, & la corde du double de l'angle EHI qui eft celui du complement de l'angle du plan HEI; Puis ajoutant ou ôtant du double de IK la corde du double du même angle HEI c'eft à dire le double du finus HI, nous avons eu le double de HK ou de fon égale GQ, c'eft à dire la corde du double de l'angle GER; Et par le moïen de cet angle nous avons trouvé le refte.

Il n'y a point de difficulté pour entendre la raifon de l'application du compas de proportion pour la pofition du mortier; Car fi le compas CDE étant ouvert comme il doit être, l'on éleve le mortier AF en forte que le bras ED étant parallele à l'axe de l'ame AE, l'autre bras CD foit auffi parallele à l'horizon AB; le mortier fera pofé fuivant l'angle BAE ainfi qu'il eft demandé.

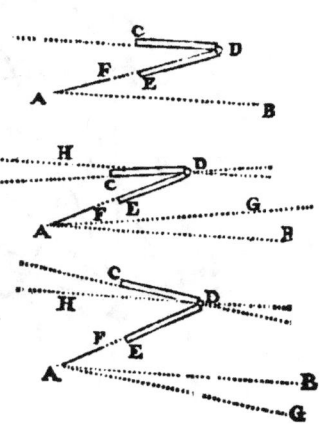

Si l'on veut découvrir l'objet incliné de l'angle BAG au deffus

Liv. VII.
Chap. VII.
Pour les portées qui ne font pas au niveau des batteries.

296 L'ART DE JETTER LES BOMBES.

CHAP. VII. LIV. VII. Pour les portées qui ne sont pas au niveau des batteries.

ou au dessous de l'horizon au travers des pinules posées sur le bras C D ; l'on voit que l'angle du compas C D E est moindre) si l'inclination est au dessus) ou plus grand (si elle est au dessous,) que l'angle de l'élevation du mortier B A D, de la grandeur de l'angle CDH

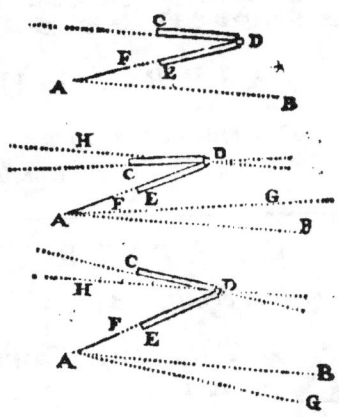

égal à celui du plan B A G ; Et qu'ainsi il faut le diminuer, comme nous avons dit, au premier cas & l'augmenter en l'autre.

LIV. VIII.

TROISIEME PARTIE.

LIVRE HUITIE'ME.

Doctrine de Monsieur Cassini pour le jet des Bombes.

CHAPITRE PREMIER.
Lignes d'égalité, d'impulsion & de chûte respective.

MONSIEUR Cassini a donné la resolution de toute la doctrine de la projection d'un mobile par une seule proposition, faisant voir qu'en tous les cas, il y a trois lignes qui sont continuellement proportionelles, sçavoir celle qu'il appelle d'égalité, celle d'impulsion & celle de la chûte respective.

Pour faire entendre ce raisonnement, il suppose, comme les autres, qu'un corps jetté est porté de deux impressions differentes dont l'une, qui lui vient de l'impulsion d'une cause externe, le determine à une certaine direction ou perpendiculaire en haut ou en bas, ou horizontale, ou inclinée & le porte d'un mouvement uniforme & égal par des espaces égaux en temps égaux : l'autre, qui lui vient de la pesanteur, le determine par une ligne perpendiculaire en bas vers le centre de la Terre & le porte d'un mouvement continuellement acce-

298 L'ART DE JETTER LES BOMBES.

Liv. VIII
Chap. I.
Lignes d'égalité, d'impulsion & de chûte respective.

leré, desorte que les espaces qu'il parcourt sont entr'eux en raison doublée des temps qu'il emploie à les parcourir.

Cette derniere impression ne change rien à la direction de la premiere, si elle est perpendiculaire en haut ou en bas : Elle ne fait qu'acourcir le chemin que fait le mobile au premier cas, & l'allonger en l'autre. Mais aux directions horizontales ou obliques, elle en change entierement la droiture. Car si un mobile est, par exemple, porté d'une force externe suivant la direction de la ligne A B horizontale ou inclinée; il est constant que si le mobile n'avoit point de poids ny d'empechement de la resistance du milieu, il seroit porté suivant la droite A B d'un mouvement égal qui lui feroit parcourir des espaces égaux en des temps égaux ; Mais comme au moment du depart du point de repos A , l'impression de la pesanteur le tire en bas par des

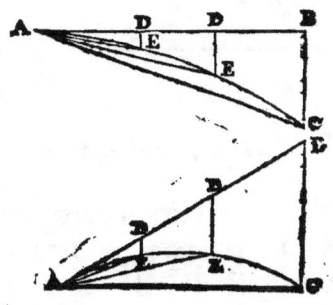

TROISIEME PARTIE.

lignes perpendiculaires DE, BC, elle le fait changer de route; Et au lieu de le porter par la droite AB, elle le conduit au long de la courbe AEC. Où il faut remarquer que la ligne AD qui seroit celle que le mobile auroit parcouru d'un mouvement égal s'il n'avoit point eu de poids, au moment qu'il se trouve en E, est cette ligne que Mr Cassini appelle *ligne d'impulsion* à l'égard du point E; Ainsi la ligne AB où le mobile sans poids se trouveroit lors qu'il est tombé en C, est la ligne d'impulsion au respect du point C. Les lignes perpendiculaires DE, DE, sont celles qu'il appelle *lignes de chûte respective*, c'est à dire à l'égard des points E, E & des lignes d'impulsion AD, AD : Ainsi BC est ligne de chûte respective à l'égard du point C & de la ligne d'impulsion AB; & les lignes AE, AC sont appellées *lignes de distance*, parce qu'elles mesurent de combien le mobile est éloigné du point de depart.

CHAPITRE II.
De la ligne d'égalité.

DAns les projections verticales, où nous avons dit que la pesanteur acourcit le chemin du mobile, il est aisé de comprendre que le mobile monte tant que le chemin qui se fait

LIV. VIII.
CHAP. II.
De la ligne
d'égalité.

par l'impression du dehors, est plus grand que celui de la pesanteur ; Qu'il ne monte ni ne descend au moment que ces deux impressions sont égales ; Et qu'il descend aussi-tôt que celle de la pesanteur est plus grande que l'autre. Ainsi dans le jet vertical AB, si nous supposons que la force du dehors puisse porter le mobile par l'espace AC, par exemple, de 6 mesures dans un certain temps, pendant lequel la pesanteur le puisse faire descendre de l'espace CD d'une de ces mesures ; il est constant que le mobile au premier temps se trouveroit en D ; Ainsi la droite AC.6., que le mobile sans poids auroit parcouru, est la *ligne d'impulsion* à l'égard du point D ; la ligne CD.1., celle *de la chûte respective* à l'égard de la même AD ; Et la ligne AD de 5 mesures, celle de *la distance*. Au second temps le mobile sans poids seroit porté en E. 12., & seroit cependant tombé de la longueur EF, 4. ; Et se trouvant en F, la droite AE. 12. sera la *ligne d'impulsion*, EF. 4. celle de *la chûte respective*, & AF. 8. celle de *la distance*. Au troisiéme temps la ligne d'impulsion sera AG. 18., celle de la chûte GH. 9. & celle de la distance A H. 9. Au quatriéme temps la ligne d'impulsion est A I. 24., celle de la chûte I K. 16., & celle de la distance A K. 8. Au cinquiéme temps celle d'impulsion est A L. 30., celle de la chûte L M. 25. & celle de la distance A M. 5. Enfin au sixiéme temps la ligne d'impulsion seroit A B de 36 mesures ou sextuple de la premiere A C, & celle de la chûte seroit aussi la même B A de 36 mesures.

Et comme la ligne A B est le chemin qu'auroit fait en montant le mobile sans poids d'un mouvement égal, pendant qu'avec le poids il est monté de A en H & descendu de H en A, & dans le temps que le même poids seroit descendu du point B en A. C'est pour cette raison que Mʳ Cassini appelle cette droite A B *La ligne d'égalité*.

Il y auroit beaucoup de choses à considerer sur ce sujet, sur lequel je me contenteray de dire que cette ligne d'égalité A B est quadruple de la ligne du jet perpendiculaire A H, & partant double de la plus grande portée.

302　L'ART DE JETTER LES BOMBES.

Liv. VIII.
Chap III.
Lignes d'égalité, d'impulsion & de chûte respective sont trois proportionelles.

CHAPITRE III.

Lignes d'égalité, d'impulsion & de chûte respective sont trois proportionelles.

MAINTENANT pour faire voir ce que nous avons dit, qu'en toute projection la ligne d'égalité, celle de l'impulsion, & celle de la chûte respective sont continuellement proportionelles; supposons que dans le jet A E C fait suivant la direction A B, la droite A D soit la ligne d'égalité, A B celle de l'impulsion, B C celle de la chûte respective & A C celle de la distance ; Et disons que puisque la droite A D est le chemin que le mobile feroit en montant par la seule impression du dehors & en descendant dans le même temps par la seule impression de la pesanteur ; si nous la prenons pour la mesure

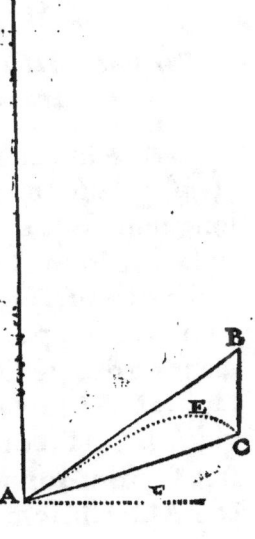

du temps de l'un & de l'autre, il est constant que la droite A B sera la mesure du temps que le même mobile employeroit à passer la même A B, porté du seul effort de la même impression du dehors. Et comme dans le temps A B il est descendu par l'impression de son poids de la hauteur perpendiculaire B C; cette hauteur B C sera à la hauteur D A en raison doublée du temps de la chûte B C, qui est mesuré par A B, au temps de la chûte A D c'est à dire comme le quarré de la ligne A B est au quarré A D : & partant les trois lignes B C, A B, A D sont continuellement proportionelles.

Liv. VIII Chap. III. Lignes d'égalité, d'impulsion, & de chûte respective sont trois proportionelles.

CHAPITRE IV.
Sur une direction & sur une distance donnée, Trouver la ligne d'égalité.

MAINTENANT pour sçavoir sur une direction & sur une distance donnée, Quelle est la longueur de la ligne d'égalité, comme sur l'angle de la direction D A B & la ligne de la distance A C, c'est à dire sur l'étenduë de la portée d'une piece ou d'un mortier, pointé suivant l'angle F A B complement du donné D A B, sur le plan A C incliné de l'angle F A C, Il faut considérer que dans le triangle A B C, le côté A C & les deux angles A B C B A C, sont donnés, Car A B C est égal à D A B, & B A C est la somme ou la différence des deux an-

Chap. IV. Sur une direction & une distance donnée, Trouver la ligne d'égalité.

304 L'ART DE JETTER LES BOMBES.

Liv. VIII.
Chap. IV.
Sur une direction & une distance donnée, Trouver la ligne d'égalité.

gles F A B, F A C qui sont ceux de l'inclination de la piece & du plan : & partant l'on peut conoître par les sinus les longueurs des lignes d'impulsion A B & de chûte respective B C ; Et par leur moïen trouver une troisiéme proportionelle A D qui sera la ligne d'égalité que l'on recherche.

CHAPITRE V.
La ligne d'égalité & la distance étant données : Trouver la direction.

Chap. V
La ligne d'égalité & la distance étant donnée, Trouver la direction.

MAis si conoissant la ligne d'égalité l'on veut sçavoir à Quel angle il faut élever la direction de la piece pour la faire chasser à une distance donnée sur quelque plan que ce soit, horizontal ou incliné ? Voci ce qu'il faut faire. Soit la ligne d'égalité A D perpendiculaire à l'horizon, & la distance A C sur le plan A C, faisant avec la verticale A D quelque angle que ce soit D A C. Au point C soit élevée C B *b* parallele à la verticale A D, & sur A D soit decrite la portion de cercle A *b* D capable d'un angle égal à A C B ; (laquelle touchera la perpendiculaire C B en un point si le probleme n'a

qu'une

qu'une solution, ou le coupera en deux points comme en B*b* s'il en a deux, ou ne le rencontrera point du tout s'il est impossible,) & les lignes menées du point A à ceux de leur rencontre comme A B, A *b*, seront celles de la direction que l'on demande, ensorte que F A étant horizontale, les angles F A B, F A *b* sont ceux de la position du mortier pour le faire porter au point C. Car les deux triangles A B C, B A D ayant les angles D A B, A B C égaux, à cause des paralleles A D, B C; aussi bien que les angles A C B, A B D par la construction du cercle: Ils seront semblables; & B C *ligne de la chûte respective* sera à A B *ligne d'impulsion* comme A B est à A D *ligne d'égalité*. Nous pourrons faire voir par le même raisonnement que *b* C est à A *b* comme A *b* est à A D.

Si la ligne du plan A C est horizontale, la portion du cercle est un demi-cercle; Si elle est êlevée sur l'horizon, elle est moindre; Et plus grande que le demi-cercle si l'inclination est au dessous. Où il est à remarquer, au sujet des projections qui se font sur un plan horizontal, c'est à dire au niveau de la batterie, qu'ayant dit cy-devant que la ligne d'égalité est quadruple de celle du jet perpendiculaire laquelle determine la force imprimée du mobile; si nous supposons, comme Galilée & Torricelli, que le diametre A*d* du demi-cercle A*bd*, soit égal au

Liv. VIII.
Chap. V.
La ligne d'égalité & la distance étant donnée, Trouver la direction.

quart de la ligne d'égalité, c'est à dire du diametre A D du demi-cercle A B D, & la ligne A c égale au quart de la distance horizontale A C ; La droite c b parallele à C B ou A D, coupera la circonference A b d aux points recherchez, b, b semblables aux points B b de la circonference A B D,

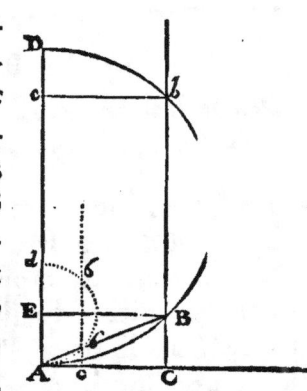

& les droites A b B, A b b prolongées, feront les mêmes que les lignes de la direction que l'on demande A B, A b. Ce qui fait conoître que la proposition de ces Auteurs ne fait qu'un cas de celle de M^r. Cassini. L'on voit de plus, ce que nous avons dit cy-devant, que la ligne d'égalité A D étant quadruple de A d, qui determine la force imprimée du mobile & qui par consequent est égale à la moitié de la plus grande portée de la bombe avec la même force, est aussi double de la même plus grande portée.

CHAPITRE VI.

Demonstration de la Construction & de l'usage de l'instrument Universel pour le jet des Bombes.

C'EST de cette doctrine que nous avons tiré la construction & l'usage de cet autre Instrument rapporté dans les deux premiers chapitres du sixiéme Livre de la seconde partie sous le nom d'Instrument Universel pour le jet des Bombes, & dont il faut ici parler plus au long & en donner la demonstration.

C'est un cercle A b g dont le diametre est A g, au bout duquel en A est attachée à angles droits une regle immobile A E égale au même diametre & divisée en un tres grand nombre de parties égales. Pour s'en servir il faut conoître la longueur de la ligne d'égalité & celle de la distance horizontale, & faire que comme cette ligne est à cette distance; ainsi le nombre des parties contenuës dans la regle A E soit à un autre, qui soit, par exemple, celui des parties comprises entre A & c. Puis dressant la regle A E vers le but il faut laisser pendre un plomb du point c (dont le fil touchera la circonference du cercle, si le probleme n'a qu'une solution, ou le coupera en deux points comme b, b, s'il en a deux, ou ne le rencontrera point s'il est impossible ;) les droites

Qq ij

308 L'Art de Jetter les Bombes.

Liv. VIII.
Chap. VI.
Demonstration de la construction & de l'usage de l'instrument universel pour le jet des Bombes.

tirées du point A aux points de rencontre b, b, sont celles de la direction de la piece ou du mortier que l'on demande.

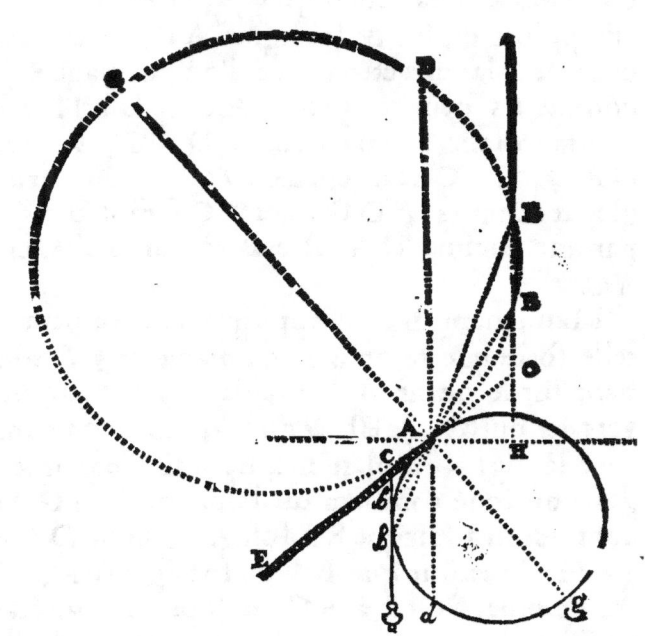

La demonstration en est aisée ; Soit dans la figure expliquée cy-devant, la ligne d'égalité conuë A D perpendiculaire à l'horizon, la ligne de distance horizontale A H & le but C sur le incliné A C où l'on veut que le coup frappe; la droite H C étant mené parallele à A D, si l'on

TROISIEME PARTIE. 309

décrit sur la verticale AD la portion de cercle ABD capable d'un angle égal à ACB dont le diametre soit AG perpendiculaire à AC, la circonference sera rencontrée par la droite HCB aux points B, B, & les lignes AB, AB feront celles de la direction que l'on demande. Et comme les deux angles GAC, DAH sont droits, ôtant l'angle comun DAC, les deux GAD, HAC sont égaux, & les deux triangles rectangles ADG, HAC semblables, & partant comme DA est à AH, ainsi AG est à AC.

Liv VIII. Chap. VI. Demonstration de la construction & de l'usage de l'instrument Universel pour le jet des Bombes.

Maintenant si l'on applique l'instrument de telle sorte que le bout A du diametre gA tombant sur le point A, la regle EA soit tournée vers le but C, c'est à dire qu'elle convienne avec la ligne du plan incliné AC, le diametre gA continué tombera sur le diametre AG; Et comme on a fait que EA soit Ac comme DA est à AH; il s'ensuit que EA ou son égale gA, est à Ac comme AG est à AC; Et le plomb cbb étant parallele à AD ou CBB, le cercle Abg sera divisé aux points, bb, comme le cercle ABG l'est aux points BB; & les droites bA, bA continuées tomberont sur les droites AB, AB; c'est à dire qu'elles seront celles des directions que l'on demande.

Qq iij.

CHAPITRE VII.

Demonstration de ce qui s'est ajouté à l'instrument Vniversel pour en rendre l'usage plus facile.

SI l'on vouloit se servir de cet instrument sans être obligé de faire de regle de Trois pour trouver le point c, il faudroit ajouter en A, comme nous avons fait au troiziéme Chapitre du sixiéme Livre de la seconde partie, une autre regle mobile AF égale à AE; & pour plus grande commodité, il seroit bon que l'une & l'autre fut divisée en autant ou plus de parties qu'il a de toises, ou de pieds, ou d'autres mesures, dans la plus grande ligne d'égalité dont on peut ordinairement se servir, c'est à dire dans le double de la plus grande portée d'une piece de Canon ou d'un mortier. Car si la ligne d'égalité proposée AD à autant de toises ou d'autres mesures qu'il y a de parties dans la regle AF, il ne faut que prendre autant de parties sur la regle AE qu'il y a de toises dans la distance horizontale AH comme de A en c, & l'instrument etant posé, en sorte que la regle EA regarde le but C, il faut tourner la regle AF de maniere que le plomb tombant de l'extremité F passe par le point c & coupe le cercle en b. Mais si la ligne d'Egalité proposée AD

TROISIEME PARTIE. 31.

est moindre, il faut prendre sur la regle mobile un nombre de parties égal à celui des toises qu'elle contient comme de A en K, & sur la regle immobile A E autant de parties qu'il y a de toises dans la ligne de distance horizontale A H comme de A en i, & tourner la regle AF en sorte que le plomb tombant du point K passe par i : car laissant le tout en cette situation, le plomb tombant du point F passera par c & cou-

L IV. VIII.
CHAP. VII.
Demonstration de ce qui s'est ajouté à l'instrument Universel, pour en rendre l'usage plus facile.

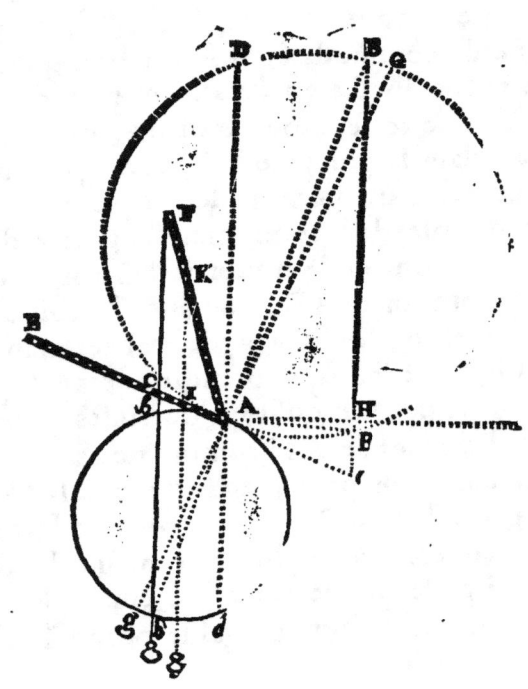

312 L'ART DE JETTER LES BOMBES.

LIV. VIII.
CHAP. VII.
Demonstration de ce qui s'est ajouté à l'instrument Universel pour en rendre l'usage plus facile.

pera le cercle en $b:b$: comme on le demande.

La demonstration est facile à comprendre; car A K ayant autant de parties que la ligne d'égalité proposée A D à de toises, & A i autant de parties qu'il y a de toises dans la ligne de distance horizontale A H, il paroît que A K est à A i c'est à dire A F ou A E à A C comme A D est à A H; & l'on a par ce moïen sans regle de Trois le point par lequel le plomb doit passer

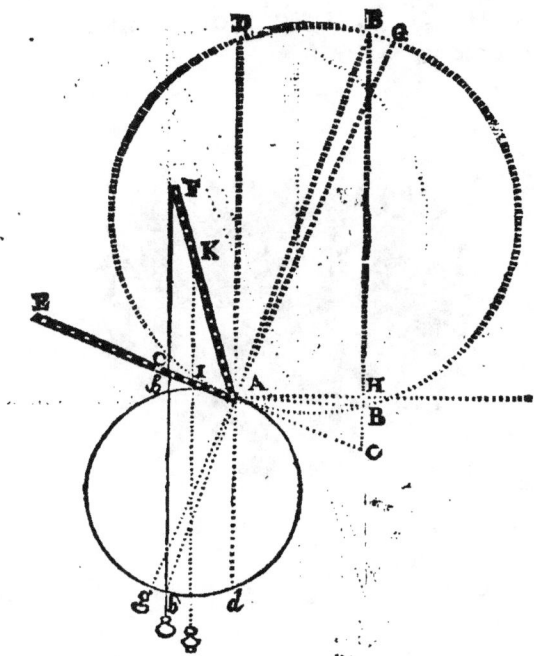

pour

pour couper le cercle au point que l'on recherche. Liv. VIII.
Il faut ici remarquer qu'au lieu de prendre pour Chap. VII.
premier terme de nôtre regle de Trois la ligne de s'est ajouté à
la plus grande égalité, & la distance horizontale l'instrument
pour second terme comme il est marqué dans les pour en ren-
Chapitres de ce livre ; Nous avons pris, dans plus facile.
les pratiques du sixiéme livre de la seconde
partie, la plus grande portée pour premier terme, & la moitié de la distance horizontale pour
second : parce que c'est toûjours la même chose,
& dont il n'est pas besoin de donner plus d'é-
claircissement.

L'ART
DE JETTER
LES BOMBES,
ET DE CONNOITRE L'ETENDUE DES COUPS
de volée d'un Canon en toutes sortes d'Elevations.

QUATRIEME PARTIE.

RESOLUTION DES DIFFICULTEZ
qui se trouvent dans la doctrine du jet des Bombes.

IL faut maintenant parler des difficultez que l'on trouve dans la doctrine que nous avons expliquée en ces deux dernieres parties : afin qu'étant une fois bien entenduës, l'on puisse plus aisement faire conoître que les changemens qu'elles

Resolution des difficultez qui se trouvent dans la doctrine du jet des Bombes.

Resolution des difficultez qui se trouvent dans la doctrine du jet des Bombes.

apportent dans les effets sont de si petite consideration, qu'il n'y a point de lieu de s'y arrêter ni d'empêcher l'usage de mes pratiques.

Tous les raisonnemens dont on se sert sont de deux sortes ; Les uns semblent détruire les suppositions que nous avons faites pour démontrer que la nature de la ligne courbe décrite par le passage d'un mobile jetté, étoit telle que nous l'avons expliquée dans la troisiéme partie ; Et les autres trouvent tant de difficultez dans l'execution, qu'ils font douter que l'on puisse attendre aucun effet assûré des regles que nous avons enseignées dans la seconde partie pour la pratique.

Pour repondre avec ordre aux uns & aux autres, nous traitterons premierement de ceux qui combattent la Theorie, remettant à examiner ceux qui sont contre la Pratique, aprés que les premiers auront été resolus.

LIVRE PREMIER.
Solution des Objections faites contre la Theorie.

CHAPITRE PREMIER.
Explication de ce qui a esté supposé dans la Theorie.

LORS que dans la troisiéme partie nous avons voulu faire voir que la ligne que le mobile poussé horizontalement, decrit par son passage est parabolique, à cause qu'il est porté de deux mouvemens qui le determinent en differentes parts : Nous avons supposé que le premier qui lui est imprimé par la force exterieure & qui se fait suivant la direction de la ligne droite horizontale, étoit égal & uniforme parcourant sur cette droite des espaces égaux en temps égaux ; Et que l'autre qui lui vient de sa gravité naturelle, se faisant par des droites perpendiculaires & paralleles, étoit inégal, mais uniformement acceleré, parcourant des espaces au long de ces paralleles qui sont entr'eux en raison sous doublée des temps qu'il employe à les parcourir.

Comme dans cette figure, qui est celle dont nous nous sommes servis dans la troisiéme par-

318 L'ART DE JETTER LES BOMBES.

Liv. I.
Chap. I.
Explication
de ce qui a
eſté ſuppoſé
dans la Theorie.

tie : Pour faire voir que le mobile pouſſé du point A ſuivant la direction horizontale AB, decrivoit dans ſa projection la ligne parabolique AFGHI ; Nous avons premierement ſuppoſé que la ligne AB étoit droite, & que le mouvement imprimé par la force externe au mobile, le determinoit de telle ſorte au long de la droite AB, que dans tout le temps de ſon mouvement il en parcouroit les eſpaces égaux comme AC, CD, DE &c. en temps égaux, pendant leſquels le même mobile porté par ſa peſanteur parcouroit au long des droites perpendiculaires & paralleles comme CF, DG, les eſpaces CF, DG, de telle ſorte que l'eſpace DG fait à CF, comme le quarré du temps AD eſt au quarré du temps AC ; Et que de la compoſition de ces deux mouvemens qui, changeant ſeulement la direction du mobile, ne s'aportent au reſte aucun empechement l'un à l'autre, reſultoit la ligne de projection parabolique AFGHI.

CHAPITRE II.

PREMIERE OBJECTION.

La ligne horizontale n'est point droite, & les perpendiculaires ne sont point parallèles.

OR comme il est faux de dire que l'horizontale A B soit ligne droite & que les perpendiculaires CF, DG soient parallèles; (Car A B, étant supposée également distante du centre de la Terre, fait un arc de cercle; & CF, DG étant perpendiculaires, concourent necessairement au centre;) Il paroit de la fausseté de ces suppositions : Et l'on peut voir que quand même il seroit veritable que le mouvement du dehors imprimé suivant la direction horizontale fut égal & uniforme, & que celui de la pesanteur suivant la direction perpendiculaire, suivit precisement les loix du mouvement uniformement acceleré, la ligne de projection ne peut jamais être parabolique.

Car supposant le centre de la terre au point N ou concourent les perpendiculaires AN, CN,

320 L'Art de Jetter les Bombes.

Liv. I.
Chap. II.
I. Objection.
La ligne horizontale n'est point droite & les perpendiculaires ne sont point parallèles.

DN; si nous concevons que le mobile partant du point A, soit porté par l'impression exterieure d'un mouvement égal au long des arcs égaux AC, CD, DE, & par celle de sa pesanteur d'un mouvement uniformement acceleré au

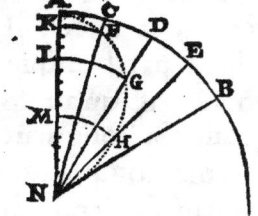

long des perpendiculaires AN, CN, DN: Il est constant que si dans le temps qu'il arriveroit en C par le mouvement égal, il se trouvoit en F par l'acceleré : il se trouveroit en G par le même acceleré, lors que par l'égal il devroit être en D, parce que l'espace DG ou AL est quadruple de CF ou AK, comme l'arc AD est double de AC : Ainsi il seroit en H au troisiéme temps AE, parce que EH ou AM contient neuf fois l'espace AK ou CF, comme l'arc AE contient trois fois l'arc AC. Maintenant, ayant pris une ligne comme AL moïenne Geometrique entre AN & AK, si nous faisons que comme AK est à AL, ainsi l'arc AC soit à un autre AB; il est constant que le mobile se trouveroit au centre de la terre N, lors que par le mouvement égal il auroit dû parcourir l'arc AB. Où il paroît que la courbe de la projection AFGHN est une espece de Spirale fort éloignée de la parabolique, qui de soy ne porteroit jamais le mobile

bile au centre. Car reprenant la figure de l'hypothese, si l'on prend le point N, pour le centre de la terre, il paroît que par la nature de la ligne parabolique, le mobile n'y arriveroit jamais, & qu'au contraire il en seroit élogné de toute la longueur de l'ordonnée NI, lors qu'il seroit tombé par son propre poids de la longueur de demi-diametre AN ou BI; D'où ensuite il s'en élogneroit davantage à l'infini. Ce qui est absurde.

CHAPITRE III.

II. OBJECTION.

La force imprimée au mobile n'est point perpetuelle, égale & uniforme.

IL n'est pas moins faux de dire que la force imprimée par la cause externe au mobile, soit perpetuelle égale & uniforme, ensorte que dans tout le temps de son mouvement elle lui fasse parcourir des espaces égaux en temps égaux: car bien que cela pût-être en quelque façon veritable au cas que le mobile fut porté dans un milieu qui n'eût point de resistance; celle de l'air, dans lequel nos boulets & nos bombes sont portés par la violence que le feu du mortier ou du Canon leur imprime, ne peut aucu-

LIV I.
CHAP. III.
II OBJECT.
La force imprimée au mobile n'est point perpetuelle, égale & uniforme.

nement souffrir cette uniformité de mouvement.

Deplus si nous nous imaginons qu'un mobile ne peut point se mouvoir dans l'air, qu'il ne s'y fasse faire place, en chassant à droite & à gauche les parties de l'air qu'il rencontre dans son passage : & que ces parties ayant de la pesanteur ne changent point de situation sans être poussées par quelque force externe; Nous n'aurons point de peine à comprendre que cette force ne leur peut être imprimée que par la violence du mouvement du mobile qui les rencontre. Et comme un corps qui se meut pert autant de sa propre vitesse qu'il en communique à un autre qu'il fait mouvoir ; il paroît que le mobile porté dans l'air ne sçauroit en detourner les parties pour se faire un passage, sans leur communiquer quelque chose de la vitesse de son mouvement, laquelle par ce moïen diminuë à mesure qu'il se meut, c'est à dire à mesure qu'il rencontre plus de parties de l'air qui s'opposent à son passage.

C'est ce qui fait cette si grande inégalité de vitesse & de durée du mouvement des mobiles, suivant la diversité des milieux dans lesquels ils sont portés, & celle de leur matiere, de leur pesanteur, de leur figure & de l'impression qu'ils ont receuë. Entre ceux la même qui se meuvent dans un même milieu comme dans l'air, & qui sont de même matiere & de même figure, les plus petits perdent bien plûtôt la force de leur mouvement que les plus grands, parce qu'ayant plus de surface à proportion de leur grandeur, ils rencontrent plus de parties de l'air qui leur resistent.

<small>Liv. I. Chap. III. Il obilct. La force imprimée au mobile n'est pas perpetuelle, égale & uniforme.</small>

Pour ne point sortir de nôtre sujet l'on peut dire qu'un même mobile pousse avec plus de violence les parties de l'air qu'il rencontre lors qu'il a plus de vitesse que lors qu'il en a moins ; Et vray-semblablement cette impulsion à quelque chose de proportioné à la velocité de son mouvement : car le mobile ne se ressent de la resistance des parties du milieu qu'à proportion de la force qu'il employe à les pousser ; D'où il arrive que le dechet qu'il souffre dans la vitesse suit aussi la mesure de la même vitesse, c'est à dire que plus elle est grande & plus elle souffre de diminution par la resistance de l'air.

Comme si nous entendons qu'un mobile porté suivant la direction horizontale A B, doive parcourir dans un milieu sans resistance par le mouvement imprimé du dehors les espaces égaux, A C, C D, D E, E B en temps égaux; pendant lesquels il doive descendre par le mouvement acceleré de sa pesanteur au long des perpendiculaires C F, D G, E H, B I, pour decrire par sa projection la ligne parabolique A F G H I : Il est constant que dans un milieu resistant comme dans l'air, le mouvement im-

324 L'ART DE JETTER LES BOMBES.

LIV. I.
CHAP. III.
II. OBJECT.
La force imprimée au mobile n'est pas perpetuelle, égale & uniforme.

primé suivant la direction de la ligne A B ne lui fera point passer des espaces égaux en temps égaux ; mais qu'au contraire ces espaces diminueront d'autant plus qu'il sera porté avec plus de vitesse. De maniere que si la resistance de l'air est capable de diminuer le chemin A C de la longueur par exemple C c, ensorte que le mobile au premier temps mesuré par A C, au lieu de se trouver en C sur l'horizontale,

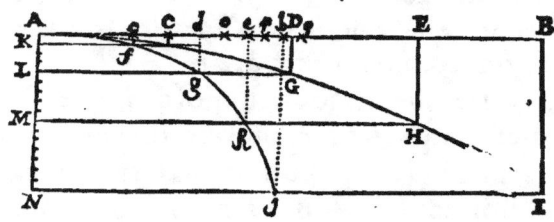

n'arrive qu'à la distance A c ; sa vitesse au point c en sera d'autant diminuée, & elle sera d'autant moindre que celle qu'il avoit en A que la ligne A c est moindre que A C; d'où il arrive que s'il se mouvoit du point c sans trouver de resistance, il parcouroit dans le second temps, mesuré par C D, l'espace c o égal à A c. Mais à cause de l'opposition des parties de l'air, il n'arrive qu'à celui de c d, si le premier dechet c C est au deuxiéme d o, comme la premiere vitesse en A est à la seconde en c, ou comme A C est à A c. Ainsi prenant dp égale à cd, le mobile au troisiéme temps D E arriveroit sans resistance en p; mais dans l'air il ne vient qu'en e, ensorte que le dechet ep soit au dechet do comme la vitesse en d est à la vitesse en c, ou comme de est à cd. Enfin si l'on fait eq égale à de, l'on peut voir que le mobile avec sa vitesse en e parviendroit au quatriéme temps E B en q sans resistance, & que dans l'air il ne vient qu'au point b, laissant l'espace du dechet bq qui a même proportion au dechet ep, que la vitesse en e est à la vitesse en d ou comme be est à de.

Liv. I. Chap. III. II. Object. La force imprimée au mobile n'est pas perpetuelle, égale & uniforme.

Desorte que si nous supposons que dans le premier temps A C le mobile soit arrivé par le mouvement de l'impulsion externe suivant la ligne horizontale A B au point c, & par celui de sa pesanteur à la longueur A K ou cf sur la perpendiculaire; Qu'en deux temps A D, il soit en d sur l'horizontale, & en L ou g sur la perpendiculaire; Qu'en trois temps A E, il soit parvenu horizontalement en e, & en M ou h sur la perpendiculaire; Et qu'enfin en quatre temps A B il soit arrivé en b sur l'horizontale par le mouvement imprimé, & en N ou i par l'acceleré de sa pesanteur: L'on peut voir que par la composition de ces deux mouvemens, il aura decrit par sa projection la ligne courbe A $fghi$, qui est fort élognée de la parabolique de l'ypothese A F G H I.

Sf iij

CHAPITRE IV.
III. OBJECTION.
La resistance de l'air altere les proportions du mouvement causé par la pesanteur.

L'ON peut raisonnablement conjecturer que la même resistance des parties de l'air, n'apporte pas moins de changement au mouvement de la pesanteur qui se fait sur les perpendiculaires, dont il altere considerablement les proportions. Il seroit autrement mal aisé d'expliquer plusieurs experiences que l'on a faites: comme de dire pour quelle raison une fleche tirée perpendiculairement met moins de temps à monter qu'à descendre, & fait en tombant sur une matiere molasse moins d'impression à sa chûte de quelque hauteur que ce puisse être, que lors qu'elle est tirée de prés sur la même matiere? D'où vient qu'une balle de pistolet tirée sur le pavé de haut en bas à plomb de la hauteur de plus de trente toises, se trouve moins écachée & moins froissée, que lors qu'elle est tirée sur le même pavé de la hauteur seulement de huit ou dix pieds? & diverses autres de cette nature, dont on donne des raisons assez probables par la resistance de l'air.

Car si nous entendons que la fleche portée

QUATRIEME PARTIE.

dans un milieu sans resistance avec la force qui lui a été imprimée par le decochement de l'arc, monte à une hauteur determinée ; nous pourrons dire que tombant ensuite dans le même milieu, elle acquerra par le mouvement acceleré de sa pesantur une force pareille à celle qui lui avoit été premierement imprimée, c'est à dire capable de la faire remonter à la même hauteur ; Que les espaces qu'elle parcourra en montant seront reciproquement les mêmes que ceux qu'elle passera en temps égaux en descendant ; Et que le temps qu'elle mettra à descendre sera precisement égal à celui qu'elle a employé à monter.

Mais si la fleche portée dans l'air perd autant de sa force imprimée qu'il faut qu'elle en communique aux parties de l'air qu'elle doit detourner pour passer ; il est constant qu'en montant elle n'arrivera qu'à une hauteur qui sera moindre que la premiere ; Et que descendant ensuite de cette hauteur, le mouvement de sa pesanteur ne pourra par consequent lui faire aquerir qu'une force qui sera moindre que celle de l'arc, quand même elle descendroit dans un milieu sans resistance. D'où vient que celle qu'il aquiert dans l'air à la fin de sa chûte doit être notablement plus petite & faire beaucoup moins d'impression sur une matiere molasse, que lors qu'elle est tirée de prés avec la même impression de l'arc.

Liv. I. Chap. IV. III. Object. La resistance de l'air altere les proportions du mouvement causé par la pesanteur.

L IV. I.
C HAP. IV.
III. OBJECT.
La résistance de l'air altere les proportions du mouvement causé par la pesanteur.

Maintenant les forces & les vitesses étant proportionelles, si la fleche dans l'air à moins de force en descendant qu'elle n'en avoit par l'impression de l'arc en montant ; il paroît qu'elle descend avec moins de vitesse : & comme elle passe des espaces égaux en l'un & en l'autre, elle doit necessairement emploïer plus de temps à parcourir celui de la descente qu'elle n'en aura mis à passer celui de la montée qu'elle aura parcouru avec plus de vitesse.

C'est aussi de cette maniere que l'on peut expliquer la différence qui se trouve entre deux coups de pistolet, dont l'un est tiré en bas à plomb d'une grande hauteur comme de trente toises, & l'autre à la distance seulement de huit ou dix pieds. Car s'il passoient tous deux dans un milieu sans resistance, il y a apparance que la force qui a été également imprimée par le feu à l'un & à l'autre, dureroit toûjours sans alteration & passeroit des espaces égaux dans des temps égaux, & que de plus arrivant à cette force externe un nouvel accroissement de vitesse imprimée par la pesanteur à chaque momoment de la chûte ; il est constant que la force & la vitesse d'une balle de pistolet tirée d'une grande hauteur seroit beaucoup plus grande que celle de la balle tirée de prés : car l'une & l'autre ayant toûjours la même impression du feu, la premiere auroit encore au pardessus de la seconde,

Quatrieme Partie.

conde, la force & la vitesse qu'elle auroit aquise dans tout le temps qu'elle auroit mis à passer un plus grand espace en tombant.

Liv. I. Chap. IV. III. Object. La resistance de l'air altere les proportions du mouvement causé par la pesanteur.

Ce qui n'arrive pas dans l'air dont les parties, devant être chassées pour donner passage à la balle, derobent à chaque moment une portion si considerable de sa vitesse, tant de celle qui lui est imprimée par le feu que de celle qui lui vient de sa pesanteur, que le composé de l'une & de l'autre se trouve à la fin moindre que celle qu'il avoit reçû du feu dans le commencement de sa chûte, c'est à dire que celle de la balle tirée d'une petite distance.

C'est ce qui fait presumer que cette balle de pistolet tombant dans l'air de quelque hauteur que ce puisse être, ne pourroit jamais parvenir, par la seule impression de sa pesanteur, à un degré de vitesse & de force pareil à celui que le feu du pistolet lui imprime ; y ayant peu d'apparence que la resistance de l'air lui permette jamais d'aquerir d'elle-même une force, qui lui étant une fois imprimée d'ailleurs, lui est si facilement & en si peu de temps ôtée par la même resistance.

Au contraire on peut dire vrai-semblablement que chaque corps selon son poids, sa matiere, & sa figure, à dans chaque milieu un certain degré de vitesse determiné à laquelle il peut arriver en tombant; Aprés quoy se trouvant, pour

Tt

330 L'ART DE JETTER LES BOMBES.

LIV. I.
CHAP. IV.
III. OBJECT
La resistance de l'air altere les proportions du mouvement causé par la pesanteur.

ainsi dire, en équilibre avec la resistance du milieu, il cesse de recevoir accroissement de vitesse, & son mouvement devient peut-être alors égal & uniforme; au moins tant qu'il trouve de l'uniformité dans les parties du milieu : Qui par leur constipation peuvent à la fin devenir assez fortes pour, non seulement diminuer, mais même pour faire entierement cesser le mouvement du corps tombant.

Et c'est en ce sens que l'on peut en quelque maniere appeller surnaturelle, la vitesse qu'une force externe imprime au corps, lors qu'elle est plus grande que celle qu'il peut naturellement aquerir en tombant ; c'est à dire lors qu'elle surpasse ce degré determiné, au dela duquel l'action de sa pesanteur ne lui donne plus d'acroissement de vitesse. Ainsi cette force & cette velocité que le feu du pistolet confere à la balle, lui est en quelque façon surnaturelle, puis qu'elle est plus grande que celle que la resistance de l'air lui peut permettre d'aquerir dans sa chûte à quelque hauteur que ce soit.

CHAPITRE V.

IV. OBJECTION.

Deux mouvemens differens n'entrent point en composition l'un avec l'autre sans alteration.

OUTRE ces difficultez qui detruisent les hypotheses sur lesquelles la doctrine de la projection est fondée, l'on peut encore ajouter qu'il est malaisé de comprendre que deux mouvemens si differens comme sont l'égal & uniforme, & celui qui est uniformement acceleré, puissent entrer en composition l'un avec l'autre sans donner ny recevoir aucune alteration ; C'est à dire que chacun d'eux agisse, dans la composition, en la même maniere qu'ils agiroient s'ils étoient separez, & que l'égal conserve son égalité dans sa direction & l'acceleré ses degrez d'acceleration proportionée selon la ligne perpendiculaire.

Ce qui est même assez contraire à l'experience : car dans cette hypothese un corps pesant feroit toûjours autant de chemin en tombant par le mouvement acceleré sur les perpendiculaires, soit qu'il fut emporté d'un mouvement imprimé du dehors avec quelque degré de vitesse que ce puisse être, soit qu'il ne se ressentit d'aucune autre impression que de celle de sa pesanteur ;

Liv. I.
Chap. V.
IV. OBJECT.
Deux mouvemens differens n'entrent point en composition l'un avec l'autre sans alteration.

T t ij

L I V. I.
C H A P. V.
IV. OBJECT.
Deux mouvemens differens n'entrent point en composition l'un avec l'autre sans alteration.

& partant un mobile mettroit juftement à arriver à terre d'une certaine hauteur en tombant feulement de fon propre poids, qu'il en mettroit étant emporté d'une impreſſion horizontale par laquelle il pût faire un tres grand chemin. C'eſt à dire que comme un boulet de Canon ne met, par exemple, que la moitié d'une feconde de temps à tomber de fon propre poids de la hauteur de trois pieds; il devroit arriver à terre dans le même temps partant d'une piece élevée de trois pieds & pointée horizontalement, qui feroit capable de le chaffer à longueur de huit cens toifes : ce qui eſt abfurde. Car toutes les experiences font conoître que ces portées horizontales tirées d'une certaine hauteur, emploient toûjours plus de temps avant que d'arriver à terre, qu'il n'en faudroit au boulet pour tomber cependant d'une hauteur quatre fois, & même en certain cas dix fois plus grande.

Ceci fe reconoit encore dans les jets d'eau, & le pere Merfene dit à ce fujet dans fes hydrauliques, que le Dragon de Ruel, (qui eſt un jet qui fe tourne de toutes parts,) élevé de quatre pieds fur l'horizon, jettoit l'eau fuivant la direction horizontale à trente pieds de diſtance en deux fecondes de temps; pendant lequel l'eau feroit defcenduë par le feul mouvement de fa pefanteur, de la hauteur perpendiculaire de plus de quarante huit pieds. Car comme les espaces parcourus du mouvement accéleré sont entr'eux comme les quarrez des temps, s'il est vray, comme on le voit par l'experience, qu'un mobile tombe de la hauteur de trois pieds perpendiculaires en une demi seconde de temps ; En deux secondes c'est à dire en un temps quadruple du premier, il doit tomber d'une hauteur seize fois plus grande c'est à dire de celle de quarante huit pieds.

Liv. IV. Chap. V. Deux mouvemens differens n'entrent point en composition l'un avec l'autre sans alteration.

Les arquebuses rayées tirées debut en blanc portent juste à la longueur de cent toises dans le temps d'une seconde, dont la balle devroit neanmoins tomber à terre à la moitié du chemin, si l'effet de sa pesanteur n'étoit pas suspendu par la force de l'impulsion de la poudre.

CHAPITRE VI.
V. OBJECTION.

Les espaces parcourus par le mobile tombant ne sont peut être pas dans la proportion des quarrés des temps de la chûte.

LA figure parabolique que l'on donne à la ligne de la projection se trouveroit fort alterée, & toutes les consequences que l'on en tire ; si les espaces qu'un mobile parcourt par le mouvement acceleré de sa pesanteur, étoient entr'eux comme les sinus verses, ou s'ils sui-

Chap. VI. V. OBJECTION. Les espaces parcourus par le mobile tombant ne sont peut être pas dans la proportion des quarrés des temps de la chûte.

voient quelque autre proportion differente de celle des quarrez de temps, comme il est supposé pour produire la ligne parabolique. Et comme il n'a pas jusqu'ici paru de démonstration de cette hypothese, il y a lieu d'en douter ; Dautant plus que ces differentes opinions ont été avancées & sont encore soûtenuës par des hommes de grande reputation.

Liv. I. Chap. VI. V. Objection. Les espaces parcourus par le mobile tombant ne sont peut être pas dans la proportion des quarrés des temps de la chûte.

CHAPITRE VII.

VI. OBIECTION.

Cette Theorie est souvent contraire à l'experience.

Chap. VII. VI. Object. Cette Theorie est souvent contraire à l'experience.

ENFIN ce qui peut le plus embarasser dans ce systeme, c'est qu'en plusieurs cas il est fort contraire à l'experience. Car sans s'arrêter à celles qui peuvent avoir donné lieu aux regles d'Ufano, de Galée, & des autres dont il a été parlé dans la premiere partie ; il est certain qu'un mousquet qui chassera par exemple à la longueur de trois cens soixante toises à toute volée, portera cent toises de but en blanc, c'est à dire plus du quart de sa plus grande portée : Au lieu que suivant les tables de cette hypothese il ne devroit point chasser du tout étant tiré horizontalement ; Et qu'à l'élevation d'un degré il ne devroit porter gueres plus loin qu'à la trentiéme partie de la même portée, & à la quinzié-

QUATRIEME PARTIE. 335

me êlevé de deux degrez ; Et qu'enfin pour le faire chaffer à celle de cent toifes, lors qu'à 45 degrez il porte à trois cens foixante to., Il faudroit le tirer fous la direction de huit degrez. De forte qu'un foldat qui croiroit tirer fon moufquet à la hauteur de fon œil, le tiendroit êlevé au pardeffus à la hauteur de huit degrez fans le conoître. Ce qui eft abfurde.

LIV. I.
CHAP. VI.
VI. OBIFCT.
Cette Theorie eft fouvent contraire à l'experience.

LIVRE DEUXIE'ME.
Réponses aux Objections proposées contre la Theorie.

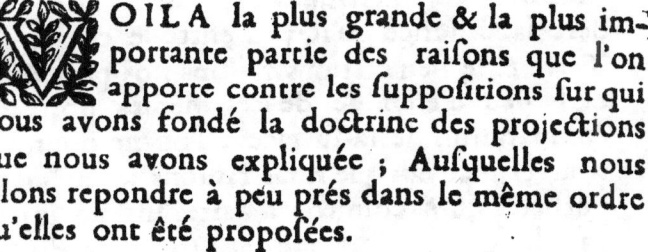OILA la plus grande & la plus importante partie des raisons que l'on apporte contre les suppositions sur qui nous avons fondé la doctrine des projections que nous avons expliquée ; Ausquelles nous allons repondre à peu prés dans le même ordre qu'elles ont été proposées.

CHAPITRE PREMIER.
Réponse à la premiere Objection.

L'ON ne peut rien nier dans la premiere ; étant tres-veritable (à le prendre à la rigueur,) que les lignes horizontales, c'est à dire également distantes du centre de la terre en toutes leurs parties, sont des arcs de cercle & ne peuvent jamais être lignes droites ; & que les perpendiculaires, c'est à dire celles qui tendent au même centre, ne sçauroient jamais être paralleles. Et qu'ainsi la ligne de projection d'un corps pesant, supposé même que le mouvement,
imprimé

imprimé fut égal & uniforme & celui de la pesanteur uniformement acceleré, ne peut être ligne parabolique, mais bien une espece de spirale.

Il n'y a rien, dis-je, de plus certain que ce raisonement pris dans la severité des demonstrations Geometriques ; Mais si l'on considere la distance qu'il y a entre le centre de la Terre & le lieu où nous faisons nos projections, & le peu d'étenduë de ces mêmes portées en comparaison de sa surface : l'on ne pourra pas trouver mauvais que nous fassions les mêmes hypotheses qu'Archimede a faites sur un sujet de pareille nature, lors que dans son livre *des Equiponderans* & dans celui *de la Quadrature de la parabole*, il a supposé que le joug de la balance posée horizontalement fut une ligne droite, & que les cordes, ausquelles les poids pendans aux bouts de la balance sont attachez, fussent paralleles entr'elles ; Quoy qu'en effet le joug horizontal soit portion de cercle & les cordes perpendiculaires, soient lignes qui se rencontrent au centre de Terre.

Cependant comme les consequences qu'Archimede à tirées de ses suppositions, qui sont d'une verité incontestable dans la Theorie, rapportées à la Pratique des plus grandes mesures qui soient parmi nous, reçoivent si peu d'alteration, (pour ne pas dire point du tout,

Liv. II.
Chap. I.
Reponse à la premiere objection.

Vu

338 L'ART DE JETTER LES BOMBES.

LIV. II.
CHAP. I.
Reponse à la premiere objection.

au moins qui soit sensible :) Personne n'a fait difficulté de les admettre ; Et c'est sur ce fondement que nous avons la plûpart de nos plus belles conoissances de Mecanique.

A son exemple nous pouvons bien supposer la même chose. Et comme on ne peut nier que les projections qui seroient faites horizontalement dans une distance *infiniment* élognée du centre de la Terre, (dans laquelle la ligne de direction horizontale du mouvement imprimé du dehors seroit une ligne droite, & les perpendiculaires du mouvement de la pesanteur du mobile seroient des lignes paralleles,) ne soient lignes paraboliques : l'on ne peut aussi raisonablement disputer que les projections qui se font parmi nous, mêmes les plus grandes & des plus grandes hauteurs, ne soient de la même nature ; s'il n'y a point de difference, ou si celle qui s'y rencontre est telle qu'il soit impossible de s'en appercevoir.

Or il est vray que posant qu'il fut possible qu'une piece d'Artillerie, pointée horizontalement sur une montagne de cent toises de haut au dessus du niveau d'une Campagne, chassât à la longueur d'une de nos lieuës ordinaires de 2500 toises, qui est la plus grande distance que l'on puisse s'imaginer pour la portée d'une piece pointée horizontalement : les perpendiculaires tirées des extremitez de cette longueur, ne se raprochent pas de la grandeur de six pouces dans toute cette étenduë d'une lieuë & dans la hauteur de cent toises.

Ainsi je laisse à juger si trouvant par le calcul des tables faites sur la nature de la ligne parabolique, qu'une portée dût être de 2500 toises; il arrivoit que cette portée par l'experience n'arrivât qu'à la longueur de 2499 toises 5 pieds & 6 pouces & demi; l'on en devroit plûtot imputer la faute à l'inclination des perpendiculaires qu'à toute autre raison : vû même qu'il est moralement impossible de s'assûrer jusqu'à ce point de l'exactitude de la mesure actuelle dans une si grande étenduë.

Ce que je dis de six pouces dans cette supposition qui ne vient peut-être jamais en pratique, ne monte pas à six lignes aux projections de cent toises de longueur sur vint toises de hauteur, & vient absolument à rien dans nos portées ordinaires.

C'est à dire que bien que la ligne de la projection d'un mobile soit veritablement une helice ou spirale du second genre dans toute son étenduë, à le prendre depuis le point du depart jusqu'à celui du centre de la Terre, (au cas que le chemin lui fut ouvert;) il est aussi tres vray que la portion de cette helice, qui est coupée dans son commencement par la surface de la terre que nous habitons, est tellement semblable à la ligne parabolique, que l'on peut hardiment prendre l'une pour l'autre, sans craindre de faire erreur qui puisse jamais devenir sensible dans nos pratiques.

Comme dans la figure qui a été raportée cy devant. Quoy que toute la ligne AFGHN de la projection d'un mobile depuis le point du depart A êlevé, par exemple, de la hauteur AK sur l'horizon KF, jusqu'au centre de la Terre N, soit une helice ou spirale ; Sa portion neanmoins AF coupée dans son commencement par la surface de la terre KF, sur laquelle la projection est terminée, est tellement semblable à la ligne parabolique que, même supposé que la hauteur AK fut de cent toises, & l'horizontale AC d'une lieuë ou de 2500 toises ; la portée KF qui, dans l'hypothese que AF soit parabolique, est aussi de 2500 to., n'en est pas élognée de six pouces dans l'helice, dans laquelle elle est de 2499 to. 5 pieds 6 $\frac{1}{2}$ pouces. La même KF ne sera point differente de l'horizontale AC de six lignes, si AC est supposée de cent toises & AK de vint to. ; Car KF sera de 999 to. 5 pieds 11 pouces 6 $\frac{1}{5}$ lignes. Ce qui s'évanoüit entierement aux projections ordinaires dont les portées ne sont pas si grandes, non plus que les hauteurs au dessus du niveau.

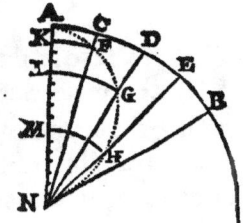

CHAPITRE II.
Réponse à la seconde objection.

IL ne seroit pas plus raisonnable de contester la seconde des raisons, que l'on apporte contre nôtre hypothese, pour expliquer les alterations que la resistance de l'air peut apporter au chemin que doit faire un mobile poussé d'une force externe, dont nous avons supposé les espaces égaux qui sont parcourus dans des temps égaux. Car il est vray qu'un mobile ne sçauroit detourner les parties de l'air qu'il rencontre dans son passage, sans leur imprimer du mouvement & sans diminuer par consequent la vitesse de celui qui lui a été imprimé du dehors.

Il est donc tres veritable que, (raisonant à toute rigueur,) les espaces qu'ils parcourent dans des temps égaux, avec une vitesse qui diminuë continuellement, ne peuvent point être égaux: & que, supposé même que le mouvement de la pesanteur qui se fait par les perpendiculaires, suivit toûjours les loix du mouvement uniformement acceleré; la ligne neanmoins de la projection, qui nait de la composition de ces deux mouvemens, ne sçauroit être ligne parabolique. Reste donc à considerer de combien les projections qui se font parmi nous, où la resistance de l'air s'oppose au passage du mobile & en altere le mouvement, sont differentes de celles qui se feroient avec la même direction & les mêmes degrez de vitesse dans un milieu sans resistance.

Il est difficile, (pour ne pas dire impossible,) de parler avec science & certitude de tous les effets de la resistance en general, à cause de son irregularité presqu'infinie; agissant en mille manieres differentes sur les mobiles, non seulement suivant les differences de leur pesanteur, de leur matiere, de leur figure, de leur direction, de la vitesse & de la durée de leur mouvement, & des espaces qu'ils parcourent, ainsi que nous avons dit cy-devant; mais même suivant la difference des parties du milieu qui la causent, leur rareté ou densité, leur dureté ou mollesse, leur tenacité, leur poids, leur configuration, leur ressort, leur situation leur repos ou leur agitation, & la facilité ou la difficulté qu'elles ont à recevoir l'impression des causes externes & à la conserver long temps ou la perdre aussi-tôt qu'elles l'ont receuë.

Toutes ces differences, qui sont cause, comme j'ay dit, que l'on ne peut pas faire une science complete sur ce sujet, n'empêchent pas neanmoins que l'on ne sçache que les corps pesants, de figure ronde, & dont la vitesse n'est pas excessive, sont ceux qui se ressentent le moins de

QUATRIEME PARTIE. 343

cette refiftance, lors qu'ils font portés dans un milieu rare comme eft celui dans lequel nous faifons nos projections ordinaires, c'eft à dire dans l'air. Et qu'ainfi ces projections & particulierement celles des Bombes, à qui le feu du mortier n'imprime point de viteffe demefurée, qui font rondes, d'un affez grands poids & qui ne font pas portées dans des diftances exceffives, font du nombre de celles qui fe trouvent le moins alterées; Et fi on les examine de prés, on trouvera que la ligne qu'elles tracent dans l'air par leur paffage eft tellement femblable à la parabolique, que l'on peut dire hardiment que l'alteration qu'elles reçoivent de la refiftance du milieu eft abfolument infenfible.

Liv. II. Chap. II. Réponfe à la feconde objection.

Car, (à le bien prendre,) la petiteffe & le peu de durée des mouvemens que nous pouvons imprimer par artifice aux mobiles & que nous pratiquons ordinairement parmi nous, font que l'on ne fe peut prefque point appercevoir qu'ils font retardez ou arrêtés par les empechemens du dehors; Entre lefquels celui de la refiftance du milieu dans lequel fe fait le mouvement eft le plus confiderable.

La force & l'énergie de la refiftance de l'air fe fait principalement conoître fur les mobiles en deux rencontres, l'une en ce qu'elle altere plûtôt & plus confiderablement le mouvement de ceux qui ont peu de poids, que de ceux qui

Liv. II.
Chap. II.
Réponse à la seconde objection.

font plus pefans. L'autre eft à l'égard des mobiles femblables, égaux & de même pefanteur, mais qui font portez avec des viteffes differentes, fur qui la refiftance de l'air fait d'autant plus d'impreffion que leur mouvement fe fait avec plus de velocité. Voici neanmoins deux obfervations de Galilée, qui font voir que même dans ces deux cas, ce que la refiftance de l'air peut changer aux mouvemens que nous pouvons imprimer par nos artifices aux mobiles qui fe meuvent dans les diftances & avec les viteffes qui font ordinaires parmi nous, eft tres-peu de chofe.

La premiere eft de deux corps de même figure & de même grandeur, mais de differentes pefanteurs comme font deux balles de même groffeur dont l'une foit de bois & l'autre de fer ou de plomb, qui fera par confequent, dix ou douze fois plus pefante que l'autre, Lefquelles il faut laiffer tomber en même temps d'une même hauteur, comme de celle de cinquante toifes, qui eft un efpace affez grand pour donner lieu à la refiftance de l'air de faire remarquer la difference de fon action fur des pefanteurs tellement élognées l'une de l'autre. Car s'il eft vray qu'elle agiffe peu fur le plomb, & beaucoup fur le bois, le plomb doit en tombant laiffer le bois beaucoup en arriere, & être à terre un temps confiderable avant l'autre. Ce qui n'arrive
pourtant

QUATRIEME PARTIE. 345

pourtant point, car lors que le plomb touche à terre, le bois n'en est pas élogné de la hauteur de dix ou douze pouces, c'est à dire de plus de la trois centiéme partie de toute la hauteur de la chûte, bien loin d'en être élogné de la dixiéme, comme il arriveroit si les vitesses & les espaces étoient, comme dit Aristote, proportionez aux pesanteurs des mobiles qui tombent.

Cependant la vitesse que ces deux mobiles aquierent par le mouvement uniformement acceleré tombant de la hauteur de cinquante toises, & qui est à peu pres la même en l'un & en l'autre, est assez grande pour faire parcourir à chacun d'eux un espace de cent toises d'un mouvement égal & uniforme dans un temps égal à celui de leur chûte, c'est à dire dans le temps d'environ cinq secondes. Elle est même assez grande pour être comparée à celle des mouvemens que nous pouvons imprimer par artifice aux mobiles, puis que celle-la même que le feu donne à la balle d'une arquebuse qui lui fait parcourir prez des mêmes cent toises en une seconde, n'est pas cinq fois plus grande que celle-ci. Ce qui fait voir que puisque, dans une si grande vitesse, dans un si grande espace & dans une si grande difference de pesanteur, il y a si peu de difference d'étenduë de portée dans un même temps ; l'on ne doit pas presumer que la resistance de l'air apporte de grands changemens dans les mouvemens de nos projections ordinaires.

L'autre est pour faire voir que l'empechement qu'un mobile reçoit de la resistance de l'air, lors qu'il se meut avec beaucoup de vitesse, n'est gueres plus grand que celui qu'il ressent quand il est mû plus lentement. Suspendez, dit-il, deux balles de plomb égales & de même figure à deux filets de même longueur comme de six ou sept pieds, dont les bouts soient attachez au plancher; Puis élognez en même temps les deux balles de leur état perpendiculaire où elle se trouvent quand elles sont en repos, mais en maniere que l'une s'en élogne de 80 degrez ou même plus, & l'autre seulement de 4 ou 5 degrez: Ensorte que les laissant dans la liberté de leur mouvement la premiere decrive de tres-grands arcs comme de 160 : de 150: de 140 : degrez & ainsi de suite en diminuant peu à peu; L'autre au contraire ne passe que de petits arcs comme de 8: de 6 : de 4: degrez en les diminuant aussi petit à petit.

Vous remarquerez, dit-il, premierement que la vitesse de l'un est seize ou dixhuit fois plus grande que celle de l'autre; Et que si la resistance de l'air retardoit beaucoup plus le mobile lors que sa vitesse est grande que lors qu'il se meut plus lentement, Elle devroit se faire ressentir davantage sur la balle qui passe de si

Quatrième Partie.

grands arcs, & rendre par consequent ses vibrations (c'est à dire ses allées & ses retours) plus rares & moins frequentes que ne sont les vibrations de la balle qui passe des petits arcs. Ce qui pourtant, n'arrive point: car l'experience nous fait conoître que ces vibrations des balles pendantes à des filets de même longueur se font si justement dans les mêmes temps, soit que l'une passe des arcs cent fois, pour ainsi dire, plus grands que l'autre, que si deux personnes se donnent le soin de les conter chacune à part, elles se trouveront toûjours ensemble dans les mêmes nombres, sans trouver aucune difference non seulement aprés les avoir contées par centaines, mais même dans celles qui sont repetées mille & mille fois.

Ce n'est pas que l'on n'y puisse à la fin trouver du changement: Car nous sçavons par l'experience des horloges à pendules, que leurs vibrations sont un peu plus frequentes & qu'elles vont tant soit peu plus vîte lors que le ressort est à sa fin & qu'il ne peut donner que tres-peu de mouvement à la pendule, que lors qu'étant dans sa force il lui fait decrire des grands arcs; Mais cela ne se conoît qu'avec beaucoup de temps. Et l'on peut de ces experiences tirer une consequence assurée que l'effet de la resistance de l'air sur les mouvemens que nous pratiquons ordinairement parmi nous, est peu de chose.

Liv. II. Chap. II. Réponse à la seconde objection.

Liv. II.
Chap. II.
Réponse à la seconde objection.

J'ajouteray à ces raisonemens que posé même qu'il fut vrai, que l'air pût apporter une alteration considerable au mouvement des projections, & qu'il y eut beaucoup de difference entre l'étenduë d'un jet fait dans un milieu sans resistance & celle d'un autre jet fait dans l'air avec la même impression de vitesse: l'on ne pourroit pas pour cela tirer aucune consequence contraire aux pratiques que nous avons enseignées dans la seconde partie de ce discours. Ce que l'on feroit avec justice si la resistance de l'air n'agissoit pas uniformement & de la même maniere sur tous les mobiles égaux, semblables & de même poids, & poussez d'une même vitesse sous quelqu'angle de direction que ce puisse être : Ou si dans les regles que nous avons proposées, nous avions comparé les portées qui se font dans l'air avec celles qui se feroient dans un milieu sans resistance.

Mais il n'y a rien de semblable dans nos suppositions; Et toutes nos regles & les Tables mêmes qui sont construites pour cet effet, ne considerent que les étenduës des projections des mobiles qui se font dans un même milieu, c'est à dire dans l'air, avec la même impression de force; sans relation à ce qui leur arriveroit dans quelque autre milieu que ce puisse être. Car nous avons toûjours supposé que l'on fit une épreuve de la piece ou du mortier dont on veut

QUATRIEME PARTIE.

se servir sous la direction d'un angle conû, & que l'on mesurât l'étenduë de la portée avec toute la justesse & la precision possible, ensorte que l'on pût s'appuyer assurement sur la certitude de cette experience; Appellant cette portée *premiere & fondamentale*; à laquelle il faut rapporter tous les autres jets que l'on auroit à faire avec la même piece ou mortier, chargé de la même maniere & sous la direction de tout autre angle proposé.

LIV. II.
CHAP. II.
Réponse à la seconde objection.

Ainsi l'on peut dire avec beaucoup d'apparance que ces mobiles se ressentant également de la resistance du milieu, conservent entr'eux de fort prés la même proportion pour la figure, la durée & l'étenduë de la ligne qu'ils decrivent dans leur passage, qu'ils auroient s'ils ne trouvoient aucun obstacle dans leur chemin. Ce qui est si conforme à l'experience que dans les jets d'Eau même qui par le peu de pesanteur & par la fluidité de la matiere, se ressentent beaucoup de l'effort de la resistance de l'air, l'on remarque que l'étenduë de ceux qui se font sous l'angle de 45 degrez, est double de la hauteur des perpendiculaires, ou s'approche de si prés de ces mesures que dans les jets de six pieds de haut la difference ne sera pas de quatre lignes.

Ce n'est pas que l'on ne se puisse appercevoir de cette difference dans les autres jets dont les portées devroient, suivant les regles, être égales,

Liv. II.
Chap. II.
Réponse à la seconde objection.

quoy que le chemin qui se fait dans l'un soit plus grand que celui qu'il parcourt dans l'autre; je veux dire dans les portées des projections qui se font sous des angles également éloignez au dessus ou au dessous de demi-droit. Car il est vray que celles qui s'approchent le plus de la perpendiculaire & dont les élevations sont au dessus, ayant plus de chemin à faire que celles qui s'approchent plus de l'horizontale & dont les élevations sont au dessous, se ressentent plus de la resistance de l'air, & sont par consequent tant soit peu plus courtes que les autres.

A quoy l'on doit peut-être rapporter les experiences que Louïs Collado Ingenieur du Roy d'Espagne dont nous avons parlé dans la premiere partie de ce discours, raconte des portées d'un fauconeau de trois livres de balle tirées suivant les differens points de l'Equerre; parmi lesquelles, quoy que tres-deffectueuses, l'on ne laisse pas de remarquer qu'au septiéme point la balle chût, comme il dit, plusieurs pas en deça de la portée du sixiéme; au huitiéme elle tomba entre les portées du troisiéme & du quatriéme point, & au neuviéme entre celles du second & du troisiéme; Qui selon les regles devoient tomber le septiéme sur le cinquiéme, le huitiéme sur le quatriéme, & le neuviéme sur la portée du troisiéme point.

CHAPITRE III.
Réponse à la troisiéme objection.

JE me serviray de toutes ces raisons pour repondre à la troisiéme objection que j'ay rapportée cy-devant, par laquelle on pretend que dans la projection d'un mobile, la même resistance de l'air change beaucoup les proportions du mouvement uniformement acceleré que la pesanteur lui imprime. Car quoy qu'il soit vray que chaque corps, suivant son poids, sa figure & sa grandeur, doive avoir dans chaque milieu un degré borné de vitesse, qu'il est capable d'aquerir en tombant d'une hauteur determinée; Qu'au de la de cette hauteur il ne peut plus recevoir d'accroissement de velocité; Et que toute autre vitesse plus grande, imprimée par quelque cause externe au mobile, lui est en quelque façon surnaturelle : l'on ne peut neanmoins nier que les corps solides, ronds & pesans comme sont nos bombes & nos boulets de Canon, ne soient ceux d'entr'eux dont le dernier terme de l'accroissement de vitesse est le plus élogné du commencement de leur chûte, & sur qui l'effet de la resistance de l'air doit moins paroître dans les petites hauteurs comme sont celles de nos projections.

Ainsi, quoy qu'il arrive, comme on dit & comme il y a beaucoup d'apparance, qu'un de ces mobiles en tombant perde à la fin, par la resistance de l'air, la vertu que sa pesanteur lui donne d'augmenter incessament sa vitesse: Comme cela ne lui doit arriver qu'aprés un grand temps & aprés être tombé d'une hauteur extraordinaire, il seroit malaisé de s'appercevoir sitôt de ce changement, qui ne sçauroit être grand dans les hauteurs où nous faisons ordinairement nos projections.

Ce qui se confirme par les experiences dont le Pere Mersene parle dans sa Balistique & qui sont rapportées dans cette objection; Car aprés avoir dit, qu'une fleche qui monte en trois secondes de temps à la hauteur de 50 toises, met en suite cinq secondes à descendre; Et que montant en cinq secondes à une plus grande hauteur, lors que la force de l'arc est plus grande, elle employe sept secondes dans sa descente; Il assûre qu'il a reconu par des épreuves repetées plus de cent fois que les bombes qui peuvent s'êlever à la hauteur perpendiculaire de plus de cent toises, mettent precisement autant de temps à monter qu'à descendre.

D'où l'on peut conjecturer que ce qu'il rapporte des fleches, (s'il est vray qu'il ait pû remarquer si justement la hauteur de leur jet perpendiculaire & le temps de leur montée & de leur

QUATRIEME PARTIE.

leur defcente,) peut prévenir, non feulement de la refiftance de l'air dont l'effet fur les fleches a été fuffifament expliqué dans la troifiéme objection, mais même parce que la pointe de la fleche ayant plus de poids, fe porte toûjours en avant la premiere tant qu'elle eft en mouvement; Deforte que lors qu'en montant la pointe en haut, elle eft parvenuë à la hauteur perpendiculaire où la force imprimée la peut faire monter, il lui faut du temps pour fe renverfer & pour faire que la pointe fe tourne du côté qu'elle doit fe mouvoir en defcendant, c'eft à dire vers le bas. Et quoy que dans ce moment la fleche, à bien parler, ne defcende pas encore, ne faifant que changer la fituation de fes parties : Ce temps neanmoins étant pris pour celui de la defcente, que l'on a accoutumé de conter du moment qu'elle ceffe de monter, le fait paroître plus grand que celui de la montée ; quoy qu'en effet ils ne foient pas fort differens l'un de l'autre, non plus que dans le mouvement des Bombes & des autres mobiles ronds, qui étant également pefans en toutes leurs parties, n'ont point de changement à faire entr'elles, & mettent par confequent autant de temps à monter qu'à defcendre. D'où l'on peut enfin neceffairement inferer que le changement que la refiftance de l'air apporte à leur mouvement, n'eft point fenfible.

LIV. II.
CHAP. III.
Réponfe à la troifiéme objection.

Yy

Liv. II.
Chap. III.
Réponse à la troisiéme objection.

L'on voit par l'une des observations de Galilée que, dans les mobiles de même grandeur & de même figure & qui tombent ensemble de même hauteur, la difference du poids ne fait pas beaucoup de difference de mouvement, puisqu'une balle de bois tombant de la hauteur de trente toises arrive presque aussi-tôt à terre qu'une de plomb, quoy que celle-cy soit dix ou douze fois plus pesante que l'autre. Ce que nous reconnoissons encore mieux par les jets perpendiculaires des liqueurs comme de l'eau & du vif argent, qui partant d'une même hauteur de source remontent presqu'à la même hauteur du jet, comme nous l'expliquerons mieux cy-aprés, quoy que l'eau soit plus de treize fois moins pesante que le vif argent. D'où nous pouvons conclure que l'effet de la resistance de l'air, quelque considerable qu'il puisse devenir sur les corps qui tombent de fort haut, n'est pas fort sensible dans les hauteurs où nous pouvons porter les mobiles à qui nous donnons le mouvement par nos artifices.

Au reste, si l'on suppose, comme il est vray semblable, que la resistance du milieu agit également sur des mobiles égaux, semblables & de même poids, pourveu qu'ils soient portez d'une même vitesse ; Et que la difference de ses effets depend principalement de la difference du temps que le mobile employe à se mouvoir, ensorte qu'elle se fasse plus ou mois ressentir selon que le corps mû fait plus ou moins de chemin en quelque direction que ce puisse être : l'on peut dire avec beaucoup d'apparence que nos bombes & nos boulets de Canon, (que nous supposons toujours égaux, semblables, de même poids, & portez d'une même vitesse, qui lui est imprimée par le feu d'une même piece ou d'un même mortier chargé de la même poudre & de la même maniere,) conservent dans l'air les mêmes proportions, pour la difference des portées suivant les differentes inclinations de direction, qu'ils auroient dans un milieu sans resistance : & que l'on peut par consequent se servir des regles & des tables que nous avons rapportées ; quoy qu'à le prendre à la rigueur, elles supposent que le mobile ne ressente aucune alteration par les empechemens externes dans son mouvement.

Pour regarder la chose de plus prés, il faut considerer que la resistance de l'air agissant sur la projection d'un mobile en deux manieres sçavoir, en retardant l'effet du mouvement uniformement acceleré que la pesanteur lui imprime suivant les perpendiculaires, & en retardant par celui du mouvement égal qui lui a été donné la force de dehors selon la ligne de sa direction : Par la premiere cette resistance agrandit l'étenduë de la portée du jet & par l'autre au contraire

Liv. II.
Chap. III
Réponse à la troisiéme objection.

elle la diminuë; Ainsi l'on peut raisonnablement conjecturer que ces deux empêchemens se detruisent reciproquement l'un l'autre, & que le dernier ôtant de l'étenduë ce que le premier lui ajoute, elle demeure par une espece de compensation dans sa legitime grandeur & telle à peu prés qu'elle seroit dans un milieu sans resistance.

Comme si le mobile partant du point A suivant la direction AC parcouroit dans un milieu sans resistance toute la ligne AC d'un mouvement égal pendant le temps qu'il descendroit par le mouvement uniformement acceleré de toute la hauteur perpendiculaire AB; Il est constant que par la composition des deux mouvemens, il se trouveroit au point D où la perpendiculaire CD égale à AB rencontre la ligne horizontale BD, aprés avoir décrit dans son passage la ligne parabolique AD. Posons maintenant que la resistance de l'air se fasse seulement sentir sur le mouvement égal du mobile sans toucher à l'uniformement acceleré; en sorte que dans le même temps qu'il descend du point A en B, il ne parcourre sur ligne de la direction AC que la longueur AI moindre que AC: il est encore évident que par la composition des deux mouvemens, le mobile se trouveroit en K où la perpendiculaire IK égale à AB rencontre la même horizontale BD; Et que

QUATRIEME PARTIE. 357

l'étendüe de la projection BK étant en ce cas LIV. II. diminuée par la resistance de l'air, seroit moin- CHAP. III. dre que l'étendüe BD de la projection dans un troisiéme ob-jection.

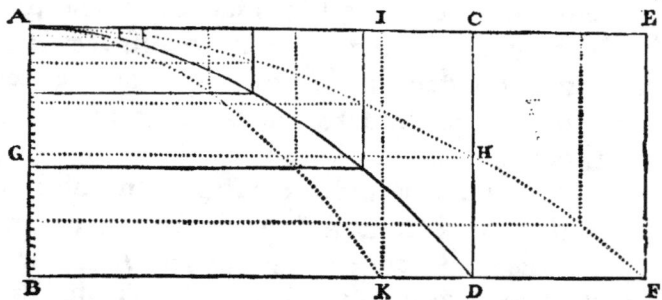

milieu sans resistance. Mais si laissant le mouvement égal suivant la direction AC sans le troubler, nous entendons que la resistance de l'air se fasse seulement sentir sur le mouvement uniformement acceleré de la pesanteur; ensorte que dans le temps que le mobile partant du du point A arrive par le mouvement égal au point C, il ne soit cependant descendu que de la longueur perpendiculaire AG : il paroît que le mobile par la composition de ces deux mouvemens seroit en H, où la perpendiculaire CH égale à AG rencontre la droite GH parallele à l'horizon, après avoir decrit la courbe AH; Et que dans le temps qu'il employeroit à descendre le reste de la perpendiculaire GB, pour arriver à l'horizontale BD, il auroit cependant continué sa route suivant la direction AC par

Yy iij

le mouvement égal comme de C en E; afin de se trouver en F où la perpendiculaire EF égale à AB rencontre l'horizontale BD continuée: Et

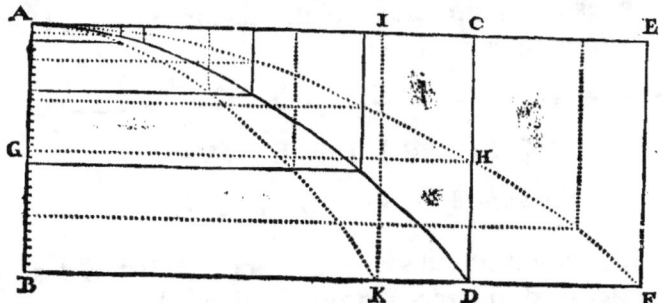

par ce moïen l'étendue de la projection BF se trouveroit agrandie par la resistance de l'air & plus longue que l'étendüe BD qui se feroit dans un milieu sans resistance.

Puis donc que la resistance de l'air lors qu'elle agit seulement sur le mouvement uniformement acceleré, agrandit l'étendüe du jet, comme au contraire elle la diminüe lors qu'elle retarde seulement l'effet du mouvement égal, & qu'il y a grande apparence que cette resistance agit uniformement sur un même mobile, L'on peut, ce me semble, dire avec quelque fondement de raison que ces deux effets, qui agissant ensemble seroient considerables sur l'étendüe du mobile s'ils se faisoient sentir de même part, deviennent par leur contrarieté insensibles sur la même étendüe; & que l'un lui rendant ce qui

QUATRIEME PARTIE.

lui est ôté par l'autre, elle demeure par cette compensation dans une espece d'équilibre & à peu prés au même état qu'elle seroit si elle n'étoit aucunement alterée.

CHAPITRE IV.
Réponse à la quatriéme objection.

LA difficulté qui vient de la composition des deux mouvemens dont il est parlé dans la quatriéme objection, est plus grande. Car bien que l'on puisse assez bien comprendre ce qui arrive sur ce sujet lors que les mouvemens sont purement matematiques, c'est à dire lors que l'on les suppose parfaitement reglez & incapables d'aucune alteration : il n'en est pas de même de ceux qui se font parmi nous lesquels, dependant de mille causes physiques qui nous sont pour la plus part inconües, sont par consequent sujets à plusieurs changemens dont il n'est pas facile de rendre raison.

Ainsi Gallilée pour repondre à la même objection qu'il se fait luy-même, excepte premierement des regles de sa Theorie, les effets prodigieux du mouvement que le feu de la poudre imprime aux balles d'Artillerie, dont la vitesse est, dit-il, surnaturelle, parce que le mobile en tombant de quelque hauteur que ce

Liv II.
Chap. III.
Réponse à la quatriéme objection.

puisse être, ne pourroit jamais naturellement en aquerir une pareille. Il avoüe même qu'il y a quelque apparance que la ligne que decrit la balle d'un mousquet ou d'un Canon, est au moins dans son commencement plus droite qu'il ne faut pour être parabolique & qu'elle ne seroit effectivement si l'impression de sa vitesse n'êtoit pas si violente.

Dans un autre endroit, faisant reflexion sur la table des amplitudes des paraboles, que nous avons raportée cy-devant, & dans laquelle il met un o sous les angles de o & de 90 degrez, c'est à dire pour l'étenduë du jet horizontal aussi-bien que du perpendiculaire; Il fait dire à *Sagredo*,) qui est un de ceux qui parlent dans ses Dialogues,) qu'il n'a point de peine à comprendre ce qu'il dit pour le jet perpendiculaire, parce qu'il n'y a point de force quelle qu'elle soit, qui puisse, en portant le mobile suivant cette direction à l'infini, donner au jet aucune autre étenduë que la perpendiculaire : Mais qu'il ne peut pas si bien concevoir, qu'une force quelque grande qu'elle puisse être, ne puisse point porter un mobile horizontalement en ligne droite à une distance si petite que l'on puisse s'imaginer ; Et qu'un boulet de Canon comence à descendre au premier moment qu'il sort de la bouche de la piece pointée, comme on dit, de point en blanc, & quitte la ligne de direction sans pouvoir

QUATRIEME PARTIE.

voir aucunement marcher en ligne droite.

J'assurerois même que cela est, dit-il, absolument impossible, si je n'en étois retenu par un autre accident de la nature, qui n'est pas moins bigearre ny moins surprenant que celui-ci; dont il y a neanmoins une demonstration Geometrique ; c'est qu'il n'y a point de force quelle qu'elle soit, qui soit capable d'étendre une corde posée horizontalement en ligne droite. Comme si l'on attache aux extremitez de la corde AB, deux poids C, D quelque grands qu'ils soient ; Je dis qu'il ne pourront jamais étendre la corde horizontalement de telle sorte qu'elle fasse une ligne droite AB. Car si l'on entend que le poids de la corde, agissant en I soit égal au poids H ; il est constant, par les regles de la Mecanique, que le poids H descendra & fera monter les deux poids C & D toutes les fois que le chemin IE que le poids H fera en descendant aura plus grande raison au chemin EF que les poids C, D feront au même temps en mon-

Liv. II.
Chap. IV.
Réponse à la quatrième objection.

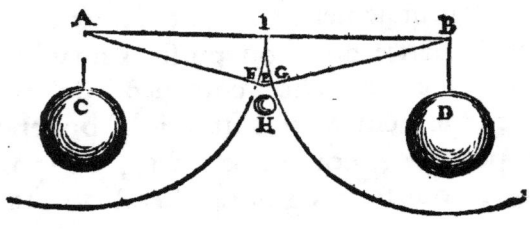

Liv. II.
Chap. IV.
Réponse à la quatriéme objection.

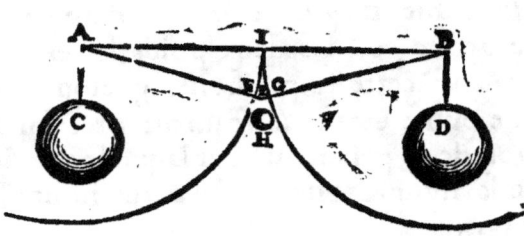

tant, que les mêmes poids C, D ensemble n'ont au poids de la corde H. Et comme la raison des poids C, D ensemble au poids H, ne sçauroit jamais être si grande que l'on ne puisse faire un angle comme EAI dont dont la tangente comme IE n'ait encore une plus grande raison à la partie de la secante EF; c'est à dire le chemin du poids de la corde H en descendant, au chemin des poids C, D en montant: il paroît que ces poids ne sçauroient jamais empêcher que le poids de la corde ne descende, ny jamais par consequent l'étendre en ligne droite.

Galilée prend, ensuite de ce raisonement, ocasion de dire que ces deux cas sont si semblables, que ce que l'on demontre de l'un peut être entendu de l'autre sans difficulté: car les deux poids sont à l'égard de la corde qu'ils tirent, comme la vitesse de l'impression est à l'égard du boulet qu'elle emporte horizontalement. Et comme ces poids, quelques pesants qu'ils soient, ne peuvent jamais empecher que le poids

QUATRIEME PARTIE.

de la corde n'agiſſe & ne la detourne de la ligne droite, où les deux poids la veulent étendre : Ainſi cette impreſſion, quelque violente qu'elle puiſſe être, ne ſçauroit ôter au boulet l'action de ſa peſanteur, par laquelle il ſe detourne de la ligne droite, où l'autre impreſſion le veut porter.

Liv. II. Chap. IV. Reponſe à la quatriéme objection.

En effet de toutes les raiſons qui ſont à nôtre conoiſſance, il ny en a aucune qui detruiſe cette proprieté de la nature : il faut pour la combatre avoir recours aux experiences comme on a fait dans la quatriéme objection. Surquoy je diray premierement au ſujet de celles que l'on rapporte des boulets de Canon qui tirez horizontalement mettent, comme on dit, beaucoup plus de temps à arriver à terre, qu'ils ne feroient s'ils tomboient ſeulement de leur poids de la hauteur de la bouche de la piece ; Que ces experiences ſont extremement ſuſpectes particulierement en deux choſes, dont l'une eſt pour ce qui regarde la juſteſſe de la direction horizontale de la piece, & l'autre eſt au ſujet de la conduite de la balle qui ne ſuit pas toûjours preciſément cette direction.

La plus part des Canoniers s'imaginent que leur Canon eſt pointé juſtement de but en blanc, lors qu'ayant remarqué quelque endroit oppoſé dans le niveau de leur piece, ils la pointent vers cet endroit en mirant au long du metal & font

Liv. II.
Chap. IV.
Réponse à la quatrième objection.

enforte que la ligne de leur veuë paſſant de la culaſſe au bourlet, decouvre le but où il viſent: En quoy ils ſe trompent de beaucoup ; car le niveau de l'ame porte plus haut que cette mire, & fait par conſequent monter le boulet au deſſus de la ligne horizontale.

Comme ſi la piece A E eſt pointée vers un point dans le niveau de la piece comme B, enforte que la ligne de la mire qui paſſe de la culaſſe A au haut du bourlet E decouvre le but B ; il ne faut pas attendre que la balle marche au long de la droite horizontale A B, s'il eſt vray qu'il ſuive la direction de l'ame D E, parce qu'elle

n'eſt point parallele à la droite du raz de metal A C à cauſe que le metal eſt plus foible à la volée ; Ce qui fait qu'elle porte le boulet vers F & le contraint de decrire la courbe E G B pour arriver au point B.

Je ſçay bien que ceux qui veulent pointer juſte ſelon la direction de l'ame de la piece ſe ſervent d'une eſpece d'Equerre faite de trois regles bien droites A B, C D, F E diſpoſées deforte que C D & F E étant attachées à angles droits, la regle A B ſe hauſſant & baiſſant au long de la regle F E, demeure toûjours parallele à C D.

QUATRIEME PARTIE.

Car mettant CD dans l'ame de la piece & hauffant ou baiffant AB jufqu'à ce que le point A foit fur la mire de la culaffe, la direction du point

Liv. II. Chap IV. Réponfe à la quatriéme objection.

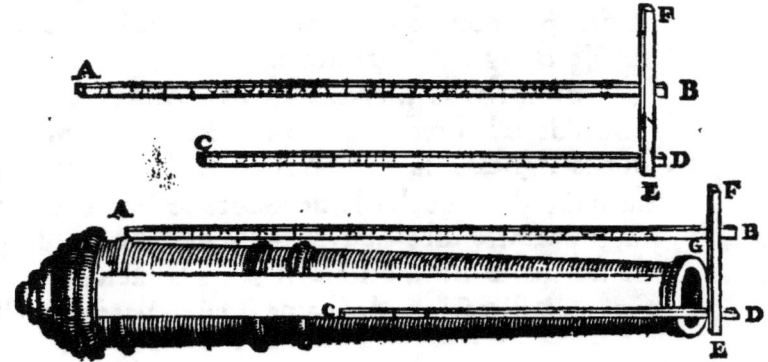

A par B fera la même que celle de l'ame ; Deforte que fi l'on met quelque chofe de ftable fur le bourlet en G qui reponde à la hauteur du point B, l'on aura la ligne de mire A B parallele à celle de l'ame de la piece.

Mais je fçay auffi que lors que la piece eft pointée de cette maniere, il n'arrive jamais qu'elle porte droit au but propofé dans la diftance de fa portée ordinaire de niveau, & qu'il arrive au contraire que le boulet frappe beaucoup plus bas.

Zz iij

CHAPITRE V.
Reflexions sur le sujet de l'Artillerie.

VOICI quelques reflexions que j'ay faites sur le sujet de l'Artillerie, par lesquelles on verra que la conduitte de la balle n'est pas toûjours la même que celle de la direction de la piece. Je dis donc qu'il y a beaucoup d'apparance que le feu prenant à la poudre de la charge ne l'embraze pas subitement toute entiere & toute à la fois pour donner au boulet, par une seule & unique impulsion, cette force & cette impetuosité de vitesse avec laquelle il se meut. Au contraire il est bien plus probable que la vehemence de cette impression lui est plûtôt & plus surement communiquée par une infinité de percussions que les petits grains de la poudre allumez successivement lui font ressentir, soit en le poussant directement à mesure qu'ils s'enflament auprés de lui, soit qu'en frappant contre les côtez de l'ame & se reflecnissant une infinité de fois dans toute son étenduë, ils viennent aussi se faire sentir au boulet autant de fois qu'ils le rencontrent. Car il n'y a point d'épaisseur de metal qui fut capable de resister à un si grand effort, s'il se faisoit sentir tout à la fois, & en un même endroit : & les Canons au premier coup fe mettoient en pieces. Outre que leur longueur feroit inutile pour leur portée: Car le boulet ayant une fois receu toute fa force imprimée, feroit toûjours p~té à la même diftance, foit qu'il fortit d'un Canon ou plus long ou plus court. Ce qui eft contraire à l'experience.

LIV. II.
CHAP V.
Reflexion fur le fujet de l'Artillerie.

Ceci peut fervir de regle pour la proportion que la longueur du Canon doit avoir avec fon diametre, laquelle doit être difpofée de telle maniere que la poudre de la charge y puiffe être precifement allumée tout entiere au moment qu'il vient à en fortir: Car fi le Canon eft trop court, une bonne partie de la poudre fort avec le boulet fans faire effet, ainfi qu'il arrive fouvent & principalement aux pieces qui font échauffées: & fi la piece eft plus longue qu'il ne faut, en forte que la poudre foit toute enflamée avant que le boulet foit arrivé à la bouche; la force peut être confiderablement diminuée par le frottement qu'il fait tout le long du haut de l'ame avant que de fortir.

Comme les Canons qui ont de la longueur ont plus de portée que ceux qui font courts, à caufe que le boulet, avant que de fortir, y donne temps à une plus grande quantité de poudre de s'allumer: l'on peut augmenter de beaucoup la force des Canons courts, en creufant des petits canaux tournez en forme de fpirale au dedans de leur ame & pouffant avec violence fur la poudre une balle de plomb un peu plus groffe que le diametre du Canon, afin qu'en fortant elle foit contrainte de fuivre le contour des canaux de la fpirale : Car par ce moïen la balle mettant autant de temps à fortir du Canon quoy que court, qu'elle mettroit à fortir d'un autre Canon qui feroit auffi long qu'un de ces canaux étendus ; Elle fera qu'il s'y allumera autant de poudre qu'il s'y en allumeroit dans l'autre, & que la force y fera également augmentée.

L'on peut encor donner beaucoup de force aux Canons courts en creufant en rond le fonds de leur culaffe en forme de campane ou de cloche : car comme l'action de la poudre qui prend feu, fe fait en rond de fphere & tout alentour, il n'y a que cette partie qui regarde la bouche de la piece qui pouffe le boulet en avant, & celle qui regarde la culaffe tombe dans le creux de la campane qui, étant à peu prés fait de figure parabolique, la raffemble & la reflechit tout entiere avec la même velocité vers le boulet ; deforte qu'il ne fe pert rien de l'action de la poudre, qui par ce moïen fe trouve employée tout entiere fur le boulet. Au lieu qu'aux autres Canons le boulet ne reffent que cette partie de l'action de la poudre qui fe porte directement en avant, la plûpart du refte fe perdant

dant fans effet fur le derriere & vers la culaffe.

CHAPITRE VI.
Suite de la réponſe à la quatriéme objeEtion.

MAIS pour retourner à nôtre fujet, l'on peut inferer de ce raifonnement que le boulet au fortir de la piece ne va jamais droit au but vers lequel elle eſt pointée, & qu'il fe detourne notablement de la ligne de la direction en montant des le moment qu'il fort de la bouche; car les grains qui font les plus proches de la culaffe s'allumant les premiers pouffent par leur mouvement precipité non feulement le boulet, mais même les autres grains de la poudre, qui par leur propre pefanteur fuivent le boulet au long du fonds de l'ame, où s'alumant l'un aprés l'autre, ils frappent quafi tous le boulet vers le deffous, qui n'étant pas de calibre, à caufe du jeu qu'il doit neceffairement avoir dans la piece, eſt élevé infenfiblement vers le bord fuperieur de la bouche, contre lequel il frotte tellement en fortant qu'aux pieces qui ont beaucoup fervi & dont le metail eſt un peu doux, l'on remarque un canal confiderable que le boulet en fortant y a à la fin creufé par ce frotement.

Aaa

LIV. II.
CHAP. VI.
Suite de la réponse à la quatriéme objection.

Desorte que le boulet, comme il paroît de tout ce discours, n'étant jamais porté en ligne droite vers le but, quelque soin que l'on prenne de pointer la piece horizontalement, il ne faut pas s'étoner s'il employe plus de temps à monter & à descendre dans toute l'étenduë de la courbe qu'il decrit, qu'il n'en mettroit à tomber seulement de son poids à la hauteur de la bouche de la piece.

Je joindray ici la même experience que le Pere Mersene raporte dans sa balistique pour montrer que la nature fait toûjours observer ses regles dans ses jets en la maniere que nous les avons expliquées. C'est celle que Mr Petit a faite autre fois au Havre de Grace avec une piece de 33 livres de balle, élevée huit toises sur le niveau de la campagne qui, pointée sous la direction de l'angle de 22 degrez, à chassé à la longueur de 1900 toises dans le temps de 20 ou 21 secondes. Car par le calcul on peut faire voir sur cette hypothese que la balle s'est élevée à la hauteur de prés de deux cens toises au dessus du niveau de la batterie, & qu'il lui a fallu dix secondes pour monter à cette hauteur & prés d'onze secondes pour en descendre. Où il paroit que la pesanteur de la balle, dans toute l'étenduë de cette portée, a fait le même effet pour le mouvement uniformement acceleré, qu'elle auroit fait quand elle n'auroit point eu d'autre impression,

QUATRIEME PARTIE. 371

parcourant en defcendant environ douze pieds en une feconde & le refte à proportion.

Je ne crois pas que l'on doive faire beaucoup de cas de l'experience du jet du Dragon de Ruel raportée par le Pere Merfene, pour le peu d'éxactitude avec laquelle elle a êté faite : Mais fur celles des arquebufes rayées, on peut dire que quand il feroit même veritable, ce que dit le même Auteur, qu'une balle porte jufte de but en blanc à la longueur de cent toifes en une feconde de temps; Il ne feroit pas malaifé de repondre que pour peu que l'on donât de latitude à ce qu'il appelle de but en blanc, fon experience fe trouveroit entierement conforme à nos hypothefes. Il ne faut que fuppofer que la direction de l'arquebufe ait êté feulement d'un demi degré ou de 35 minutes au plus, au deffus de la ligne horizontale, dont il eft impoffible de reconoître la difference à la veuë, ou que la balle par l'impreffion du feu de la poudre ait êté portée fuivant cette direction : car par ce moïen l'on peut voir par le calcul qu'elle fe fera élevée dans le milieu de fa courfe à la hauteur perpendiculaire de trois pieds; ce qui fuffit pour emploïer une demi-feconde de temps pour arriver en montant à cette hauteur & autant pour en defcendre, conformement aux loix naturelles du mouvement uniformement acceleré.

Que fi l'on dit, comme il y grande apparance,

LIV. II.
CHAP. VI.
Suite de la réponse à la quatrième objection.

que la vitesse de la balle sortant d'une arquebuse rayée est beaucoup plus grande, puisqu'à la longueur de plus de cent cinquante pas elle est presque égale à celle du son qui fait douze cens toises de chemin en sept secondes, c'est à dire peu moins de cent toises en une demi seconde de temps : il faudra beaucoup moins de deviation de la direction horizontale ; Et il suffira que la balle dans le milieu de sa course s'éleve seulement à la hauteur perpendiculaire de neuf pouces pour faire quadrer le mouvement de sa pesanteur aux loix de la nature que nous avons expliquées. Auquel cas il est moralement impossible que l'on puisse conoître la difference d'un jet de cette nature & de celui qui seroit purement horizontal.

Quoy que tout ce que je viens d'expliquer fasse assez conoitre, que ce que l'on dit contre nôtre hypothese au sujet de la composition des deux mouvemens, dont l'un est égal & l'autre est uniformement acceleré, n'est pas capable de la detruire ; Je ne voudrois pas neanmoins m'opiniatrer à soûtenir aveuglément, que par ce melange il n'arrive jamais aucune mutation ni a l'un ni a l'autre. Car bien qu'il fut veritable que la pesanteur ne soit jamais oisive & qu'elle agisse toûjours également sur un corps, soit qu'il soit en repos, soit qu'il soit emporté de quelque rapidité que ce puisse être ; il ne s'en-

QUATRIEME PARTIE.

suit pas pour cela que les espaces qu'elle lui fait parcourir sur les perpendiculaires soient toûjours les mêmes dans les mêmes temps, quoy que peut-être ils soient toûjours dans les mêmes proportions.

Liv. II. Chap. VI. Suite de la réponse à la quatriéme objection.

Nous voïons dans nôtre air & dans le mouvement ordinaire des corps qui sont autour de nous, qu'un poids tombant parcourt environ trois pieds huit lignes & demie au commencement de sa chûte dans le temps d'une demi seconde & environ douze pieds deux pouces dix lignes dans celui d'une seconde entiere, & ainsi du reste en faisant les espaces proportionels aux quarrez de temps. Mais qui peut nous assûrer que dans un air beaucoup plus élevé ou plus abaissé vers le centre de la Terre, plus pesant ou plus leger, ou même agité d'une autre maniere que le nôtre, un corps en tombant ne parcoure pas un espace plus grand ou moindre que celui de trois pieds huit lignes & demi, dans la premiere demi seconde du temps de sa chûte, & que les autres espaces dans la suite de leur mouvement soient entr'eux en proportion des quarrez des temps.

Et si l'air, comme nous le voyons par les experiences admirables du Barometre, ne pese jamais plus que lors qu'il est le plus pur, le plus serain & le moins agité ; comme au contraire il ne paroît jamais plus leger que lors qu'il est

LIV. II.
CHAP. VI
Suite de la réponse à la quatriéme objection.

battu des vents ou chargé de nuages épais, lesquels y font apparament des mutations qui, pour nous être inconuës, ne laissent pas de suspendre en quelque maniere l'effet de sa pesanteur naturelle : Pourquoy ne pourrons nous pas, par la même raison, presumer que la violente rapidité de l'impression que le feu de la poudre communique à un boulet de Canon, ne puisse au sortir de la piece interrompre l'effet ordinaire de sa pesanteur ; Et faire que les espaces qu'il parcourt sur les perpendiculaires dans le commencement de son mouvement, ne soient pas si grands qu'ils seroient, si le boulet n'avoit point d'autre impression que celle de sa gravité, quoyque ces espaces fussent toûjours dans la proportion des temps du mouvement?

Quoy qu'il en soit neanmoins, cette difference ne sçauroit tout au plus faire autre effet sur la ligne de projection des mobiles, que de les rendre peut être un peu plus droites au commencement de leur course qu'il ne faudroit pour être exactement paraboliques, ainsi que Galilée la fort bien remarqué : sans que pour cet effet les proportions de leurs étenduës suivant la difference de leurs directions, & suivant les nombres qui leur sont assignez dans les tables que nous avons proposées cy-devant, se trouvent aucunement alterées.

CHAPITRE VII.
Réponse à la cinquiéme objection.

L'ON ne sçauroit apporter trop de rigueur à l'examen des propositions de cette partie de Mathematique que l'on appelle Pure, c'est à dire de celle qui considere la quantité absolument detachée de la matiere. Et c'est en ce sens qu'il faut prendre cette belle maxime d'Aristote qui dit, *qu'il est également impertinent d'exiger des demonstrations dans les raisonnemens de l'Orateur & de se rendre aux raisons probables & vray semblables du Mathematicien.*

Mais on ne doit pas avoir tant de severité pour celles qui sont tirées de la Mathematique que l'on appelle Mixte, dont le sujet est la quantité compliquée & attachée à la matiere ; parce qu'étant pour la plûpart fondées sur des principes de Physique, dans la consideration desquels l'esprit humain se confond environné de tenebres épaisses : il ne faut pas s'étonner s'il ne les debroüille que sur des conjectures, & s'il ne les appuïe que de raisons tirées de ses experiences.

Il croit beaucoup faire en ces matieres, si les principes qu'il établit n'ont rien d'absurde, s'ils sont conformes aux manieres ordinaires d'agir de la nature, c'est à dire s'ils sont simples, aisez & debarassez, s'ils servent à expliquer tout ce qui se fait sur ce sujet & si l'on ne peut pas tirer, de leur position, aucune consequence impertinente ou impossible.

En effet l'on n'a rien à reprocher en un sisteme de Physique, lors que toutes ces conditions se rencontrent dans ses hypotheses; Et c'est ensuite à la Mathematique à en tirer les consequences necessaires, dont les demonstrations ne doivent pas être moins rigoureusement examinées que celles de la Mathematique pure; parce que le même art qui sert à la Geometrie à former ses conclusions sur les premiers principes que la Metaphysique lui fournit, sert aussi à la Mecanique à prouver ses propositions par les principes posez sur les hypotheses Physiques.

C'est donc sur ce pied qu'il faut examiner les diverses definitions que l'on donne à l'acceleration du mouvement des corps qui tombent, & voir si étant uniforme elle se fait de telle sorte que le mobile aquiert à tous les momens égaux de sa chûte des degrez égaux de vitesse suivant le sentiment de Galilée que nous avons posé pour fondement de toute cette doctrine, ou si c'est accroissement de velocité se fait à proportion des espaces que le mobile parcourt en tombant, ainsi que d'autres l'ont crû.

CHAP. VIII.

CHAPITRE VIII.

Raisons de Galilée pour montrer que la vitesse du Corps qui tombe ne s'acroit pas à proportion des espaces.

GALILE'E assûre d'abord que cette derniere opinion enferme une absurdité, & que pour être veritable il faudroit que le mouvement de la chûte des corps se fit en un instant. Car posant, comme il dit, que le mobile parcourre en tombant l'espace A B ; s'il est vray qu'étant divisé comme en C, la vitesse aquise au point C soit à la vitesse aquise au point B, comme l'espace A C est à l'espace A B : l'on pourra dire que l'espace A B sera parcouru dans le même temps que l'espace A C ; car toutes les fois que les espaces sont entr'eux comme les vitesses du mobile qui les parcourt, les espaces sont parcourus dans les mêmes temps. Or il ne se peut faire, que la toute A B soit passée dans le même temps que sa partie A C, ailleurs que dans le mouvement qui se fait en un instant ; il est donc faux de dire que les vitesses s'augmentent à proportion des espaces parcourus.

Mais ce raisonement quoy que vray, comme

Bbb

378 L'ART DE JETTER LES BOMBES.

<small>Liv. VII.
Chap. VIII.
Raisons de
Galilée pour
faire oïr que
la vitesse du
Corps qui
tombe ne s'a-
croit pas à
proportion
des espaces.</small>

on dit, dans la matiere, est paralogistique dans sa forme. Car cette proposition, par laquelle il dit que les espaces sont parcourus en même temps lors qu'ils sont entr'eux en même proportion que les vitesses, est claire d'elle même dans le mouvement égal & uniforme : Mais elle peut être absolument niée dans le mouvement acceleré ; nonobstant mêmes toutes les raisons dont Gassendi se sert pour la confirmer, lesquelles quoy que veritables & ingenieuses, n'ôtent pas entierement l'obscurité de cette position.

CHAPITRE IX.
Raisons de Gassendi au même sujet.

<small>Chap. IX.
Raisons de
Gassendi au
même sujet.</small>

IL est bien plus sûr pour détruire cette opinion de se servir des raisonemens que le même Gassendi rapporte dans ses Epitres contre le Pere le Cazre Jesuite & contre un certain Michel Varron, qui est apparament le premier qui la produite sur la fin du siecle passé, & de montrer qu'il s'ensuit plusieurs absurdités si l'on dit que les vitesses s'augmentent à proportion des espaces.

Car l'on peut premierement faire voir sur cette hypothese que le mouvement peut être continuellement acceleré sans qu'il soit aucune-

QUATRIÈME PARTIE. 379

Liv. II,
Chap. IX.
Raisons de
Gassendi au
même sujet.

ment uniforme, ce qui est peu conforme aux loix de la Nature. Il ne faut que prendre deux lignes AB & AC se rencontrant en A à tel angle que l'on veut comme BAC, & une troisiéme DE, qui faisant avec les deux autres les angles CAD, BAE égaux, soit entenduë descendre au long des mêmes AB, AC demeurant toujours parallele a elle-

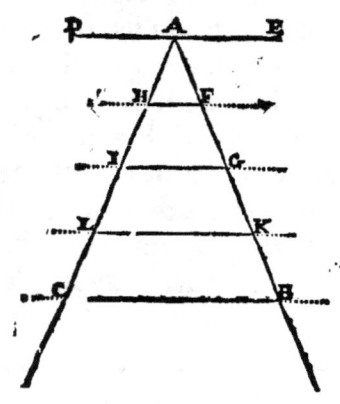

même : car si la droite AB étant divisée en parties égales comme aux points F, G, K, l'on prend ces mêmes parties pour la mesure des espaces parcourus par la chûte d'un mobile ; les lignes FH, GI, c'est à dire les portions de la droite DE comprises entre les deux AB, AC, pourront être prises pour mesures des vitesses aquises, ensorte que FH soit la vitesse aquise lorsque le mobile a parcouru l'espace AF, GI, celle qu'il a aprés avoir passé l'espace AG, & ainsi des autres ; Et par ce moïen les vitesses s'augmenteront suivant la proportion des espaces. Maintenant si nous posons que l'espace AF ait été parcouru par exemple dans le temps d'une

Bbb ij

minutte d'heure, au bout de laquelle le mobile sans interruption de mouvement employe une heure entiere à passer le second espace FG, & le troisiéme espace GK en moins d'une seconde, & enfin le quatriéme KB dans le temps d'un jour entier. Je ne crois pas que l'on puisse dire que le mouvement de ce mobile, qui se fait si inegalement pour le temps dans toute l'étenduë de sa chûte AB, est uniforme quoy qu'il soit toûjours continu; Et cependant il est conforme à la definition, la vitesse en quelque endroit que l'on la prenne étant à la vitesse comme l'espace passé est à l'espace; Car la droite KL qui mesure la vitesse aquise en K, est toûjours à la droite BC qui mesure celle que le mobile a aquise en B, comme l'espace AK est à l'espace AB; & la vitesse en I marquée par GI est à la vitesse en F marquée par HF, comme l'espace AG est à 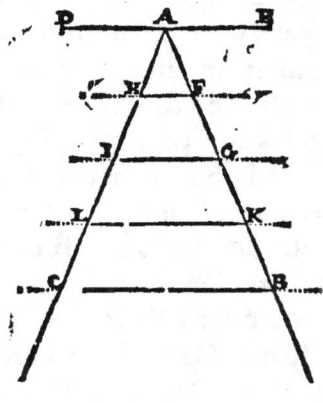 l'espace AF, quelque diformité qu'il y puisse avoir dans la suite de ce mouvement.

L'origine de tout le mal vient de ce que dans

cette definition du mouvement uniformement acceleré, il n'est point parlé du temps, sans qui neanmoins on ne peut rien distinguer dans les vitesses, dont à bien parler il fait le caractere essentiel : car lors qu'elles sont seulement comparées aux espaces, il est naturel de dire que la vitesse qui passe un grand espace est plus grande que celle qui n'en parcourt qu'un petit, quoy que cette derniere comparée au temps du mouvement puisse être infiniment plus grande que l'autre.

C'est ce qui donne lieu d'inferer comme une consequence necessaire de cette position que le mobile doit parcourir un espace infini en un moment : car prenant pour la mesure de la chûte d'un mobile un espace comme A B divisé en parties égales aux points C, D, E, F, &c. Si l'on entend que le mobile ait parcouru le premier espace A C dans un certain moment de temps ; Il est constant que la vitesse en D étant double de la vitesse en C comme l'espace A D est double de l'espace C D, il ne faudra pour passer l'espace C D que la moitié du temps qu'il a fallu pour passer A C. Par la même raison la vitesse en E étant double de la vitesse en D comme l'espace C E est double de DE, l'espace DE sera

Liv. II.
Chap. IX.
Raisons de
Gassendi au
même sujet.

passé dans la moitié du temps qu'il a fallu pour passer CD c'est à dire dans le quart de celui de AC. Ainsi EF se passera dans la moitié du temps de DE, c'est à dire dans la huitiéme partie du temps de AC, & FG dans la seiziéme partie du même premier temps AC: & ainsi du reste à l'infini en continuelle progression sous-double. Mais toutes Ces fractions $\frac{1}{2}:\frac{1}{4}:\frac{1}{8}:\frac{1}{16}:$&c. ne composent un moment entier égal au premier que dans l'infini: Posant donc que l'espace AC ayant été parcouru dans un moment, il s'ensuit que le mobile parcourra un espace infini dans le temps d'un second moment égal au premier.

Si l'on dit que les vitesses dans chaque espace ne doivent pas être comparées à celle de l'espace immediatement precedent, mais bien à tous les espaces passez depuis le commencement de sa chûte, ensorte que celle du second espace soit double de celle du premier, celle du troisiéme triple, celle du quatriéme quadruple &c. Il sera toûjours vray de dire si le premier espace est parcouru dans un certain temps, qu'il ne faudra que la moitié de ce temps pour passer le second espace où la vitesse est double de celle du premier, & un tiers

A — 1.
C — $\frac{1}{2}$
D — $\frac{1}{4}$
E — $\frac{1}{8}$
F — $\frac{1}{16}$
G — $\frac{1}{32}$
H — $\frac{1}{64}$
B

QUATRIEME PARTIE. 383

du même temps pour passer le troisiéme espace où la vitesse est triple, & un quart pour le quatriéme comme la vitesse est quadruple, un cinquiéme au cinquiéme, un sixiéme au sixiéme, & ainsi des autres. Desorte qu'ajoutant ces fractions comme $\frac{1}{2}$, $\frac{1}{3}$, $\frac{1}{4}$ qui font un peu plus d'un moment entier de temps égal au premier, pendant que le mobile passe le second, le troisiéme & le quatriéme espace. Et celles-ci $\frac{1}{5} : \frac{1}{6} : \frac{1}{7} : \frac{1}{8} : \frac{1}{9} : \frac{1}{10} : \frac{1}{11} :$ Qui font encore un peu plus d'un moment entier égal au premier, pendant quoy le mobile passe le cinquiéme, le sixiéme, le septiéme, le huitiéme, le neuviéme, le dixiéme, & l'onziéme espace & ainsi des autres; Nous pourrons dire que le mobile parcourant un de ces espaces au premier temps, il passera un peu plus de trois espaces suivants au second temps, & peu plus de sept espaces au troisiéme, & par la même raison plus de vingt espaces au quatriéme, plus de cinquante deux au cinquiéme, plus de huitante quatre au sixiéme, & ainsi à l'infini suivant la progression de ces nombres $1 : 3 : 7 : 20 : 52 : 84 :$ Qui est prés de la triple & fort élognée de celle qui se voit par l'experience dans la chûte des corps.

L'experience même que le Pere le Cazre rapporte pour confirmer son opinion, l'a detruit & sert principalement à établir celle de Galilée. Prenés, dit-il, une balance dont un des bassins

Liv. II
Chap. IX.
Raisons de G. ssendi au même sujet.

soit posé sur une table & l'autre en l'air ; Et laissez tomber dans celui-ci une bale de plomb : Vous verrez que tombant de la hauteur d'un de ses diametres, elle êlevera le double de son poids mis dans l'autre bassin, & le triple si elle tombe de la hauteur de deux de ses diametres, comme le quadruple si elle tombe de trois fois sa hauteur, & ainsi des autres. D'où il s'ensuit que les percussions êtant les mêmes que les vitesses, & celles-la êtant proportionées aux espaces parcourus par la chûte du mobile, les vitesses seront aussi comme les espaces.

Mais cette experience est fausse ; Et une balle de plomb tombant de la hauteur d'un de ses diametres n'êlevera pas seulement le double de son poids, mais plus de six ou sept fois autant. Et ce qui est de plus remarquable, c'est qu'ayant determiné ce que cette balle peut êlever tombant d'une certaine hauteur : si l'on veut qu'elle en êleve le double, il faut la faire tomber du quadruple de la même hauteur ; & pour en êlever le triple, la hauteur de sa chûte doit être neuf fois plus grande que celle de la premiere, & seize fois plus grande pour êlever le quadruple du premier poids & ainsi du reste ; Ensorte que les hauteurs soient toûjours en raison doublée de celle des poids. Ce qui sert à confirmer la definition de Galilée, ainsi que nous dirons cy-aprés.

CHAP. X.

QUATRIEME PARTIE.

CHAPITRE X.
Un mobile en tombant aquiert à chaque moment un nouveau degré de vitesse.

NOus pourrions tirer mille autres consequences absurdes de cette position, aussi bien que de toutes les autres de la même nature : comme de celles qui veulent que le mobile parcoure des espaces dans les temps égaux en raison double ou triple &c.; dont la fausseté se conoit par l'experience. Mais pour ne point nous arrêter plus long temps inutilement sur cette matiere, nous allons expliquer les raisons qui servent à établir la definition de Galilée, & faire voir qu'elle à seule toutes les conditions qui nous ont cy-devant paru necessaires à un Principe de Physique : c'est à dire qu'elle n'a rien d'absurde ; Qu'elle est conforme aux loix ordinaires de la nature, étant simple, uniforme, aisée ; Et que tout ce qui arrive au mouvement acceleré des corps qui tombent, peut-être facilement expliqué par son moïen, sans que de sa position l'on puisse tirer aucune consequence impossible ou impertinente.

Galilée après avoir dit qu'il n'y a rien de plus uniforme, de plus facile ny de plus conforme aux manieres ordinaires de la nature, que de dire

Liv. II. Chap. X. Un mobile en tombant aquiert a chaque moment un nouveau degré de vitesse.

au sujet de l'acceleration du mouvement des corps qui tombent, *Qu'un mobile en tombant aquiert en tous les momens égaux de sa chûte, des degrez égaux de vitesse*; Et aprés avoir supposé par forme de Petition (qui a depuis été demontrée par Torricelli,) *Que le mobile en tombant sur des plans diversement inclinez aquiert un même degré de vitesse par tout, où il y a même hauteur perpendiculaire*: Il fait voir qu'il suit necessairement de sa definition que les espaces, que le mobile parcourt, sont entr'eux en raison doublée des temps qu'il employe à les parcourir; Ensorte que l'espace qu'il parcourt en deux temps, est quadruple de celui qu'il a passé dans le premier temps, & celui qu'il parcourt en trois temps, est neuf fois plus grand que le même. D'où il arrive que ces espaces parcourus dans des temps égaux se suivent, à commencer du point de repos, en continuelle progression des premiers nombres impairs $1:3:5:7:9:$ &c. Ensorte que si le mobile passe un espace au premier temps, il en parcourra trois au second, cinq au troisiéme, sept au quatriéme, neuf au cinquiéme, & ainsi des autres: Ainsi que nous l'avons expliqué cy-devant.

CHAPITRE XI.

Prouvé par diverses experiences.

ET comme par l'experience que Galilée propose ensuite de ce raisonnement, il paroit que les mouvemens des corps qui tombent, observent exactement ces proportions ; il concludt hardiment, par une espece de demonstration, que l'on appelle dans les Ecoles *à posteriori*, que sa definition est veritable.

Voici son experience. Dans une piece de bois de la longueur de dixhuit ou vint pieds & de la largeur de neuf ou dix pouces en un sens & de trois pouces en l'autre, j'ay, dit-il, fait creuser dans toute l'étenduë de la piece un canal d'un pouce de largeur sur le côté le plus étroit, que j'ay fait tirer le plus droit & le plus uni qu'il a été possible, colant même au dedans du parchemin tres-fin & bien lissé afin d'y pouvoir faire librement couler une balle de bronze parfaitement ronde & polie. Puis élevant cette piece de bois plus ou moins pour lui donner diverses inclinations, j'ay remarqué le temps juste que la balle employoit à descendre tantôt dans toute la longueur, tantôt dans la moitié, dans le quart, dans d'autres de ses differentes parties : & des experiences repetées plus de cent fois en tous les cas, il s'est toûjours trouvé

LIV. II.
CHAP. XI.
Prouvé par diverses experiences.

que les espaces parcourus en toutes sortes d'inclination, étoient entr'eux comme les quarrez des temps de leur passage ; Et que les temps de la chûte suivant les diverses inclinations, étoient en raison sous-doublée & reciproque de leurs hauteurs perpendiculaires, ainsi que nous l'avons dit cy-devant ; sans qu'il y soit jamais arrivé la moindre chose au contraire.

Et pour être parfaitement assûré de la mesure du temps: Ayant, dit-il, fait attacher en haut un grand vaisseau plein d'eau avec un thuyau tres-fin soudé au fond, par lequel il découloit un petit filet d'eau, l'on la recevoit avec grand soin dans un verre pendant le passage de la balle ; puis la pesant dans la derniere justesse avec une balance tres-exquise, l'on conoissoit par la difference des poids de l'eau, la difference des temps que la balle employoit à parcourir ses differens espaces. Et cela avec tant de precision que les temps de la chûte dans toutes ces observations repetées infinies de fois, ne se sont jamais trouvez avec une difference qui fut sensible dans un même cas.

Nous pouvons joindre à ceci les experiences qui se sont faites depuis Galilée par Gassendi, par le Pere Mersene & par d'autres ; Et particulierement celle que l'on a faite au long d'un mur de quarante huit pieds de haut marquées par des lignes bien conoissables à la hauteur premiere ment de vint-un pieds à commencer du pied de la muraille, puis à celle de Quinze pieds au deſſus, puis de neuf & enfin à celle de trois pieds : & ayant premierement conſideré qu'un corps qui tombe paſſe un eſpace de trois pouces dans le temps d'une demi ſeconde qui ſe trouve ſouvent égal à un battement d'artere; l'on a vû par une experience repetée pluſieurs fois que laiſſant tomber une balle aſſez groſſe de toute cette hauteur de Quarante huit pieds, ſi elle ſe trouvoit preciſément au droit de la premiere marque en deſcendant de la hauteur de trois pieds au premier battement d'artere ou d'une pendule de neuf pouces de longueur, elle repondoit juſtement vis à vis de la ſeconde marque en deſcendant de la hauteur de neuf pieds au ſecond battement, & vis à vis de la troiſiéme marque en deſcendant de la hauteur de Quinze pieds au troiſiéme battement, & qu'enfin elle touchoit à terre aprés être deſcenduë de vint-un pieds au quatriéme. D'où vient que ſi nous prenons les premiers 3 pieds pour le premier eſpace parcouru dans le premier temps; Le ſecond eſpace de 9 pieds ſera triple du premier au ſecond temps; Le troiſiéme de 15 pieds au troiſiéme temps ſera quintuple ; Et enfin le quatriéme de 21 pieds au quatriéme temps ſera ſeptuple ; Et ainſi des autres dans la ſuite des premiers nombres impairs.

LIV. II.
CHAP XI.
Prouvé par diverses experiences.

Ainsi appliquant par un bout, au bas du diametre perpendiculaire d'un grand cercle decrit sur une muraille, une regle bien droite creusée dans sa longueur, comme celle dont Galilée s'est servi dans son experience, & haussant l'autre bout en toutes sortes d'inclination au long de la circonference du cercle; Si on laisse tomber deux balles dans un même temps, l'une de l'extremité superieure du même diametre perpendiculaire & l'autre dans le canal de la regle, du point où elle touche la circonference en quelqu'angle d'élevation que ce puisse être; Elles se trouveront toutes deux ensemble precisement au même temps à terre.

Ceci se confirme par divers autres effets de de la nature qu'il est malaisé de bien expliquer par autre voye que par cette supposition. Ce que nous avons dit, par exemple, de l'experience du P. le Cazre, c'est à dire d'une balle de plomb qui, tombant d'une certaine hauteur dans le bassin d'une balance & élevant un certain poids mis dans l'autre bassin, doit tomber d'une hauteur quadruple de la premiere si l'on veut qu'elle éleve le double du premier poids, & d'une hauteur 9 fois plus grande pour élever le triple, & 16 fois plus grande pour le quadruple, 25 fois pour le quintuple. Et ainsi des autres, enforte que les hauteurs soient toujours en raison doublée des poids.

QUATRIEME PARTIE.

Cela, dis-je, ne peut pas être facilement entendu, si l'on ne dit que la difference des poids élevez marque la difference des percussions de la balle tombant dans le bassin : & ces percussions n'étant differentes qu'à proportion des vitesses aquises par la chûte du mobile, comme les differentes hauteurs ne sont que les espaces que le mobile parcourt pour les aquerir; il s'ensuit que les espaces parcourus sont entr'eux en raison doublée ou comme les quarrez des vitesses aquises, conformement à la definition de Galilée.

Celle-ci est encore de la même nature. Prenez un tuyau debout dans lequel il y ait de l'eau qui demeure toûjours à une certaine hauteur comme à celle d'un pied, & recevez celle qui en decoule pendant un certain temps par un petit trou comme d'une ligne de diametre creusée dans le fond du tuyau, (qui soit par exemple d'une demi livre d'eau dans le temps de 13 secondes.) Si vous voulez en avoir deux fois autant c'est à dire une livre qui coule dans le même temps & par le même trou, il faudra que l'eau soit toûjours dans le même tuyau à la hauteur de 4 pieds, à celle de 9 pieds si l'on veut en avoir le triple ou une livre & demie, & de 16 pieds pour le quadruple ou pour deux livres, & ainsi du reste ensorte que les hauteurs de l'eau dans le tuyau, soient toûjours comme les quar-

LIV. II.
CHAP. XI.
Prouvé par diverses experiences.

rez des poids de l'eau qui s'écoule dans un même temps.

Or comme la difference de la quantité de l'eau qui passe par un même trou en même temps, ne vient que de la differente vitesse avec laquelle elle s'écoule ; Et comme cette difference de vitesse ne provient que de la quantité de l'eau qui pese au dessus & qui se fait sentir à proportion de sa hauteur dans le tuyau : il paroît que ces mêmes hauteurs sont entr'elles en raison doublée des vitesses qu'elles impriment à l'eau de dessous ; lesquelles étant les mêmes que celles que l'eau auroit aquises en tombant des mêmes hauteurs, c'est à dire en parcourant les mêmes espaces ; il s'ensuit toûjours que les espaces parcourus sont entr'eux en raison doublée des vitesses.

Si le tuyau étant plein jusqu'au sommet vous laissez écouler toute l'eau par le même trou, vous verrez avec plus de facilité que les espaces que l'eau parcourt en diminuant dans le tuyau dans des temps égaux se suivent en progression des nombres impairs. Comme si le tuyau étant de trois pieds de haut ou de 36 pouces, vous remarquez que l'eau descende de la hauteur d'onze pouces en trois battemens d'artere ou d'une pendule, elle descendra precisément de 9 pouces, puis de 7, puis de 5, de 3, & enfin de la derniere hauteur d'un pouce. Et toûjours dans

Liv. II.
Chap. XI.
Prouvé par
diverses expe-
riences.

QUATRIÈME PARTIE.

le même temps de trois battemens ; conformement à la nature du mouvement expliquée par Galilée.

Liv. II.
Chap. XI.
Prouvé par diverses expériences.

Or pour montrer que l'eau qui pese dans le tuyau imprime à celle du fond, la même vitesse qu'elle auroit aquise si elle étoit tombée de la hauteur où sa surface superieure se trouve dans le même tuyau : il ne faut que faire ensorte que l'eau sortant par le fonds puisse rejaillir vers le haut à plomb ; car on la verra remonter à la même hauteur de cette surface superieure, (si l'air & les autres empechemens de dehors ne lui ôtoient rien de sa vitesse,) ainsi qu'elle feroit si c'étoit un corps solide & qui pût être reflechi, lequel en tombant de la même hauteur auroit aquis un degré de vitesse capable de le faire remonter au lieu d'où il seroit parti.

Attachez deux cordes de même longueur & grosseur sur une ligne horizontale à un mur comme à la hauteur de trois pieds, les faisant soutenir sur un appui parallele au mur à la même hauteur ; faites pendre à chacune à l'autre bout un poids égal, comme d'une livre, qui les tienne l'un & l'autre en situation horizontale mollement, mais également bandées & paralleles entr'elles. Ensuite les tirant toutes deux ensemble horizontalement par leur milieu, laissés les aller en même temps, & vous verrez pre-

Liv. II.
Chap XI.
Prouvé par diverses experiences.

mierement qu'elles feront diverses allées & venuës horizontales qui feront toutes dans des temps égaux soit dans le commencement ou dans la fin de leur mouvement. Cela posé : si vous voulez que les vibrations de l'une, comme de la premiere, se fassent deux fois plus vite que celles de la seconde, ensorte que celle-là en fasse deux dans le temps que celle-ci n'en fera qu'une ; il ne faut que bander la premiere deux fois plus que la seconde en lui attachant un plus grand poids : & ce poids pour cet effet ne doit pas être seulement de deux livres c'est à dire double du premier poids que nous avons supposé d'une livre, mais bien de quatre livres ou quadruple, & de 9 livres si l'on veut que les vibrations soient triples, de 16 livres si on les veut quadruples, & ainsi des autres ; ensorte que les poids soient toûjous en raison des Quarrez des vitesses des vibrations.

Or comme cette difference de poids pour produire cette difference de vitesses, fait le même effet qu'un même poids qui tomberoit de differentes hauteurs : il paroît que ces hauteurs étant proportionées au poids seroient toujours entr'elles en raison doublée des vitesses.

Toutes ces experiences font voir cette admirable uniformité de la nature dans ses actions, qui se rencontrent par tout si conforme à la position de Galilée : A quoy nous allons encore

Quatriéme Partie.

ajouter l'experience des pendules. Attachez en haut des cordes de differentes longueurs avec des poids pendans au bout ; enforte neanmoins que les longueurs foient comme les nombres quarrez 1, 4, 9, 16, &c. Comme fi celle de la premiere est d'un pied, que la feconde foit de 4 pieds, la troifiéme de 9 pieds, la quatriéme de 16 pieds, &c.: Puis élognant les poids de leur pofition de repos, c'est à dire de la perpendiculaire, laiffez les aller toutes en même temps ; Et vous verrez que les vibrations ou allées & venuës de la plus petite ou de celle d'un pied, iront quatre fois plus vite que celles de la plus grande de 16 pieds, trois fois plus vite que celles de 9 pieds, & deux fois plus vite que celle de 4 pieds ; c'est à dire que dans le temps que la pendule de 16 pieds fera une de fes vibrations celle de 4 pieds en fera deux, & celle d'un pied en fera quatre ; Et dans le temps d'une des vibrations de celle de 9 pieds, celle d'un pied en fera trois ; Et cela dans une juftesse admirable, enforte que les nombres des vibrations foient toujours entr'eux en raifon doublée des longueurs des cordes.

Liv. II Chap. XI. Prouvé par diverfes experiences.

Pour bien entendre ceci : fuppofant que la corde A F où pend le poids F foit quadruple de la corde A B où pend le poids B ; l'arc F G fera quadruple de B C & F H de B D ; Ainfi la la droite I H qui eft la hauteur perpendiculaire

396 L'ART DE JETTER LES BOMBES.

LIV. II.
CHAP. XI.
Prouvé par diverses experiences.

que le poids F parcourt en descendant de F en H, sera quadruple de la droite ED qui est la hauteur perpendiculaire parcouruë par le poids B descendant de B en D. Maintenant comme on sçait par l'experience que les vibrations de la pendule B sont doubles de celle de la pendule F, le temps du passage de F en H sera égal au temps du passage de B en C, c'est à dire double du tems du passage de B en D: Mais dans le temps du passage de F en H, le mobile F à parcouru l'espace perpendiculaire I H quadruple de l'espace perpendiculaire E D que le mobile B à parcouru dans le temps du passage de B en D; Il paroît donc que les espaces parcourus par les mobiles sont entr'eux en raison doublée des temps de leur passage.

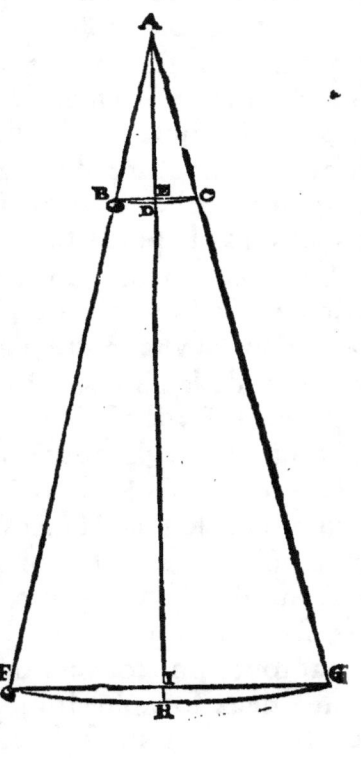

Ces mêmes espaces sont aussi comme les quarrés des vitesses des mêmes mobiles: car le poids F parcourant l'espace FH dans le même temps que le poids B parcourt l'espace BC; & l'espace FH étant double de l'espace BC, (car il est quadruple de BD:) il s'ensuit que la vitesse du poids F est double de la vitesse du poids B, & qu'elle est par consequent à la vitesse du poids B en raison sous doublée de l'espace perpendiculaire HI qu'il parcourt, à l'espace perpendiculaire ED parcouru par le poids B.

L'on peut encore montrer par une autre experience que la vitesse du poids F est seulement double de la vitesse du poids B, quoy que la longueur de la corde AF soit quadruple de la longueur AB: il ne faut que mettre une balle en H sur une regle horizontale, ensorte que la balle qui pend en F la puisse fraper bien à plein en tombant de F en H; Et un autre au point D qui puisse recevoir l'impression de la balle B tombant de B en D; car faisant l'experience avec soin & supposé que les balles soient égales par tout, on trouvera que la balle en H sera chassée deux fois plus loin que la balle en D, & trois fois plus loin si la corde AF étoit neuf fois plus longue que AB, & quatre fois si elle étoit seize fois plus longue, & ainsi des autres.

CHAPITRE XII.

Raisonemens de Balian au même sujet.

JE ne veux pas oublier que Balian Senateur de la Republique de Genes dans son livre du mouvement, qui a paru dans le même temps que celui de Galilée, se sert de l'experience des pendules pour demontrer ce que Galilée tire en consequence de sa definition ; c'est à dire que les espaces parcourus par un mobile tombant sont entr'eux en raison doublée des temps qu'il employe à les parcourir.

Pour cet effet il suppose. 1. Que l'on peut prendre dans la circonference d'un cercle un arc tellement petit qu'il ne sera point different de sa tangente au moins sensiblement, & que ce que l'on dira de l'un pourra être entendu de l'autre sans erreur.

2. Que le mouvement des pendules dans leur commencement n'est point different du commencement de celui des corps qui tombent.

3. Que les temps du passage de deux pendules par des arcs semblables & semblablement posez, sont entr'eux comme les temps de leurs vibrations entieres, c'est à dire en raison sous-doublée des longueurs de leurs cordes.

4. Et qu'enfin une ligne droite étant prise, de

QUATRIEME PARTIE. 395

quelque grandeur qu'elle soit, on peut trouver un cercle tellement grand, que cette droite sera la tangente d'un arc qui n'en sera point sensiblement different.

Liv. II. Chap. XII. Raisonement de Balian au même sujet.

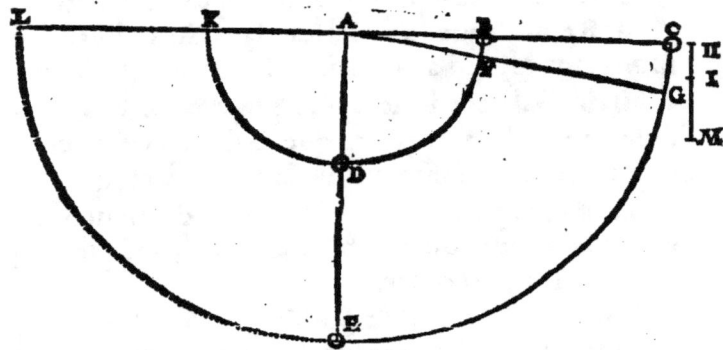

Tout ceci s'explique par cette figure, où la droite A C est horizontale & A E perpendiculaire à l'horizon, les pendules sont D & E pendant en A aux deux cordes A D, A E : il dit premierement que dans le cercle BFD decrit par la pendule D élevée jusqu'à l'horizontale A B, l'on peut prendre un arc tellement petit à commencer du point B, qu'il ne differera point sensiblement de la ligne droite, qui au même point B seroit tangente du même arc : Et comme cette tangente seroit perpendiculaire à l'horizon ; il s'ensuit en second lieu, que le mouvement du poids de la pendule B par ce petit arc ne sera point different du mouvement du même

LIV. II.
CHAP. XII.
Raisonement de Balian au même sujet.

poids B qui tomberoit librement par cette tangente. En troisiéme lieu si l'on mene du point A la droite A F G, qui coupant la circonference BD en F & CE en G, fasse les arcs BF, CG semblables & semblablement posez à l'égard du commencement de la chûte: il dit que le temps du passage de la pendule B par l'arc BF est au temps du passage de la pendule C par CG en même raison que le temps de la vibration entiere BDK est à celui de la vibration CEL c'est à dire, comme il se voit par l'experience, en raison sous-doublée de celle de la ligne A D à A E. Soit enfin l'arc BF si petit qu'il ne differe point sensiblement de sa tangente qui soit HI;

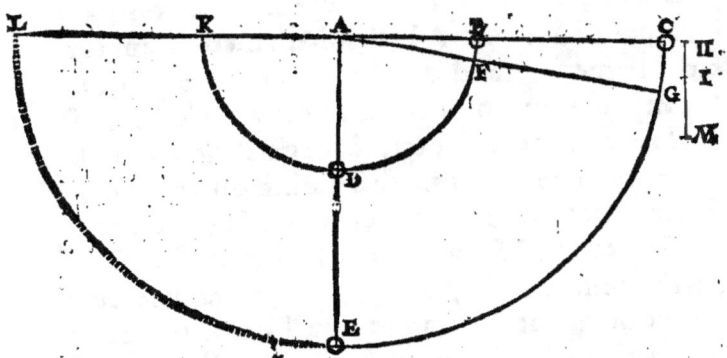

Il est constant que si l'on fait que le rayon A B soit à un autre comme A C, ainsi que la droite H I est à un autre droite H M de quelque grandeur qu'elle puisse être, l'arc C G dans la circonference

ference de ce grand cercle ne sera point different sensiblement de la droite HM qui en sera la tangente, comme HI est la tangente de l'arc BF; Et ce que l'on dira de l'arc CG pourra être entendu de la droite HM sans aucune erreur. Cela posé, il fait ce Theoreme.

Les espaces parcourus par un mobile tombant à commencer du point de repos, sont entr'eux comme les Quarrez des temps que le mobile employe à les parcourir.

Soient, dit il, deux espaces HI & HM parcourus par un mobile tombant du point de repos H. Je dis que la droite HI est à HM comme le quarré du temps que le mobile employe à passer l'espace HI, est au quarré du temps de son passage par HM. Soit AB demi-diametre d'un cercle tellement grand que l'arc comme BF, dont la tangente au point B sur l'horizontale AC est égale à HI, soit si petit à l'égard de toute la circonference, qu'il ne soit point different sensiblement de la perpendiculaire HI; Et comme HI est à HM ainsi le rayon AB soit à un autre comme AC, dont la circonference sera par consequent si grande que l'arc CG coupé par la droite AF continuée, sera aussi tellement petit à l'égard de toute sa circonference qu'il ne differera point sensiblement de sa tangente, laquelle sera égale à HM & perpendiculaire au point C. Il n'y aura donc point, par la seconde

402 L'Art de Jetter les Bombes.

Liv. II.
Chap. XII.
Raisonement
de Balian au
meme sujet.

supposition, de difference entre le mouvement de la pendule B par l'arc BF & celui du poids tombant librement du point B par la tangente perpendiculaire égale à HI, ny entre le mou-

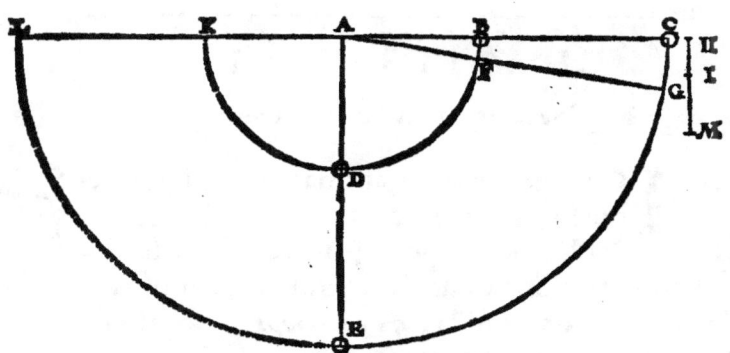

vement de la pendule C par l'arc CG & celui du poids tombant de C par la tangente perpendiculaire & égale à HM; & le temps de l'un sera égal au temps de l'autre. Or comme les arcs BF, CG sont semblables & semblablement posés, le temps du passage de B par l'arc BF est par la troisiéme supposition, au temps du passage de C par l'arc CG, comme le temps de la vibration entiere BDK est au temps de la vibration CEL: & ces temps étant par l'experience en raison sous doublée des longueurs des cordes AB, AC; il s'ensuit que le temps du mobile tombant par la perpendiculaire HI est au temps de son passage par la perpendiculaire

QUATRIÈME PARTIE. 403

HM, en raison sous-doublée des longueurs AB, AC. Mais AB par la construction est à AC comme HI est à HM ; Donc HI est à HM comme le quarré du temps du mobile tombant par HI est au quarré du temps de son passage par HM.

CHAPITRE VIII.
Raisonemens de Monsieur Hugens.

MONSIEUR Hugens dans son livre des horloges à pendules à voulu demontrer ce que Galilée prend pour principe dans sa definition, disant dans sa premiere proposition de la chûte des poids, *qu'en temps égaux il s'accroit au corps qui tombe des parties égales de vitesse*, Et pour le demontrer voici comme il argumente.

Posons qu'un mobile tombant du point A passe au premier temps l'espace AB, & qu'arrivant en B il y ait aquis un degré de vitesse qui lui fasse parcourir, au second temps d'un mouvement égal, un autre espace comme BD. Or nous sçavons que l'espace qui doit être parcouru au second temps, doit être plus grand que BD, parce que cet espace seroit parcouru cessant même toute action de la pesanteur : Mais comme le mobile est porté d'un mouvement composé du mouvement égal par lequel il passeroit l'es-

Ece ij

pace BD & de celui des poids qui tombent *par lequel il est necessaire qu'il soit porté en bas par l'espace DE égal à AB* ; Ajoutant donc à BD l'espace DE égal à AB, nous sçavons que le mobile au second temps arrivera en E.

Mais si nous cherchons, dit-il, Quelle est la vitesse que le mobile doit avoir en E à la fin du second temps, nous trouverons qu'elle est double de celle qu'il avoit en B à la fin du premier. Car nous avons dit qu'il êtoit emporté d'un mouvement composé du mouvement égal avec la vitesse aquise en B & de celui qui lui vient de sa pesanteur, *lequel au second temps étant absolument le même qu'au premier, doit dans le cours du second temps conferer au mobile une vitesse égale à celle qu'il lui a imprimée dans la fin du premier temps.* Partant comme le mobile a conservé entierement la vitesse aquise à la fin du premier temps, il paroît qu'il a dans la fin du second temps deux fois c'est à dire le double de cette même vitesse.

Voila la demonstration dans les mêmes termes que j'ay traduits du latin, dans laquelle sa maniere de raisonner à quelque chose qui fait peine ; Car il ne paroît pas bien que nous sçachions, comme il dit, *qu'il est necessaire que le mobile au second temps soit porté par le mouvement* de sa pesanteur au long de l'espace DE égal à l'espace AB qu'il a passé dans le premier temps ; à moins que l'on ne pose que le mouvement des graves est uniforme, & l'on ne voit pas clairement que *ce mouvement qui lui vient de sa pesanteur soit*, comme il dit, *absolument le même au second temps qu'au premier, ni qu'il doive conferer au mobile dans le cours du second temps une vitesse égale à celle qui lui a été imprimée à la fin du premier*, si l'on ne suppose le principe de Galilée, c'est à dire que le mobile en tombant aquiert dans les temps égaux de sa chûte des degrez égaux de vitesse. Qui est pourtant ce qu'il falloit demontrer.

Cette defectuosité dont je viens de parler n'est que dans la forme du syllogisme, & elle n'ôte rien à la verité de l'hypothese, sur laquelle il demontre fort bien, (supposé que la vitesse en E au second temps, soit double de la vitesse en B, & celle que le mobile a aquise en G au troisiéme temps, triple de la même,) Que les espaces BD, EF, GH étant parcourus d'un mouvement égal, l'espace EF passé avec la vitesse en E est double de l'espace BD passé avec la vitesse en B, & l'espace GH passé avec la vitesse en G triple du même espace BD, & ainsi du reste.

Ensuite il fait voir que l'espace passé dans un certain temps par un mobile tombant du point de repos, est la moitié de celui qu'il passeroit d'un mouvement égal en même temps & avec la vitesse aquise au dernier moment de sa chûte : c'est à dire que l'espace BD passé d'un mouvement égal au second temps avec la vitesse aquise en B, est double de l'espace A B passé dans le premier temps par le mobile tombant du point de repos A. Car comme les espaces parcourus dans les quatre premiers temps égaux sont A B, B E, E G, G K qui ont entr'eux une certaine proportion ; si nous prenons les doubles des mêmes temps, ensorte que nous ayons pour premier temps, les deux pendant lesquels le mobile a parcouru les deux espaces A B, B E, & pour second les deux autres pendant lesquels les deux espaces E G, G K ont été passés. Il faut que les deux espaces A E, E K parcourus dans des temps égaux par le mobile tombant du point de repos A, soient entr'eux comme les espaces A B, B E qui sont aussi passés dans des temps égaux partant du même point de repos A ; Et en changeant que B E ou son égal D A soit à A B comme E K à A E, & en divisant D B à A B comme E K moins A E est à A E. Mais E K étant égal à cinq D B & deux A B, & A E égal à B D & deux A B ; E K moins A E sera égal à quatre D B ; Et partant D B est à A B ou quatre D B à quatre

QUATRIÈME PARTIE. 407

AB, comme quatre DB est à DB & deux AB; donc DB est égal à deux AB.

D'où il s'enfuit que les espaces parcourus dans des temps égaux à commencer du point de repos, sont entr'eux comme les Quarrez des temps de leur chûte ou comme les quarrez des vitesses aquises. Car puisque les espaces AB, BE, EG, GK passez dans des temps égaux, se surpassent l'un l'autre d'un même excez qui est égal à BD; Il paroît que BD étant double de AB, l'espace BE sera triple du même; Et EF étant double de BD, EG sera quintuple de AB; Ainsi GH étant triple de BD, GK sera septuple du même AB & ainsi des autres dans la suite des premiers nombres impairs 1:3:5:7:9: &c. qui sont les différences des premiers quarrez.

CHAPITRE XIV.
Suite de la réponse à la cinquiéme objection.

L'ON pourroit maintenant dire avec quelque raison que tout ce que nous venons d'expliquer pour établir nôtre hypothese sur la nature du mouvement des corps qui tombent suivant le sentiment de Galilée, peut également convenir à celle qui veut que l'accroissement de vitesse se fasse suivant la progression des sinus verses, supposé, comme il a été dit cy-devant, que ces deux opinions soient de telle nature qu'elles ne puissent être convaincuës de faux par les experiences que nous pouvons faire. Et qu'ainsi la difficulté en la cinquiéme objection reste toûjours en son entier à cet égard, par laquelle il est dit que suivant cette derniere hypothese, la figure parabolique que l'on donne à la ligne de la projection des corps se trouveroit fort alterée & toutes les consequences que l'on en tire.

Mais il est tres facile d'y repondre, en niant seulement la consequence de la proposition : car quand il seroit même veritable que l'accroissement de vitesse dans le mouvement des corps qui tombent, se fit suivant la proportion des sinus verses ; La figure parabolique que l'on donne à la ligne de la projection ne s'en trouveroit pas pour cela si fort alterée, que l'on n'en pût tirer les mêmes consequences ; puisque la courbe décrite par le mobile tombant suivant cette hypothese, seroit tellement conforme dans son commencement à nôtre ligne parabolique, que tout ce que nous avons dit, de celle-ci pourroit être hardiment prononcé de l'autre, sans craindre de faire aucune erreur qui put devenir sensible dans des projections vingt fois plus grandes que celles qui se font ordinairement parmi nous.

Outre que cette opinion des sinus verses, quelque

QUATRIEME PARTIE.

quelque ingenieuse qu'elle soit, est suspecte par ses consequences : Parceque ce qui suit de cette hypothese, (supposant le mouvement de la Terre,) qu'un mobile en tombant arriveroit au centre en six heures de temps, se trouve peu conforme aux suites de nos experiences par lesquelles nous sçavons qu'un corps qui tombe, parcourt peu plus de deux toises dans le temps d'une seconde. Car si nous faisons que comme le sinus verse d'une seconde est au sinus total, ainsi l'espace de deux toises parcourus pendant une seconde est à un quatriéme proportionel, c'est à dire au demi-diametre de la terre ; Nous trouverons plus de vint-quatre millions de toises pour la longueur de ce demi-diametre, que nous sçavons neanmoins n'en avoir pas plus de trois millions.

CHAPITRE XV.
Réponse à la sixiéme objection.

Nous pouvons répondre à la sixiéme objection ce que dit Galilée & que nous avons expliqué cy-devant dans la réponse à la quatriéme objection ; c'est à dire en exceptant des regles de nôtre Theorie les effets prodigieux que le feu de la poudre imprime aux balles d'artillerie, dont la vitesse est, dit il, surnatu-

Fff

relle; Et avoüant comme lui, que la ligne que décrit la balle d'un mousquet est, au moins dans son commencement, plus droite qu'il ne faut pour être parabolique, & qu'elle ne seroit en effet si l'impression n'étoit pas si violente: Ce qui peut être cause que la portée de but en blanc & celles qui se font avec peu d'élevation sur l'horizontale, sont plus grandes qu'elles ne sont marquées dans les tables. Mais comme cela n'arrive pas aux autres projections, & principalement à celles des Bombes, qui ne sont pas poussées avec tant de violence, & dont les tirs les plus ordinaires se font sur des angles de plus grande élevation: nous n'avons pas sujet de nous plaindre de ces petites exceptions, qui ne nuisent point du tout au dessein principal de cet Ouvrage, lequel n'est fait que pour faciliter les pratiques de l'artillerie qui sont communes & ordinaires parmi nous.

Ce n'est pas que l'experience rapportée dans cette objection ne soit suspecte, c'est à dire celle d'un mousquet qui, chassant à toute volée à la longueur de 360 toises, porte de but en blanc à celle de 100 toises; ce qui ne devroit arriver suivant les tables qu'à l'élevation de huit degrez. Car dans toutes ces sortes d'experiences, il y a un concours de tant de causes differentes qui peuvent alterer la precision des effets, que le plus souvent ce que l'on impute à l'une depend

QUATRIEME PARTIE.

de l'autre, & même de celle à laquelle on n'aura point fait de reflexion.

Ainsi l'on peut dire dans celle-ci par exemple, Que la plus grande portée que l'on determine à 360 to., est ici beaucoup moindre qu'elle ne devroit être, parce qu'ayant plus de chemin à faire que les autres, elle trouve plus d'obstacle par la resistance du milieu : & que la violence de l'agitation de l'air, que celle de la balle lui imprime en passant, suspend peut-être en quelque maniere l'effet de sa pesanteur & lui donne par ce moïen plus d'étenduë de portée dans les petites élevations.

Outre que ces tirs de but en blanc, quelque precaution que l'on prenne, s'élevent toûjours au dessus du niveau du but, tant parce que mirant au long du mousquet qui est plus fort de metal à la culasse qu'à la bouche, la direction de l'ame se trouve élevée de quelques degrez, que par la raison que nous avons apportée cy-devant de l'action de la poudre qui, s'enflammant succesivement sous la balle, la fait hausser considerablement. Desorte que si l'on assemble toutes ces causes & d'autres encore que nous ne conoissons pas : Ne peut on pas dire que pensant tirer horizontalement, il arrive souvent que la balle est portée notablement en haut, & même jusqu'à l'élevation de sept ou huit degrez, dont il n'est pas si facile de reconoître la difference, & bien

Liv. II. Chap. XV. Réponse à la sixiéme objection.

Fff ij

Liv. II.
Chap. XV.
Réponse à la sixiéme objection.

moins encore de distinguer la cause à laquelle on la doive imputer.

Ce qui fait que je crois que l'on peut assurer avec beaucoup d'apparence de raison que la nature agissant toujours d'une maniere, les coups de mousquet dans leurs portées ne sortent point des regles qu'elle a établies pour tous les autres corps jettez; & que lors qu'il se trouve de la difference dans l'execution, cela vient ordinairement du faux jugement que nous faisons de la direction de la balle & de l'estime de sa veritable portée.

LIVRE TROISIE'ME.

Confirmation de la même doctrine par les experiences.

CHAPITRE PREMIER.
Explication d'une experience du Pere Merſene.

VOICI l'experience d'un jet d'eau tirée des Hydrauliques du P. Merſene par laquelle, voulant montrer que la reſiſtance de l'air altere beaucoup la ligne Parabolique que l'eau devroit decrire par ſa chûte, il dit qu'ayant marqué ſur une muraille une ligne droite à plomb comme AB diviſée en parties égales aux points 1, 2, 3, 4, &c., le jet d'eau ADC partant du point A & razant la même muraille, s'élognoit dans la diſtance de la premiere de ces parties à la longueur horizontale de dixſept pouces ; à la ſeconde de vingt quatre pouces ; à la troiſiéme de trente ; à la quatriéme de trente cinq ; à la cinquiéme de trente neuf : à la ſixiéme de quarante deux : dont les quarrez, dit-il, ne ſont pas entr'eux comme les parties de la droite AB qui leur repondent, ainſi qu'ils devroient être, ſi ces nombres étoient les ordon-

414 L'ART DE JETTER LES BOMBES.

LIV. III.
CHAP. I.
Explication
d'une expe-
rience du Pere
Mersene par
un jet d'eau.

nées d'une ligne parabolique A D C dont l'axe est la droite A B & le sommet au point A.

Ensuite il s'embarasse dans des reflexions de Geometrie, assez subtiles, mais qui ne font rien

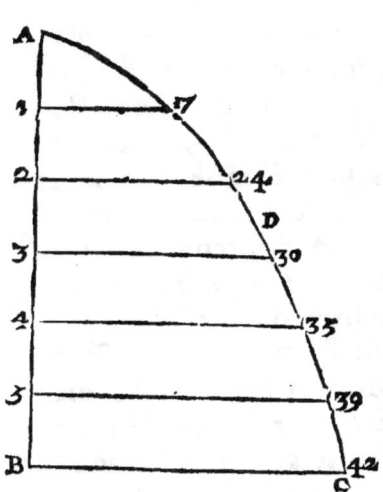

1	17	17		17	3½
2	24	24	1	24	6
3	30	29	6	30	
4	35	34		34	8
5	39	38		38	9
6	42	41	8	42	5

au sujet, sans s'appercevoir que ces nombres ne sont pas tant élognez qu'il dit de nôtre hypothese. Car si l'on suppose qu'à la premiere partie la premiere ordonnée soit, comme il dit, de dixsept pouces; la seconde suivant nôtre Theorie doit être de vintquatre pouces & une ligne; la troisiéme de vintneuf pouces six lignes; la quatriéme de trente quatre pouces; la cinquiéme de trente huit, & la sixiéme de quarante & un pouces huit lignes. Où l'on voit que les differences des nombres qu'il pose & de ceux que demande la ligne parabolique sont si petites, qu'il y a raison de douter de la justesse de son calcul; outre qu'il y a

QUATRIEME PARTIE. 415

peu d'apparance que les ordonnées se trouvent 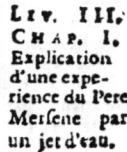 si justes en nombres entiers & même plus grands sur la fin qu'ils ne devroient être, quand même il n'y auroit point de resistance dans l'air, laquelle devroit bien plûtôt en diminuer l'étenduë que l'augmenter. Ce qui me fait croire que le jet d'eau s'élargissant, comme il dit, en forme d'ellipse à mesure qu'il s'élogne du point de sa chûte, il a pris pour la fin de ses ordonnées l'étenduë des gouttes les plus élognées au lieu de celle du milieu. Si l'on pose que la troisiéme des ordonnées soit justement de trente pouces, les differences n'en seront pas si grandes ; comme l'on voit par les nombres de la table dont les premiers sont ceux de l'experience du Pere Mersene ; les seconds sont ceux qui devroient être, supposé que la premiere ordonnée fut de dixsept pouces ; & les derniers, supposé que la troisiéme ordonnée fut de trente pouces. Et partout on voit que le jet d'eau suit assez exactement la ligne de nôtre hypothese, c'est à dire la parabolique.

CHAPITRE II.

Premiere experience faite à l'Academie Royale des Sciences par Monsieur Mariote.

MONSIEUR Mariote aprés avoir fait diverses experiences particulieres des jets d'eau, en a fait voir une dans l'Academie Royale des Sciences qui convient precisement à la Theorie de Galilée. Ayant fait élever un tonneau plein d'eau à la hauteur de sept ou huit pieds, percé dans le fond par un tuyau perpendiculaire de six pieds de long & d'environ deux pouces de diametre, avec un ajutoir ou robinet perpendiculaire & un autre incliné suivant l'angle de 45 degrez: il a fait voir que l'eau, sortant par deux robinets en même temps, faisoit deux jets dont le perpendiculaire étoit toûjours moindre de quelques pouces que la hauteur de l'eau contenuë dans le tonneau, & l'autre s'étendoit au loin, ensorte neanmoins que sa longueur horizontale étoit toûjours double de la hauteur du jet perpendiculaire; l'un & l'autre diminuant avec une admirable uniformité à mesure que l'eau du tonneau se vuidoit, & conservant toûjours cette proportion double du grand jet à la hauteur de petit.

Les autres experiences qui se sont faites & repetées

QUATRIE'ME PARTIE. 417

repetées plusieurs fois dans la même Academie, & même à l'Observatoire en presence de Monseigneur le Dauphin, ne permettent pas que l'on puisse douter davantage de la verité de nôtre supposition, à laquelle elles se sont trouvés conformes en tous les cas avec autant de precision & de justesse que l'on sçauroit attendre des experiences humaines.

Liv III. Chap. II. Premiere experience faite à l'Academie Royale des Sciences par Mr Mariote.

CHAPITRE III.

Seconde experience faite à l'Academie Royale des Sciences, par la machine de Monsieur Perrault.

ET sans parler de celles que j'ay faites en mon particulier avec de l'eau, avec un arc, une arbalete, un arc à jalet, un trebuchet fait à l'imitation des Balistes des Anciens ; & même avec un pistolet chargé toûjours également & de même poudre, (quoy qu'elles ayent toutes reüssi assez juste ;) j'expliqueray seulement celles-cy qui ont êté faites publiquement, dont la premiere est par le moyen de cette Machine de l'invention de Mr Perrault.

Chap. III. Seconde experience faite à l'Academie Royale des Sciences par la Machine de Mr Perrault.

C'est une roüe ou tambour A autour duquel est roulée la corde qui porte le poids B, la barre CD passe derriere le tambour & elle est attachée à son pivot E, ensorte que le poids B, faisant par sa chûte tourner le tambour, donne

Ggg

418 L'Art de Jetter les Bombes.

Liv. III.
Chap. III.
Seconde experience faite à l'Academie Royale des Sciences par la Machine de Mr Perrault.

aussi le mouvement à la barre, qui decrivant l'arc de cercle CF & frappant contre un autre pivot solide & bien attaché au point F, fait partir la balle G, avec la vitesse que le mouvement du poids lui imprime suivant le direction de la droite FH qui touche l'arc CF au point F. Ce pivot au point F est posé au centre du quart de cercle IK situé verticalement & divisé en 90 degrez à commencer du haut de la perpendiculaire IF; & le tambour A peut tourner dans le creux MN sur le même centre F par le

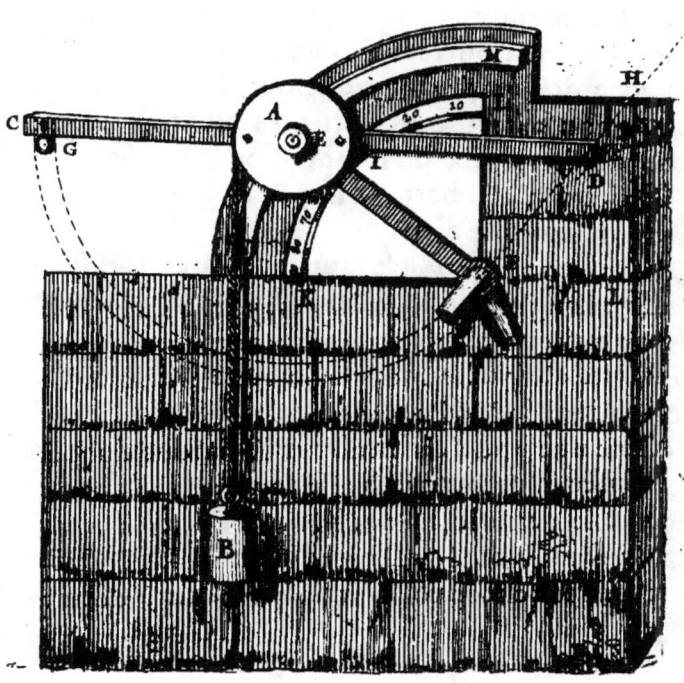

QUATRIEME PARTIE. 419

moïen de la barre ou rayon A F, afin de pouvoir donner tel degré d'élevation que l'on veut au jet de la balle : Car posant la barre A F sur le degré proposé du quart de cercle, & attachant le tambour en cette situation par le moïen d'une viz & d'un écrouë qui est derriere la rouë, ensorte qu'il y soit ferme ; l'angle L F H de la direction de la balle est le même que l'angle I F A de l'inclination de la Machine. Par ce moïen amenant le bout D de la barre C D au dessus du pivot F, le poids tombant lui fera faire un demi tour en toutes sortes de situation : Et partant l'impression sera toûjours la même ; & la difference des portées ne viendra que de la difference des angles de position. L'on pourroit lui faire faire un tour entier & augmenter par ce moyen la force de l'impression, en ôtant la queuë A D de la barre C D, & amenant le point C au dessus du point F.

Cette reflexion m'ayant fait dire à Mr Perrault que sa machine, étant assez forte, pourroit avoir son utilité à jetter des Grenades & des petites Bombes dans les logemens des Ennemis, lors qu'on en est assez prez ; Il m'a donné le dessein d'une autre machine qu'il a faite à l'imitation des Catapultes antiques, laquelle peut être de tres grand usage & dont je parleray cy-aprés.

Liv. III. Chap. III. Seconde experience faite à l'Academie Royale des Sciences par la Machine de Mr Perrault.

Ggg ij

Liv. III.
Chap IV.
Troisiéme experience faite à l'Academie Royale des Sciences par le moyen du vif argent.

CHAPITRE IV.

Troisiéme experience faite à l'Academie Royale des Sciences par le moïen du vif argent.

LA difficulté que j'avois trouvée dans les experiences que j'ay faites avec de l'eau, qui s'épanoüit sur la fin du jet en forme d'ellipse, & se resout même en gouttes menuës lorsque le jet est un peu long; me fit penser qu'une liqueur sur qui l'air ne pourroit point agir avec tant de force, seroit plus propre à nous determiner: & faisant reflexion que le vif argent est quatorze fois plus pesant que l'eau; Je proposay d'en faire l'experience à Messieurs de l'Academie Royale des sciences, qui donnerent ordre à Mr Rômer de l'executer; ce qu'il a fait par le moyen de cette machine.

C'est un tuyau de bois de vint six pouces de hauteur & de huit ou neuf lignes de diametre, fermé par le bout inferieur au moïen d'un robinet attaché au tuyau avec une peau d'anguille pour pouvoir sûrement contenir le vif argent & se mouvoir en toutes sortes de position. L'œil du robinet n'est que d'une demi-ligne, & l'on peut lui donner tel angle d'élevation que l'on veut par le moïen d'un quart de cercle situé verticalement au long du tuyau.

QUATRIEME PARTIE.   411

Tout cet appareil est posé sur un auget hori- | LIV. III.
zontal bien poli & divisé dans sa longueur, qui | CHAP. IV.
est de quatre à cinq pieds, en pouces, lignes & | Troisiéme ex-
demi lignes avec beaucoup de justesse, afin de | perience faite
pouvoir juger precisement de la longueur des | à l'Academie
portées par la chûte du vif argent dans cet au- | Royale des
get : & pour plus de precaution, l'on a mis de | Sciences par
bout une carte teinte en noir sur le même auget | le moïen du vif argent.

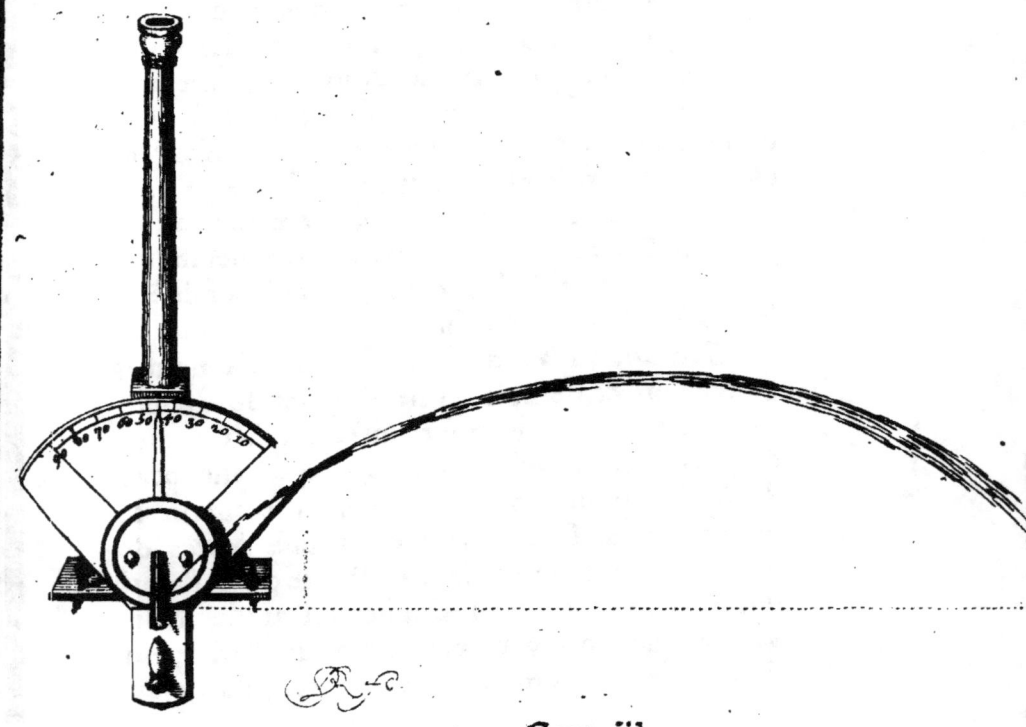

Ggg iij

Liv. III.
Chap. IV.
Troisiéme experience faite à l'Academie Royale des Sciences par le moyen du vif argent.

dans toute sa longueur, & de la hauteur du tuyau, sur laquelle on a marqué, avec tout le soin possible, le cours entier des paraboles du vif argent en plusieurs élevations differentes, pendant que dans son passage il razoit la carte de fort prés.

Sur cette preparation le tuyau ayant été rempli à la hauteur de vint-quatre pouces & deux lignes avec du vif argent bien épuré : l'on a premierement remarqué que lors que le robinet est mis perpendiculairement vers le haut, le vif argent ne rejallit qu'à la hauteur de vint-deux pouces trois lignes ; Quoy que suivant l'inclination de deux degrez & demi, il monte à celle de vint-deux pouces huit lignes & demi. D'où l'on peut necessairement inferer que le jet perpendiculaire AB ne monte pas à la hauteur qu'il devroit AD, tant à cause de la resistance de l'air, ainsi que nous l'avons dit cy-devant, que parce que les goutes en B, tombant sur celles qui viennent aprés, les arrêtent & interrompent la force de leur impression. Ce qui n'arrive point au jet incliné ACE où les goutes en C

QUATRIÈME PARTIE. 423

ne retombent point vers A, & n'alterent rien à l'impreſſion de celles qui les ſuivent. Ce qui fait que l'on peut ſûrement prendre pour la veritable hauteur du jet perpendiculaire celle de vint-deux pouces neuf lignes.

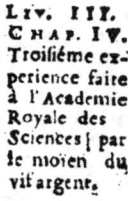

LIV. III.
CHAP. IV.
Troiſiéme experience faite à l'Academie Royale des Sciences, par le moïen du vif argent.

Voici les longueurs & les hauteurs des portées du vif argent en diverſes élevations, tirées de la Table noire ſur laquelle les paraboles entiers ont été decrites, & verifiées par la repetition de pluſieurs experiences tant à l'Academie Royale des Sciences qu'à l'Obſervatoire, & même en preſence de Monseigneur le Dauphin.

La hauteur du vif argent dans le tuyau au deſſus de l'œil du robinet : 24 pouces 2 lignes.

Le diametre de l'œil peu moins de $\frac{1}{2}$ l.

La hauteur du jet perpendiculaire 22 p. 9 l.

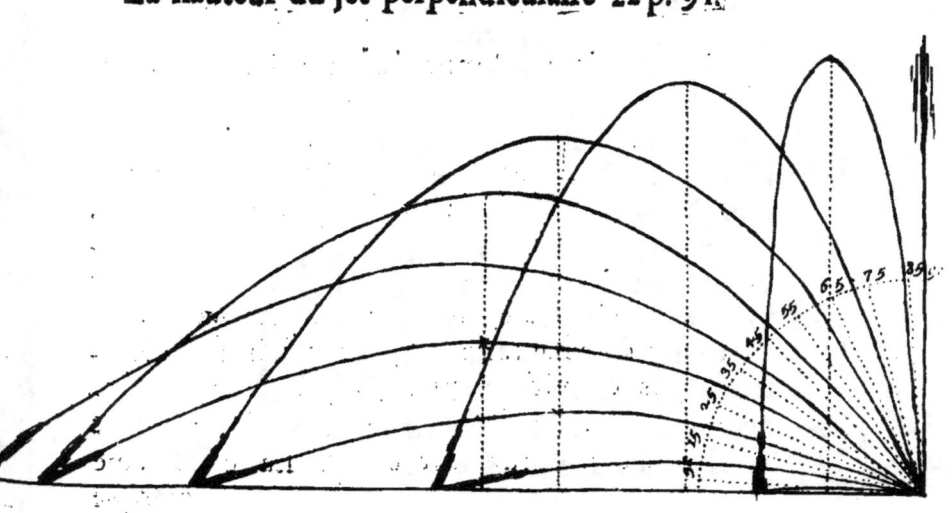

TABLE

LIV. III.
CHAP. IV.
Troisiéme experience faite à l'Academie Royale des Sciences par le moïen du vif argent.

deg.	AMPLITUDES		HAUTEURS	
	vrayes	selon le calcul.	vrayes	selon le calcul.
	pouc. lign.	pouc. lign.	pouc. lign.	pouc. lign.
0				
5	7 10	7 10$\frac{1}{2}$	0 2	0 2
15	22 7	22 9	1 8	1 6$\frac{1}{2}$
25	34 7$\frac{1}{2}$	34 10	4 2	4 1
35	42 4$\frac{1}{2}$	42 9	7 6	7 6
45	45 3$\frac{1}{2}$	45 6	11 5	11 4$\frac{1}{2}$
55	42 9	42 9	15 3$\frac{1}{2}$	15 3
65	34 10	34 10	18 8$\frac{1}{2}$	18 8
75	23 0	22 9	21 2$\frac{1}{2}$	21 2$\frac{1}{2}$
85	7 10	7 10$\frac{1}{2}$	22 6$\frac{1}{2}$	22 7
90	0	0	22 9	22 9

La premiere colonne de cette Table marque les degrez des differentes êlevations sur lesquels les experiences ont êté faites. La seconde marque en pouces & en lignes, l'êtenduë des jets du vif argent mesurez sur la ligne horizontale. La troisiéme marque les amplitudes des paraboles suivant les mêmes êlevations calculées sur les tables de Galilée & de Torricelli. La quatriéme est celle des hauteurs perpendiculaires des mêmes jets du vif argent, mesurées sur la carte noire, sur laquelle ils ont êté soigneusement dessinez dans tout leur cours. La cinquiéme

marque

marque les hauteurs des mêmes jets calculées sur les Tables de Galilée & de Torricelli.

LIV. III. CHAP. IV. Troisiéme experience faite à l'Academie Royale des Sciences par le moyen du vif argent.

Où l'on voit en general que l'experience est tellement conforme à la Theorie que leur plus grande difference ne monte pas à la centiéme partie de l'étenduë du jet ; ce qui doit être bien plûtôt attribué à quelqu'une des causes que nous avons expliquées cy-devant, qu'à aucun défaut de l'hypothese. D'autant plus que les portées qui se font autour du sixiéme point de l'équerre, c'est à dire aux environs de l'angle demi-droit, qui sont les plus ordinaires pour les jets des Bombes, sont les plus justes & les plus proches de celles que l'on trouve par le calcul.

Il est à remarquer dans cette experience que le filet du vif argent, mêmes aux jets les plus obliques & les plus inclinez à l'horizon, est plus gros quatre fois que n'est l'œil du robinet d'où il sort ; ce qui vient, peut être, de la disposition des parties qui composent le vif argent, qui dans leur sortie par l'œil du robinet se trouvent comprimées & resserrées par le poids du liquide qui est au dessus dans le tuyau, & se remettent dans leur état ordinaire aussi-tôt qu'elles ont la liberté de le faire dans l'air ; d'où l'on pourroit inferer en quelque maniere, que ces parties font une espece de ressort entr'elles. Mais ce n'est pas ici le lieu de discourir à fond sur cette matiere.

Hhh

LIVRE QUATRIE'ME.
Resolution des difficultez de la pratique du jet des Bombes.

APRE'S avoir examiné les raisons qui sembloient devoir entierement detruire la Theorie que nous avons supposée dans tout ce discours, il ne reste plus mainte- qu'à resoudre les difficultés que l'on peut pro- poser contre la Pratique, à laquelle on donne ordinairement ou trop ou trop peu.

CHAPITRE PREMIER.
Premiere objection. La Theorie n'est point necessaire pour les pratiques de la Guerre.

CAR la plus grande partie de ceux qui font profession de porter les armes, mêmes des Officiers & particulierement de ceux qui n'ont pas été cultivez par l'étude des lettres dans leur jeunesse, disent hardiment qu'il ne faut que de la pratique pour la Guerre; Que c'est un mêtier qui ne s'apprent point dans les livres ny par les regles; Que ceux qui n'ont que de la Theorie se trouvent bien empêchez à prendre leur parti dans l'action ; & que cet appareil d'étude de Mathematique ne sert le plus souvent qu'à donner de la presomption. Que sur le fait dont il s'agit, la haute capacité de ceux qui servent maintenant le Roy dans l'Artillerie, & même dans l'Art de jetter les Bombes, qui se trouve presentement au plus haut point où l'on sçauroit humainement parvenir, marque suffisament qu'il est fort inutile de vouloir les charger de cette quantité de preceptes & d'operations de Mathematique si difficiles à comprendre & à mettre en œuvre ; puisque par le bon sens & par la seule pratique, ils executent ponctuellement ce qui leur peut être proposé sur cette matiere, sans être assujetis à aucunes regles ny de mesures ny de calcul.

CHAPITRE II.
Seconde objection. Les inégalités de la matiere empêchent dans la Pratique les effets des regles de la Theorie.

LEs autres au contraires assurent, que bien que ces regles puissent avoir quelque justesse dans la Theorie; Elles ne sçauroient neanmoins reussir dans la Pratique, à cause des irregularitez & des inégalitez qui se trouvent dans la matiere sur laquelle elles doivent être appli-

LIV. IV
CHAP. II.
Seconde objection. Les inégalités de la matiere empêchent dans la Pratique les effets des regles de la Theorie.

quées, & qui ne peut jamais être si heureusement maniée qu'elle ne corrompe presque toûjours les effets des operations les mieux conçues & les plus soigneusement executées.

En effet il est, disent ils, malaisé de comprendre que l'impression, que la Bombe ou le boulet reçoit par le feu du mortier ou du Canon dans chaque coup, soit toûjours la même, comme il faut neanmoins qu'elle soit necessairement pour tirer quelque utilité de la doctrine du jet des Bombes ; & que cette force ne change point se servant de tant de sortes de poudres si differentes en leur composition & en leurs effets. Qui ne sçait que la même poudre, c'est à dire celle qui est faite de la même composition, fait effort à proportion de ce qu'elle est plus grosse ou plus menuë grenée, qu'elle est plus humide ou plus seiche, plus nouvelle ou plus vieille? & qui peut assurer que par le poids ou par la mesure, la charge soit toûjours la même ; & qu'il y ait même quantité de poudre en tous les coups dans la piece ou dans la chambre du mortier? y ayant plus de poudre dans un même poids quand elle est seiche que quand elle est humide, & plus de poudre menuë grenée que de poudre à gros grains dans une même mesure !

Quel changement n'arrive-t-il pas à l'êtenduë des portées par la seule difference des manieres de charger la piece ou le mortier ? comme lors

QUATRIEME PARTIE.

que la bombe est posée (comme on dit) à nud sur la poudre, ou lors que la chambre est bouchée d'un tampon poussé à force ; si la poudre est fort ou peu battuë ; si elle s'allume par tout également ou à reprises ; si la piece ou le mortier est échaufé ou s'il est froid ; si elle recule ou si elle ne sort point de sa place ? Et qui peut dire que l'on a pointé la piece ou le mortier dans la precision qu'il doit être, quelque soin que l'on y ait pris & quelque justes que puissent être les instrumens dont on se sert ?

Qui peut repondre que l'ame de la piece ou du mortier soit parfaitement droite, égale & bien arrondie au dedans ? Que la bombe y convienne precisément, & qu'elle soit parfaitement ronde ? Que la ligne qui fait l'axe de la chambre du mortier étant continuée rencontre precisement le centre de la bombe, afin que l'action de la poudre embrazée se fasse uniformement autour de sa circonference & ne lui donne pas plus d'impression d'un côté que d'autre ? Que la bombe étant chargée ait un même centre de grandeur & de pesanteur ? Que le plan de la batterie soit égal, également fort, uni, & parfaitement de niveau ? Que le mortier soit si bien monté sur son affût que l'axe de ses tourillons traverse celui de l'ame & soit toûjours parallele à l'horizon ? & mille autres particularités de cette nature, dont la moindre est capa-

LIV. IV.
CHAP. II.
Seconde objection Les inegalités de la matiere empêchent dans la Pratique les effets des regles de la Theorie.

ble d'alterer la direction de la balle & de rendre par consequent inutiles toutes les ingenieuses precautions de la Theorie; Et que sera-ce enfin si toutes ou la plus part y concourent par leur irregularité?

Voila, ce me semble, ce que l'on peut apporter contre le dessein de ce livre au sujet de la pratique; A quoy il faut essaïer de satisfaire, ainsi que nous avons fait aux difficultez proposées contre la Theorie.

CHAPITRE III.
Réponse à la premiere objection.

AINSI je diray à ceux qui donnent tout à la Pratique, qu'il est vray qu'elle est tres-necessaire en tous les Arts, & particulierement à la Guerre; où l'on ne devient ordinairement habile que par un long usage & par une suite d'observations faites avec grande application & jugement; & où ceux qui n'ont que de la Theorie se peuvent trouver empêchez à l'abord & jusqu'à ce qu'ils se soient reconûs, & qu'ils ayent appris à distinguer les temps & les lieux ou les regles, qu'ils ont apprises, peuvent être employées utilement. Mais qu'il est aussi tres-faux de dire que la Theorie leur soit inutile; puis qu'il n'y a rien de plus certain que cette Prati-

QUATRIEME PARTIE. 431

que judicieuse & appliquée, dont je viens de parler, ne contribue jamais mieux à perfectioner un homme de Guerre, que lors qu'elle est fondée sur une étude solide de preceptes. Et sans m'amuser à rechercher de grands raisonemens pour appuyer cette pensée, ny à faire un grand denombrement des fautes considerables où tombent tous les jours ceux qui sont depourvûs du secours des regles, lors qu'ils se trouvent dans des rencontres extraordinaires: il suffit de dire que c'est le sentiment du plus grand Roy du monde & du plus habile dans le metier, Qui ne voudroit pas que l'on fit perdre le temps à MONSEIGNEUR LE DAUPHIN, en lui enseignant ce qui se peut apprendre de Theorie sur ce sujet, & qui ne voudroit pas se donner la peine de le faire travailler en sa presence & corriger lui même, en Pere & en bon Maître, les fautes qu'il fait sur les desseins des places irregulieres qu'il lui propose à fortifier, comme la chose la plus importante & la plus difficile de la fortification; s'il n'étoit bien persuadé que ces conoissances lui seront utiles à l'avenir.

C'est à cet exemple que la plus part des personnes de qualité travaillent presentement à cette partie des Mathematiques qui sert principalement à la Guerre. Et c'est sur ce fondement que les principaux Ministres de sa Majesté se sont

Liv. IV. Chap. III. Réponse à la premiere objection.

Liv. IV.
Chap. III.
Réponse à la premiere objection.

soigneusement appliqués à cette étude, pour se mettre en état de conoître par eux mêmes, ce qu'il y a de bon dans les propositions qui leur sont faites ; Et de bien juger & du babil des Charlatans, qui ont été en si haute reputation par le passé, & du sçavoir solide des gens de merite.

Ce que l'on apporte de la suffisance de ceux qui servent presentement le Roy dans les batteries, & particulierement dans celles des Bombes, ne detruit rien de ce que je dis : Car quoy qu'il soit constant qu'ils ayent mis cet Art dans un tres haut degré de perfection par la seule force de leur Genie & par leur grande application ; Il est aussi tres-veritable qu'ils seroient bien plus facilement parvenus à cette haute capacité, s'ils avoient été aidez des conoissances de la Theorie. A le bien prendre leur sçavoir se termine à la conoissance des cas particuliers, qu'ils n'ont reconus qu'à force de les avoir observés ; & qu'ils auroient bien plûtôt, plus universellement, & plus assûrement decouvers dans les regles que cette doctrine leur auroit enseignées.

Je pourrois ajouter, que comme les sujets de ce merite sont extremement rares, & se trouvent peu souvent à cause de la difficulté qu'ils ont d'aquerir cette suffisance par les seules observations de Pratique ; l'on en devroit ce me semble

semble estimer les regles de la Theorie d'autant plus, qu'elles facilitent les moïens de parvenir à la perfection, & qu'elles peuvent par conséquent servir à former de bons Eleues dans cet Art.

CHAPITRE IV.
Réponse à la seconde objection.

L'ON ne peut pas dire à ceux qui proposent les difficultez, que nous avons rapportées cy-devant contre la Pratique & qui sont pour la plûpart fondées sur la resistance & l'inégalité de la matiere, qu'elles ne soient tout a fait raisonables, & qu'il n'y en ait peut être une infinité d'autres que nous ne conoissons pas, à qui l'on pourroit imputer la cause de ces effets bigearres & surprenans que nous voyons si souvent arriver dans l'Artillerie : Mais l'on peut au moins assûrer que ces obstacles peuvent être suffisament surmontez par le soin & par la meditation laborieuse de ceux qui s'appliquent tout a fait à ce metier, & qu'ils ne sont pas capables d'empêcher que l'on ne fasse cependant un bon usage de nos preceptes.

Ceux qui servent presentement aux batteries des Bombes, où ils n'agissent que sur les conoissances qu'ils ont aquises par l'experience, rencontrent toutes les mêmes difficultez & trouvent par tout les mêmes obstacles ; Qui cependant ne les empêchent pas de tirer juste : c'est à dire qu'ils sçavent par la pratique le moïen de les conoître & d'y remedier , & d'y appliquer ensuite les regles qu'ils se sont formées par le long usage , par le moïen desquelles ils font porter la bombe où ils veulent. Pourquoy donc, à leur exemple, ne peut-on pas dire que ceux qui se servent des preceptes de cette doctrine, ont le même avantage de pouvoir par la pratique conoître & corriger ces défauts, avant que d'y appliquer les regles de la Theorie.

En un mot on ne peut pas assurer qu'en tous les Arts, la simple conoissance des preceptes suffise à leur perfection ; Il faut les sçavoir appliquer au sujet : Et c'est dans cette application que l'on trouve toûjours la resistance & l'opiniatreté de la matiere, qui fait naître mille obstacles & mille empêchemens que l'on ne conoît & que l'on n'aprent à vaincre que par la pratique & par l'experience.

Qu'elle utilité pourroit-on par exemple tirer de la Theorie de la Musique, si l'on ne s'accoutumoit par un long usage à bien entoner les notes, à se former l'oreille à la justesse des consonances, à bien juger du bon & du mauvais effet qu'elles font dans leur mêlange, tant entr'elles que parmi les dissonances que l'on y peut inferer? La science des ordres d'Architecture & la parfaite conoissance de ses preceptes ne peut pas être de grand fruit à un Architecte, s'il ne sçait par la pratique quel choix il doit faire des ornemens propres à l'Edifice qu'il entreprent? Quelle est la nature des materiaux qu'il y doit emploïer, & quel mêlange il en doit faire pour leur donner de la fermeté? Quelle est la qualité du Terrain sur lequel il veut bâtir, de quelle maniere & de quelles mesures il doit faire ses fondemens pour les rendre solides? & mille autres particularitez qui rendent les Edifices imparfaits & défectueux quand elles sont ignorées ou negligées.

LIV. IV.
CHAP. IV.
Réponse à la seconde objection.

Ces difficultez neanmoins se peuvent vaincre par le courage & par le travail de ceux qui s'y appliquent serieusement : Les superbes Bâtimens anciens & modernes, & les concerts admirables qui nous raviffent tous les jours, nous aprennent que l'on peut devenir excelent Musicien & parfait Architecte. Enfin aprés ce que nous avons vû par le retour heureux de ceux qui voyageant, pour ainsi dire, jusqu'en l'autre monde ont eu la rage des vents, de la mer & des Ennemis à combattre, celle de la faim & de la soif, milles perils des rochers, des courans, du feu ; & qui ont été obligez de mettre en pratique ce qu'il y a de plus fin dans l'astronomie & dans les mecaniques : Nous pourrons assûrer qu'il

436 L'ART DE JETTER LES BOMBES.

Liv. IV.
Chap. IV.
Réponse à la seconde objection.

ny a rien d'impossible aux soins, au travail & à l'industrie de l'esprit de l'homme.

Il est vray que c'est dans ces grandes occasions que l'on reconoît le mieux les avantages considerables que l'on tire de la science de la Theorie, qui dresse la pratique & perfectionne l'experience; Qui toutes ensemble font heureusement prendre le bon parti dans les perils les plus presents & les plus pressants.

C'est aussi pour cet effet que le Roy entretient liberalement sur les ports de mer de son Royaume, des personnes intelligentes qui enseignent aux gens de Marine ce qu'ils doivent sçavoir de Theorie pour la navigation: & qu'il n'a rien épargné dans l'établissement qu'il a fait de ces Academies Illustres pour servir à l'avancement de ses sujets, je veux dire de celle des Sciences, de celle d'Architecture, & de celles de Peinture & de Sculpture tant à Paris qu'en Italie; Etant persuadé que la gloire de faire refleurir les Arts & les Sciences dans ses Etats, n'étoit pas indigne de ces mêmes soins & de cette laborieuse application qui lui donnent tant de victoires.

CHAPITRE V.
Avantages à esperer de l'institution de la Compagnie des Bombardiers.

L'INSTITUTION de la Compagnie des Bombardiers & les experiences qu'ils font pour le jet des Bombes, fera sans doute que dans peu cet Art aura toute sa perfection : pourveu qu'ils ne se laissent pas prevenir de pensées de bien-seance, & qu'ils attendent à raisoner sur les proportions de leurs jets, lors qu'ils auront un bon nombre d'épreuves exactes & fideles en toutes sortes d'élevation du mortier ; Dans lesquelles ils doivent remarquer soigneusement les justes longueurs des portées suivant la difference des angles, ainsi qu'elles se trouvent dans leurs experiences, sans s'amuser à les vouloir corriger par avance sur des faux principes, comme il semble qu'il ont fait par le passé sur ce qui se voit dans leurs Tables.

Sur tout il seroit bon qu'ils s'accoûtumassent à l'usage juste & precis des instrumens qui servent à prendre les angles des élevations. Que par une suite d'épreuves ils pûssent se faire des regles pour la difference de la poudre, & determiner si les longueurs des jets faits avec des poudres differentes sur une même élevation sont

Liv. IV. Chap. V. Avantages à esperer de l'institution de la Compagnie des Bombardiers.

proportionelles aux differents points qu'elles font courir sur une même éprouvette. Qu'ils apprissent à bien juger de la difference des mêmes portées suivant la differente quantité de la charge, & suivant la differente maniere de la charger avec tampon ou sans tampon, avec la poudre plus ou moins battuë, & selon que le mortier est plus ou moins échauffé.

Ces experiences étant bien faites & repetées plusieurs fois, pourroient donner de grandes lumieres pour la sûreté de l'application des regles de la Theorie, & produire par ce moïen des effets merveilleux pour l'Art de jetter les Bombes; dont les difficultés, quoy qu'en assez grand nombre en apparance, ne sont pas neanmoins de grande consequence. Aprés tout l'on ne veut pas, comme je pense, exiger d'un Bombardier que ses tirs suivent toûjours cette precision Mathematique qui se voit dans les mesures du calcul des Tables, & les faire passer pour deffectueux & dereglez lors qu'ils s'élognent seulement de quelques pieds, ou même d'une toise ou de deux, du lieu où l'on lui auroit ordonné de faire porter sa Bombe: & cela est neanmoins le plus grand detraquement que les difficultés qui naissent de la resistance de la matiere, peuvent produire sur l'étenduë des tirs d'un mortier, lors que l'on y a apporté toutes les precautions necessaires.

QUATRIEME PARTIE.

Je diray à ce propos que Moretti Ingenieur de la Republique de Venise dit dans son livre de l'Artillerie, que dans deux épreuves qu'il a faites avec beaucoup de soin du jet d'une Bombe de 100 ℔ pesant en raze campagne à l'élevation de 45 degrez ; Il a remarqué qu'à la premiere avec la charge de 5 $\frac{1}{2}$ livres de poudre, & la chambre du mortier fermée d'un tampon de bois poussé à force, la Bombe a porté à la longueur de 600 pas Geometriques ; Mais qu'à la seconde avec la même charge, la chambre étant fermée seulement d'un étoupillon de filasse, elle n'a porté qu'à la longueur de 480 pas, c'est à dire $\frac{1}{5}$ moins que la portée de la premiere.

L'on pourroit tirer quelques conjectures avantageuses des tables faites sur les observations des Bombardiers du Roy dont nous avons parlé dans la premiere partie : lesquelles marquent qu'un mortier de douze pouces de diametre chargé de 2 ℔ de poudre chasse à toute volée, c'est à dire à l'élevation de 45 degrez, à la longueur de 2160 pieds ; à la même longueur chargée de 2 $\frac{1}{2}$ ℔ sous l'angle de 36 deg., & à celle de 2700 pieds sous l'angle de 45 degrez avec la même charge ; à celle de 2664 pieds chargé de 3 ℔ sous l'angle de 37 degrez, & à celle de 3240 sous l'angle de 45 degrez avec la même charge.

Ainsi un mortier de 8 pouces de diametre

Liv. IV.
Chap. V.
Avantages à esperer de l'institution de la Compagnie des Bombardiers.

chargé de $\frac{1}{2}$ livre de poudre chasse à la longueur de 1870 pieds sous l'angle de 45 degrez; à celle de 1922 chargé de $\frac{3}{4}^{tt}$ sous l'angle de 31 degrez, & à celle de 2790 sous celui de 45 degrez avec la même charge; à celle de 2870 chargé de 1^{tt} de poudre sous l'angle de 35 degrez, & enfin à celle de 3690 pieds à toute volée avec la même charge.

Mais ces proportions sont suspectes, à cause de la fausse estime qu'ils ont faite par prevention, comme j'ay dit, de bien-seance pour les augmentations de leurs tirs à chaque degré.

CHAPITRE VI.
Usage des mortiers & de quelques autres machines pour le jet des Bombes.

AU reste les mortiers ne servent pas seulement à jetter des Bombes de toutes sortes de grosseurs, ils font aussi des grands effets avec les pierres, dont on a veu beaucoup d'exemples au siege de Candie; les Italiens les appellent *Batterie de j Sassi*. L'on jette avec les mortiers des boulets rouges, des pots à feu, des barils ardans, des carcasses qui sont des boites, faites de bandes de fer, de la grosseur des Bombes, couvertes de grosse toille godéronnée, & remplies de grenades & de composition à

mettre

mettre le feu ; Il y en a plusieurs descriptions dans le livre du grand Art de l'Artillerie de Cazimir Siemienowski dont nous avons parlé dans la premiere Partie.

Cet Auteur promet d'enseigner, dans sa seconde Partie, diverses inventions de jetter les Bombes sans mortier; mais cette partie n'a point été imprimée. Il ne laisse pas de dire en passant que les frondes pourroient être fort utiles, au moins pour jetter les Grenades, si l'on s'en rendoit l'usage familier. A quoy je puis ajouter que dans les desseins des Machines antiques, il y a des grandes frondes attachées à des Trebuchez, qu'ils appelloient *Fundibala*; Et qui servoient aux anciens à jetter dans les Villes assiegées des pierres plus pesantes que nos Bombes; Ce qui me fait dire que l'usage n'en seroit peut-être pas à mepriser. En voici quelques desseins.

LIV. IV.
CHAP. VI.
Usage des mortiers & de quelques autres machines pour le jet des Bombes.

QUATRIEME PARTIE. 443

Celle-ci eſt de l'invention de Monſieur Perrault, dont nous avons parlé cy-devant.

LIV. IV.
CHAP. VI.
Uſage des mortiers & de quelques autres machines pour le jet des Bombes.

Les deux poids A A font tourner les rouës B & la barre C D quand on laſche la corde qui la retient en C. Cette barre, aprés avoir fait le demi-tour D E, frappe contre la traverſe poſée en E, & donnant l'impreſſion à la Bombe D, elle la fait partir avec violence ſuivant la direction de la droite E F qui touche le demi-cercle D E en E. La branche mobile G arrêtée prés ou

Kkk ij

Liv. IV.
Chap. VI.
Usage des mortiers & de quelques autres machines pour le jet des Bombes.

loin du point E sur les dents marquées en EG, donne telle élevation que l'on veut au jet de la Bombe en haussant ou baissant la machine.

Je finis par l'explication d'une maniere extraordinaire de jetter des pierres sans mortier. Les Polonois assistez des Troupes auxiliaires de l'Empereur sous la conduite du Conte de Souches, assiegeoient en l'année 1659 la Ville de Torn en Prusse tenuë par les Suedois; dans laquelle ils jettoient tres-souvent des pierres d'une grosseur monstrueuse, des gros Quartiers de meules de moulin & des Carreaux de plus de 800 pesant sans se servir de mortiers, en cette maniere. Dans le terrain rassis prés de la contr'escarpe ils creusoient des trous justement de la grandeur & de la figure de la pierre qu'ils vouloient jetter, dont le fond plat & uni étoit tourné vers la Ville avec tel angle d'inclination qu'ils jugeoient par l'estime qu'il falloit donner pour la direction de leur jet; & dans le milieu du même fond, ils creusoient un autre trou plus profond en forme de chambre, & de telle sorte que l'axe de ce dernier trou passant par le centre de gravité de la pierre se trouvât perpendiculaire à son lit & fut le même que la ligne de sa direction. Ils emplissoient le trou avec de la poudre si la terre étoit assez ferme, ou bien il y faisoient entrer un petard d'une grandeur proportionée au poids de la pierre,

QUATRIEME PARTIE.

Qui posant sur le plan du madrier du petard ou du tampon de la chambre, recevoit l'impression entiere du feu de la poudre que l'on allumoit par le moïen d'un filet trempé dans l'eau de vie & de la composition d'artifice, & s'élevant en l'air à une tres-grande hauteur, elle alloit retomber dans la Ville aux endroits où elle êtoit destinée & où elle écrasoit tout ce qui se rencontroit à sa chûte.

Liv. IV. Chap. VI. Usage des Mortiers & de quelques autres machines pour le jet des Bombes.

FIN.

TABLE
DES LIVRES ET DES CHAPITRES
Contenus dans les quatre Parties de ce Traité de l'Art de jetter les Bombes, & de connoître l'étenduë des coups de volée d'un Canon en toutes sortes d'Elevations.

PREMIERE PARTIE.
Opinions fausses du jet des Bombes avant Galilée.

LIVRE PREMIER.
De l'Origine & de l'usage des Bombes.

CHAPITRE I. *ORIGINE des Bombes.* page 1
CHAP. II. *Premier usage des Bombes en France par Maltus.* pag. 3
CHAP. III. *Il y a des regles certaines pour le jet des Bombes inconuës aux Bombardiers.* p. 6
CHAP. IV. *Sentiment de Tartaglia sur le jet des Bombes.* page 8

TABLE

CHAP. V. *Equerre des Canoniers inventée par Tartaglia.*
    page 11
CHAP. VI. *Autres decouvertes par Tartaglia.*   p. 13

LIVRE SECOND.

Sentimens des Autheurs Modernes sur la nature du jet des Bombes.

CHAPITRE I. *SENTIMENT de Diego Ufano sur les coups de volée.*   page 18
CHAP. II. *Decouvertes du même Ufano.*   p. 21
CHAP. III. *Pratique d'Ufano examinée.*   p. 25
CHAP. IV. *Pratique de Louïs Collado examinée.*   p. 31
CHAP. V. *Sentiment de Rivaut de Flurance.*   p. 33
CHAP. VI. *Origine des Arquebuses à vent.*   p. 35
CHAP. VII. *Pratique de Rivaut examinée.*   p. 35
CHAP. VIII. *Le grand Art de l'Artillerie de Siemienowski.*   pag. 38
CHAP. IX. *Pratique de Daniel Elrich examinée.*   p. 39
CHAP. X. *Sentiment de Galée.*   p. 45
CHAP. XI. *Pratique de Galée examinée.*   p. 47
CHAP. XII. *Pratique des Bombardiers du Roy examinée.*   pag. 52

TABLE.

SECONDE PARTIE.
Pratiques de l'Art de jetter les Bombes.

LIVRE PREMIER.
Pour les jets dont l'étenduë est au niveau des batteries par le moyen des Sinus.

CHAPITRE I. *Pour trouver l'étenduë d'un coup sur une élevation donnée.* p. 61

CHAP. II. *Trouver l'angle de l'Elevation pour une étenduë donnée.* p. 62

CHAP. III. *Table des Sinus servant au jet des Bombes.* page 64

CHAP. IV. *Usage de la Table pour trouver l'étenduë sur une élevation donnée.* p. 65

CHAP. V. *Pour trouver l'élevation sur une étenduë donnée.* pag. 66

CHAP. VI. *Table des hauteurs des jets d'une même force.* page 68

CHAP. VII. *Table des hauteurs & sublimités des jets de même étenduë.* p. 70

CHAP. VIII. *Table de la force des jets de même étenduë.* pag. 73

LIV. II.

TABLE.

LIVRE SECOND.

Pratiques des jets dont l'êtenduë est au niveau des batteries, par moyen des Instrumens.

Chapitre I. Par l'Equerre des Canoniers rectifiée. p. 76
Chap. II. Par le demi-cercle de Torricelli. p. 81
Chap. III. Par un autre Instrumens sans le besoin des Sinus. p. 86

LIVRE TROISIEME.

Pratiques des jets dont l'êtenduë n'est pas au niveau des Batteries.

Chapitre I. Portée de but en blanc d'une piece élevée au dessus du plan horizontal. p. 91
Chap. II. Portée sur un plan incliné d'une piece pointée sous un angle donné. p. 93
Chap. III. Trouver l'angle de l'Elevation de la piece. p. 97
Chap. IV. Premiere pratique par les Sinus. p. 98
Chap. V. Seconde pratique par les Sinus. p. 100
Chap. VI. Troisième pratique par les Sinus. p. 102
Chap. VII. Quatrième pratique par les Sinus. p. 103
Chap. VIII. Cinquième pratique par le demi-cercle de Torricelli rectifiée. p. 106

TABLE.

LIVRE QUATRIEME.
Pratique Universelle.

Chapitre I. Construction d'un Instrument pour toutes sortes de jets. page 111

Chap. II. Son usage pour les portées qui sont au niveau des batteries. p. 113

Chap. III. Pour les portées qui ne sont pas au niveau des batteries. p. 116

Chap. IV. Trouver l'élevation de la piece quand l'inclination est au dessus du niveau des bateries. p. 117

Chap. V. Trouver l'élevation de la piece quand l'inclination est au dessous du niveau des batteries. p. 120

Chap. VI. Trouver la distance horizontale, ou la longueur du plan incliné, ou la perpendiculaire. p. 122

LIVRE CINQUIEME.
Application du compas de proportion aux jets des Bombes.

Chapitre I. Pour les portées qui sont au niveau des batteries. pag. 126

Chap. II. Usage du Compas de proportion pour les portées qui ne sont pas au niveau des batteries. p. 129

TABLE.

Chap. III. *Trouver l'élevation de la piece quand le plan est incliné sur le niveau des batteries.* p. 130

Chap. IV. *Trouver l'élevation de la piece quand le plan est incliné sous le niveau des batteries.* p. 132

Chap. V. *Trouver la distance horizontale, ou la longueur du plan incliné, ou la perpendiculaire.* p. 134

LIVRE SIXIÈME.

Autre Instrument Universel pour le jet des Bombes.

Chap. I. *CONSTRUCTION d'un Instrument Universel pour le jet des Bombes.* p. 137

Chap. II. *Usage d'un Instrument Universel pour le jet des Bombes.* p. 138

Chap. III. *Autre usage de cet Instrument Universel.* pag. 141

TROISIÈME PARTIE.

De la Theorie du jet des Bombes.

LIVRE PREMIER.

Doctrine de Galilée sur le mouvement.

Chapitre I. *DIALOGUES Mecaniques de Galilée du mouvement & de la resistance des solides.* page 147

Chap. II. *Deux especes de mouvement.* p. 149

TABLE

Chap. III. *Premiere pensée de Galilée pour expliquer l'augmentat. n de vitesse du mouvement acceleré.* p. 150

Chap. IV. *Suites admirables de la premiere pensée de de Galilée.* p. 152

Chap. V. *Seconde pensée de Galilée pour expliquer l'augmentation de vitesse au mouvement acceleré.* p. 158

Chap. VI. *Explication de la ●●●● pensée.* p. 159

Chap. VII. *Proprietés du mouvement acceleré.* p. 162

Chap. VIII. *Suites admirables des proprietés du mouvement.* p. 164

Chap. IX. *Raisonnement sur les deux pensées de Galilée.* p. 167

LIVRE SECOND.

Theorie du mouvement de projection.

Chapitre I. *Especes differentes du mouvement de projection.* page 169

Chap. II. *Mouvement perpendiculaire en haut ou en bas.* p. 170

Chap. III. *Mouvement de projection horizontale.* p. 172

Chap. IV. *Naissance & proprietés de la ligne Parabolique.* p. Idem.

Chap. V. *La ligne de la projection horizontale est Parabolique.* p. 175

Chap. VI. *Les lignes des projections obliques sont aussi paraboliques.* p. 172

TABLE.

Chap. VII. *Maniere de mesurer les differens degrés de la force imprimée au mobile jetté.* p. 188

Chap. VIII. *Proportion des Amplitudes des Paraboles & des sinus du double des angles de leurs touchantes.* p. 195

Chap. IX. *Suite de cette Proportion.* p. 197

LIVRE TROISIEME

Demonstration des pratiques de l'Art de jetter les Bombes. Et premierement pour les jets dont l'elevation est au niveau des batteries, & par le moyen de sinus.

Chapitre I. *Pour trouver l'étenduë d'un coup sur une elevation donnée.* page 201

Chap. II. *Pour trouver l'angle de l'élevation pour une étenduë donnée.* p. 204

Chap. III. *Demonstration de la Table des sinus servans au jet des Bombes.* p. 206

Chap. IV. *Demonstration de la Table des jets poussés d'une même force.* p. 207

Chap. V. *Demonstration de la Table des hauteurs & sublimisés des jets de même étenduë, & de celle de la force qu'il faut donner au jets de même étenduë en toutes sortes d'élevation.* page 209

ẽ iij

TABLE.

LIVRE QUATRIEME.

Demonstration des pratiques pour les jets dont l'étenduë est au niveau des batteries & par le moyen des Instrumens.

CHAPITRE I. *Demonstration de l'Equerre des Canoniers rectifiée.* p. 217

CHAP. II. *Demonstration du demi-cercle de Torricelli.* p. 225

CHAP. III. *Demonstration d'un autre Instrument sans le besoin des sinus.* p. 226

LIVRE CINQUIEME.

Demonstration des pratiques pour les jets dont l'étenduë n'est pas au niveau des batteries.

CHAPITRE I. *Pour la portée sur un plan incliné d'une piece pointée sous un angle donné.* p. 231

CHAP. II. *Pour la portée de but en blanc d'une piece élevée au dessus du plan horizontal.* p. 236

CHAP. III. *Sentiment du R. P. de Challes pour les portées sur des plans inclinés.* p. 239

CHAP. IV. *Problême proposé pour les portées sur des plans inclinés.* p. 241

CHAP. V. *Resolution du Probleme par M. Buot.* p. 243

CHAP. VI. *Resolution du Probleme par M. Römer.* p. 245

CHAP. VII. *Resolution du Probleme par M. de la Hyre.* page 248

TABLE.

LIVRE SIXIE'ME.
Demonstration des Pratiques par les Sinus.

CHAPITRE I. Demonstration de la premiere pratique par les sinus. page 252
CHAP. II. Demonstration de la seconde pratique par les sinus. p. 255
CHAP. III. Demonstration de la troisiéme pratique par les sinus. p. 258
CHAP. IV. Demonstration de la quatriéme pratique par les sinus. p. 261

LIVRE SEPTIEME.
Demonstration des Pratiques par les Instrumens.

CHAPITRE I. Demonstration de la premiere pratique par le demi-cercle de Torricelli rectifié. page 268
CHAP. II. Demonstration des pratiques par un Instrument pour toutes sortes de jets. p. 274
CHAP. III. Pour les jets qui sont au niveau des batteries. p. Idem.
CHAP. IV. Pour les jets qui ne sont point au niveau des batteries. p. 279
CHAP. V. Demonstration des pratiques par le Compas de proportion. p. 288
CHAP. VI. Pour les portées qui sont au niveau des batteries. p. 290

TABLE.

CHAP. VII. *Pour les portées qui ne sont pas au niveau des batteries.* p. 292

LIVRE HUITIEME.

Doctrine de M. Cassini pour le jet des Bombes.

CHAPITRE I. *Lignes d'égalité, d'impulsion & de chûte respective.* p. 297
CHAP. II. *De la ligne d'égalité.* p. 299
CHAP. III. *Lignes d'égalité, d'impulsion & de chûte respective sont trois proportionelles.* p. 302
CHAP. IV. *Sur une direction & sur une distance donnée, trouver la ligne d'égalité.* p. 303
CHAP. V. *La ligne d'égalité & la distance étant données: trouver la direction.* p. 304
CHAP. VI. *Demonstration de la construction & de l'usage de l'Instrument Universel pour les jets des Bombes.* p. 307
CHAP. VII. *Demonstration de ce qui s'est ajouté à l'Instrument Universel pour en rendre l'usage plus facile.* p. 310

QUATRIEME

TABLE.

QUATRIE'ME PARTIE.
Resolution des difficultés qui se trouvent dans la doctrine du jet des Bombes.

LIVRE PREMIER.
Solution des Objections faites contre la Theorie.

CHAPITRE I. *EXPLICATION de ce qui a été supposé dans la Theorie.* page 317

CHAP. II. Premiere Objection. *La ligne horizontale n'est point droite, & les perpendiculaires ne sont point parallelles.* P. 319

CHAP. III. Seconde Objection. *La force imprimée au mobile n'est point perpetuelle, égale & uniforme.* P. 325

CHAP. IV. Troisiéme Objection. *La resistence de l'air altere la proportion du mouvement causé par la pesanteur.* P. 326

CHAP. V. Quatriéme Objection. *Deux mouvemens differens n'entrent point en composition l'un avec l'autre sans alteration.* P. 331

CHAP. VI. Cinquiéme Objection. *Les espaces parcourus par le mobile tombant ne sont peutétre pas dans la proportion des quarrés des temps de la chûte.* P. 333

TABLE.

CHAP. VII. Sixiéme Objection. *Cette Theorie est souvent contraire à l'experience.* p. 334

LIVRE DEUXIE'ME.

Réponses aux Objections proposées concernant la Theorie.

CHAPITRE I. *Réponse à la premiere Objection.* p. 339
CHAP. II. *Réponse à la seconde Objection.* p. 341
CHAP. III. *Réponse à la troisiéme Objection.* p. 351
CHAP. IV. *Réponse à la quatriéme Objection* p. 359
CHAP. V. *Reflexions sur le sujet de l'Artillerie.* p. 409
CHAP. VI. *Suitte de la réponse à la quatriéme Objection.* p. 369
CHAP. VII. *Réponse à la cinquiéme Objection.* p. 375
CHAP. VIII. *Raisons de Galilée pour montrer que la vitesse du corps qui tombe ne s'acroit pas à proportion des espaces.* p. 377
CHAP. IX. *Raisons de Gassendi au même sujet.* p. 378
CHAP. X. *Un mobile en tombant acquiert à chaque moment un nouveau degré de vitesse.* p. 385
CHAP. XI. *Prouvé par diverses experiences.* p. 387
CHAP. XII. *Raisonnemens de Balian au même sujet.* p. 398
CHAP. XIII. *Raisonnemens de M. Hugens.* p. 403
CHAP. XIV. *Suitte de la réponse à la cinquiéme Objection.* p. 407
CHAP. XV. *Réponse à la sixiéme Objection.* p. 409

TABLE.

LIVRE TROISIE'ME.

Confirmation de la même Doctrine par les Experiences.

CHAPITRE I. *EXPLICATION d'une Experience du P. Mersene.* p. 413
CHAP. II. *Premiere Experience faite à l'Academie Royale des Sciences par M. Mariote.* p. 416
CHAP. III. *Seconde Experience faite à l'Academie Royale des Sciences, par la machine de Monsieur Perault.*
CHAP. IV. *Troisiéme Experience faite à l'Academie Royale des Sciences par le moyen du vif-argent.* p. 420

LIVRE QUATRIE'ME.

Resolution des difficultés de la pratique du jet des Bombes.

CHAPITRE I. *PREMIERE Objection. La Theorie n'est point necessaire pour les pratiques de la Guerre.* p. 426
CHAP. II. *Seconde Objection. Les inégalités de la matiere empêchent dans la pratique les effets des regles de la Theorie.* p. 427
CHAP. III. *Réponse à la premiere Objection.* p. 430

TABLE.

CHAP. IV. *Réponse à la seconde Objection.* p. 433
CHAP. V. *Avantages à esperer de l'Institution de la Compagnie des Bombardiers.* p. 437
CHAP. VI. *Usage des Mortiers, & de quelques autres Machines pour le jet des Bombes.* p. 440

PRIVILEGE DU ROY.

LOUIS PAR LA GRACE DE DIEU, Roy de France & de Navarre : A nos amez & feaux Conseillers les Gens tenans nos Cours de Parlement, Prevosts, Baillifs, Senéchaux, leurs Lieutenans & tous nos autres Justiciers & Officiers qu'il appartiendra, SALUT : Nôtre cher & bien amé le sieur BLONDEL Maréchal de nos Camps & Armées, Maître pour enseigner les Mathematiques à nôtre tres-cher & tres amé Fils LE DAUPHIN, ayant composé divers Ouvrages pour l'instruction de nôtredit Fils, Sçavoir : La Nouvelle Maniere de Fortifier les Places ; L'ART DE JETTER LES BOMBES ; & un Cours de Mathematique composé de plusieurs Traités de Geometrie, d'Arithmetique, d'Optique, de la Sphere, de Mechanique & autres, Nous aurions eu lesdits Ouvrages tres-agreables ; Et voulant qu'ils soient donnés au public, & en même temps procurer audit sieur BLONDEL l'utilité qui peut revenir de l'impression d'iceux. A CES CAUSES & autres à ce nous mouvant, de nôtre grace speciale, pleine puissance & autorité Royale, Nous avons audit sieur BLONDEL accordé & octroyé, accordons & octroyons par ces presentes signées de nôtre main, la faculté & privilege de faire imprimer vendre & debiter lesdits Ouvrages de La Nouvelle Maniere de Fortifier les Places, L'ART DE JETTER LES BOMBES, & ledit Cours de Mathematique, pendant le temps & espace de vingt années, à commencer du jour qu'ils seront achevés d'imprimer pour la premiere fois : Pendant lequel temps Nous avons fait & faisons tres-expresses inhibitions & défenses à tous Imprimeurs & Libraires de nôtre Royaume, Pays, Terres & Seigneuries de nôtre obeïssance, & à toutes personnes de quelque qualité & condition qu'elles puissent être, d'imprimer, faire imprimer, contrefaire ou imiter, vendre, debiter lesdits Ouvrages, sous pretexte d'augmentation, correction, changement ou autrement, sans le consentement par écrit dudit sieur BLONDEL ou de ceux qui auront droit de luy, à peine de six mil livres d'Amande, applicable un tiers à Nous, un tiers à l'Hôpital General de nôtre bonne Ville de Paris, & l'autre tiers audit sieur BLONDEL ou à ceux qui auront droit de luy, de confiscation des Ouvrages contrefaits & de tous despens domages & interests. SI VOUS MANDONS ET ORDONNONS que du contenu en ces presentes vous ayés à faire joüir & user ledit sieur BLONDEL, & ayant cause, pleinement & paisiblement, cessant & faisant cesser tous troubles & empêchemens. VOULONS qu'aux coppies des presentes deuëment collationnées par l'un de nos amez & feaux Conseillers Secretaires, foy soit ajoutée comme à l'Original. COMMANDONS au premier nôtre Huissier ou Sergent sur ce requis, de faire pour l'execution des presentes tous Actes & exploits necessaires, sans pour ce demander autre permission, nonobstant Clameur de Haro, Charte Normande, prise à partie & autres Lettres à ce contraires: CAR tel est nôtre plaisir. DONNE' à S. Germain en Laye le quinziéme jour du mois de Decembre, l'an de grace mil six cens quatre vingt un & de nôtre Regne le trente neuviéme. Signé LOUIS; Et plus bas, par le Roy, COLBERT, & Sellé du grand sceau de cire jaune.

Et à côté est écrit. *Registré sur le Livre de la Communauté des Libraires & Imprimeurs de Paris, le 12 Janvier 1682. Suivant l'Arrest du Parlement du 8 Avril 1653. Et celui du Conseil privé du Roy du 27 Fevrier 1665. Signé* ANGOT *Sindic.*

Achevé d'Imprimer pour la premiere fois, le douziéme Octobre 1683.

De l'imprimerie de FRANÇOIS LE COINTE, ruë des Sept-Voyes proche le College de Reims.

Fautes à corriger.

Page	Ligne		lisez	
12	16	demonter	demontrer	
13	15	l'air, fut	l'air, qui fut	
21	19	portés	portées	
26	25	de 51 degrez	de 5 degrez	
32	19	portés	portées	
37	9	lesquelles	lesquels	
43	27	6. | 60	4.6. | 60	
	28	7. | 70	3.7. | 70	
	29	8. | 80	1 8. | 80	
50	6	41 | 46	41 | 48	
	7	41 | 48	41 | 49	
57	31	1588	1588 1	
65	24	rapporté	rapportez	
66	1	lor	lors	
75	25	12871	12861	
77	4	á A , B	à A B	
86	8	divers	diverses	
89	8	$128\frac{1}{2}$	$138\frac{1}{2}$	
106	13	24 53	28 53	
108	8	de A M	de A en M	
	10	partie	parties	
120	3	au dessus	au dessous	
141	20	au plus	ou plus	
143	25	ou, deux	ou en deux	
162	3	hypotese des	hypothese a des	
163	2	effacez	égaux &	
179	17	est a A N	lisez est A N	
190	12	8 A a, à la	8 A, a à la	
212	14	l'on propose	l'on suppose	
236	4	pratique nous	pratique que nous	
266		Sur la ligne A C dans la Figure, il manque un T au point où tombe une perpendiculaire du point H		
279	8	F 151; lisez	F 15;	
304	14	voci	voici	
310	12	qu'il a	qu'il y a	
318	14	fait	fut	
355	26	la force effacez lisez	par par la force	
	27	effacez	dont	
362	5			
366	10	toute à la fois lisez	tout à la fois	
367	1	mettoient	mettroient	
389	5	trois pouces	trois pieds	
400		dans la Figure II	H	
403	6	VIII	XIII	

www.ingramcontent.com/pod-product-compliance
Lightning Source LLC
Chambersburg PA
CBHW051622230426
43669CB00013B/2148